大專用書

保險法規

陳俊郎著

三民書局 印行

國家圖書館出版品預行編目資料

保險法規／陳俊郎著. --修訂初版
--臺北市：三民，民87
面；　　公分
ISBN 957-14-1939-7 (平裝)

1.保險法

563.71　　　　　　　　　　　　　　81005142

網際網路位址　http://Sanmin.com.tw

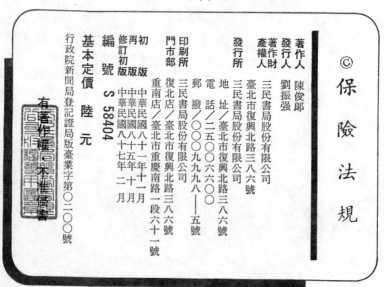

© 保險法規

著作人　陳俊郎
發行人　劉振強
著作財
產權人　三民書局股份有限公司
發行所　三民書局股份有限公司
　　　　地址／臺北市復興北路三八六號
　　　　電話／二五○○六六○○
　　　　郵撥／○○○九九九八──五號
印刷所　三民書局股份有限公司
門市部　復北店／臺北市復興北路三八六號
　　　　重南店／臺北市重慶南路一段六十一號
初版　　中華民國八十一年十一月
再版　　中華民國八十一年十一月
修訂初版　中華民國八十七年二月
編　號　S 58404
基本定價　陸　元
行政院新聞局登記證局版臺業字第○二○○號

有著作權·不准侵害

序

　　保險法規，爲保險學上保險的根基。人類爲尋求安和樂利的生活，非有保險不可。保險是一種法律關係，同時也是一種人類社會的經濟制度。將不幸而集中在個人的意外危險及由此所發生的意外損失，透過「保險」分散給社會大衆，令其消失於無形的一種經濟制度。既然是人類社會的一種經濟制度，就非有相關法規，加予規範不可。保險法規，發揮其應有的作用，更進一層，適應民生需要，以促進國民大衆的個人生活，增進社會福利。保險，雖然名義上仍稱「營利事業」，而歸屬於商事法，但是實際上已負有重大增進社會福利的時代使命。現今的文明社會人，事實上非對個人自身有關的保險與保險法規有所認識與瞭解不可，以免令我們本身的權利睡覺而不自覺。

　　本書以保險法規爲重心，自個人與社會觀點，以淺出深入述說保險與保險法規，分六章介紹，而每章前各有該章摘要說明，且於章末各有自我評量的題目，加深學習者的理解與適用。

　　本書不僅已將我國新修訂的保險法全部法條予以引述，亦參考國內外有關學理與資料，並舉例論述各種有關法例及

概念，比較其利弊，以引發思考。而編著成書，付梓問世，尚祈　先進碩彥，賜予指正。

法學博士　陳俊郎

國立成功大學教授

謹識於丁丑年(1997)聖誕節

保險法規　目錄

第一章　保險法規與保險

摘　要

　　人類爲要安和樂利的生活下去，非有保險不可。本章介紹保險與保險法規，並自法律與社會觀點說明。保險是一種法律關係，同時也是一種人類的經濟制度。既然是人類生活上的一種制度，則非有法規、法律加以規範不可，也就是保險爲分散危險，消化損失的一種經濟制度。將不幸而集中於個人的意外危險及由此所發生的意外損失，透過「保險」而分散給社會大衆，令其消化於無形。保險法規，發揮其作用，而更進一層，適應民生需要，以改進國民個人的生活，增進社會福利。今天的保險，雖名義上仍稱「營利事業」，但實質上已負有重大增進社會福利的時代使命。爲要成爲能夠適應現代社會生活的現代文明人，非對保險與保險法規有所認識與瞭解不可。本書以淺出深入說明各要點，並舉例介紹各種觀念，必要處所也言及各國法例，比較利弊，引發思考。

　　本章自保險法規的定義，保險的概念、特色、條件、範圍及類似概念分五節介紹，最後也提及保險業的主要部分。保險法規與保險，對我國來說，也屬舶來品進口貨，而保險竟發生在一家港口海岸邊的咖啡館，十三世紀的英國一名「勞易‧愛德華(Edward Lloyd)」的人，在倫塔街開設一咖啡館，航海人員常聚集在此，出海前希望互相保險分擔損失，每一紙片書寫船名、船東（長）姓名、海員的名單及航海目的地等，傳遞給店內在座各位海員及商人們，請求認保，而願意承保之人，則於該

紙片上書明承擔之金額，並於該金額下方簽名，以示承諾。所需金額募足後，保險契約即告完成。故今日保險人及其代理人，仍稱為「簽名人」或「署名人（Underwriters）」。嗣後勞易咖啡館之保險業務日益興隆，遂遷移倫巴地，改組為勞易公司（Lloyd's Institute），旋又搬遷到皇家交易所，於一八七一年成立法人，一九二九年於英國倫敦李頓赫爾街自建大樓，逐漸轉變成為今天執全世界之保險牛耳之大亨。而我國自清朝末傳入以來，民國成立後於

　　民國十八年十二月三十日國民政府公布。

　　二十六年一月十一日國民政府修正公布。

　　五十二年九月二日總統令修正公布。

　　六十三年十一月三十日總統令修正公布。

　　八十一年二月二十六日總統令修正公布第六、十一、十三、五四、六四、一〇七、一三六、一三七、一三八、一四〇、一四一、一四三、一四六、一四九、一六三、一六四、一六六、一六七、一六八、一六九、一七〇至一七二、一七二之一、一七七條；並增訂第八之一、第三章第四節之一保證保險之九五之一至九五之三、第四章第四節年金保險之一三五之一至一三五之四、一三七之一、一四三之一至一四三之三、一四六之一至一四六之五、一六七之一、一六九之一、一六九之二、一七二之二及刪除第一五四條條文。

　　八十一年四月二十日總統令修正公布第六四條條文。

　　八十六年五月二十八日總統令修正公布第三三、三四、九三、九六、一一九、一二〇、一二二、一二九、一三〇、一三二、一三五、一三五之四、一三八及一四三條；並增訂第五四條之一及八二條之一。同時刪除第一〇〇、一〇七及一六九之一條文。

　　並於八十六年十月二十九日總統令修正公布增訂第一六七條之二。

　　條文內容附於本書末頁，請參照。

第一章　保險法規與保險

第一節　保險法規的定義

　　保險法規，俗稱保險法(Insurance Law)是法律的一種，也就是以「保險」為對象的法規或法律。保險法一般可分廣義、狹義及形式、實質的意義說明。

　　一、廣義與狹義的保險法

　　㈠**廣義保險法**　廣義保險法是以保險為對象，加以規律的一切法律與法規的總稱。包括保險公法及保險私法，所謂保險公法，屬於公法性質的保險法規，例如保險事業監督法與社會保險法。而所謂保險私法，即屬於私法性質的保險法規，通指與保險有關的私法法規，例如保險契約法與保險企業組織法等均包括在內。

　　㈡**狹義保險法**　專指保險私法，並不包括保險公法，如一般的保險契約等是。

　　二、形式意義與實質意義的保險法

　　㈠**形式意義的保險法**　形式意義的保險法是指法典上，和六法全書上以「保險」二語命名的法律及法規，例如我國現行保險法等是。

　　㈡**實質意義的保險法**　實質意義的保險法，即不僅限於成文的保險法、保險法規，甚至與保險有關的習慣、法院的判例、法理等皆包括在內。事實上能夠處理與保險有關事務的法規法令、法理，無不包括在內。本書原則上，以形式意義的保險法為論說對象。其他以至於廣義的保險

法規，於需要時，也將例外論述。本書既以形式意義的保險法規爲主要論述對象，總括而言，保險法規的定義是「保險法規，就是以規律保險關係和保險企業組織爲對象的一種商事法」。分開說明，就可以述說如下：

1.保險法規是一種商事法　我國採用民商合一的制度，於民法法典以外，別無「商法」存在。原屬商法部份的法規，有些編入民法債篇之中，如交互計算、經理人、代辦商、居間、行紀等。有些頒布爲單行法規，如公司法、票據法、海商法及保險法等。頒爲單行法規的部份，爲講課上需要，就稱爲「商事法」，而保險法規，即保險法便是其中的一種。保險法是商事法中的一種法規。

2.保險法規是以保險關係爲規律對象的商事法　保險是私人間的權利與義務的關係，也就是一種法律關係。保險法規就以此種關係爲主要的規律對象，這是保險法規與其他商事法的不同之處。基於此項不同點，保險法規就具有行爲規範的性質。

3.保險法規也是以保險企業組織（即保險公司或保險合作社）爲規律對象的商事法　通常形式意義的保險法，僅規律保險關係而已，但我國保險法，却將保險企業組織問題（原屬於保險事業之範圍）也納入其中，所以保險法也以保險企業組織爲規律對象。這一點是保險法與其他商事法的另一個不同之處。所謂「保險企業組織」，就是指保險公司及保險合作社而言。其中關於保險公司的規定，居於公司法的特別法之地位；關於保險合作社的規定，居於合作社法的特別法之地位。基於此點說明，保險法規又具有組織規範的性質。

因此，保險法屬於商事法的一種，也就是一種特別民法。與民法則具有普通法和特別法的關係。保險法沒有規定的事項，自得以民法補充適用。保險法雖然絕大部份，屬於私法，但是其中也有不少公法的規定，如有關保險業監督的規定與罰則的規定。此項情形，和公司法上設有公司登記的公法規定相類似。由此可見形式意義的保險法，在我國雖大體

上可以說是保險私法，但事實上卻不能說是純粹的保險私法。

第二節 保險的概念

一、保險的意義

現代的保險可以從兩方面加以說明：有些書從社會觀點和法律觀點說明。也有些書自經濟觀點及法律觀點釋明，其實都是大致相似。主要使發生突變的危難的人，早日幫助其恢復人類正常生活的一種方法或制度。茲分述之：

㈠**法律觀點** 保險又可分爲廣狹兩義：狹義的保險，就是指保險契約；而廣義的保險，則指保險的法律關係。我國現行保險法採廣義說，將保險與保險契約分別規定；所以保險法第一條規定：「本法所稱保險，謂當事人約定，一方交付保險費於他方，他方對於因不可預料或不可抗力之事故所致之損害，負擔賠償財物之行爲」，而以第一條第二項規定：「根據前項所訂之契約，稱爲保險契約」。很明顯，將「保險」和「保險契約」分爲兩個概念，而將保險用爲廣義。事實上，保險是一種法律關係，而不應該是「行爲」。因此，保險的法定意義，應該是：一種法律關係，是當事人一方負擔賠償財物的法律關係，而另一方支付保險費的法律關係。所以所訂的保險契約也是民事法上的契約的一種。與買賣契約相類似。由買賣觀察保險，則要保人，付出一筆金錢而買進一個「安全」，在保險人言，是收受一筆金錢而承擔一個「危險」。並非無代價的買賣，也沒有無代價的保險。

保險法所用的文字，並未表明保險的社會意義，但其意義則涵蓋隱藏於法律字語中，因此適用法律時，必須把握住保險的社會與經濟上的含義，以求實效。現代保險，已經成爲社會事業中很重要的一環。茲再觀察其社會觀點：

㈡**社會觀點** 保險是一種法律關係，同時自社會觀點言，也是一種人類的經濟制度。因為保險在經濟上有作用，所以法律才加以規律。自社會意義言，保險為分散危險，消化損失的一種經濟制度。就是將不幸而集中於個人的意外危險及由此而生的意外損失，透過保險而分散給社會大眾，使其消化於無形。

法律的功效，往日僅在維持社會秩序，確保人民生活的安定，而今日的法律，更須進一層，發揮其作用，適應民生需要，改善國民個人的生活，增進社會福利。因此，近代各國，都已制定法律。一方面施行社會經濟政策、平均分配財富及利益；一方面推廣保險事業（兼指商業保險及社會保險），平均分攤危險及損失，雙管齊下，以達成其政治目標。今日的保險，名義上雖然仍稱「營利事業」，但是實質上已經負有重大的增進社會福利的時代使命。

例如我們書桌上所使用的檯燈，雖然是以二仟元買來，如計算其成本，其中必定有千分之若干為分攤該檯燈的製造廠商所支出的保險費。因為有無數的消費者分擔該保險費，所以該廠商得將其廠房、生產機器、原料、成品、勞工賠償及運送損失等，逐一加以保險，一旦該工廠或貨物，因特定危險的發生蒙受損失時，即可取償於保險公司，則不難迅速恢復舊觀繼續生產，以產品供應社會的需要（即不致於因缺貨，導致價格暴漲，增加消費者負擔）。此項損失，在移轉後，似若集中於保險公司，但保險公司所支付的賠償額，事實上係取給於成千上萬無數的同類被保險人所繳付的保險費。保險人的保險業者原本本身就未嘗有所損失，歸根究底，此項損失，實由多數被保險人以負擔保險費的方法，加以分攤。各被保險人（假定為生產工廠），復將此保險費，加入於其生產貨品的成本中，轉嫁給無數的消費者，即羊毛出在羊身上，此一顯例，約可說明現代保險的原理。簡言之，任何保險，無論其名為商業保險或社會保險，主要目的在於分散危險，消化損失。因此，要有健全的保險制度，工商

業始能蓬勃發展，即社會才能日益繁榮，國民方得安和樂利。

二、保險制度的發生

保險制度首先發生於十二世紀間的歐洲，而最早的保險法規見於意大利的康索拉杜海事法例(Consolato del Mare)，續有公元一二六六年的亞勒龍（法國西北小島）法典(The Laws of Oleron)，該法典中有關商事法的部份，被當時歐洲各國的商人所採用。後來到了一六八一年法王路易十四頒佈海事法規(Marine Ordinances of Lowis ⅩⅣ)，該法典的第六章規定有關保險的法規。一八○四年至一八○七年間，拿破崙編訂拿破崙法典，即以此項法規納進於其商事法規當中。

後來很有名的英國保險事業，係由意大利倫巴地商人(Lombard)傳入英國。十三世紀有一名「勞易‧愛德華(Edward Lloyd)」的人，在倫塔街設一咖啡館，航海人員及商人們常在此咖啡館聚集。航海人員希望互相保險，以分擔損失，每一紙片上寫船舶名稱、船東（長）姓名、海員的名單及航行目的地等項，傳遞給店內在座的商人們，請求認保。願承保的人就在該紙上寫明承擔的金額，並在該金額下方簽名，所需的金額募足，保險契約就告成立。至今保險人及其代理人還稱為「簽名人」或「署名人」(Underwriters)。後來，勞易咖啡館的業務日漸興盛，就遷到倫巴地街，改組為勞易會社(Lloyd's Institute)，旋又遷至皇家交易所，於一八七一年成立法人，一九二九年自建新廈於英國倫敦李頓赫爾街。該會社的宗旨在供給保險業者做交易的場所，促進保險業務，謀求共同利益，而收集、交換、傳播有關航海的情報與資料，其本身則並不經營保險業務。早於一七七九年該會所擬訂的海上保險單(Lloyd's Marine Policy)至今仍被保險業者所沿用。一九○六年英國頒佈海上保險法(Marine Insurance Act 1906)，即以此保險單作為根據。

曾經於一六六六年英國倫敦發生大火，延燒五晝夜，無家可歸的人高達二十萬人，英人乃深感火災保險的重要。遂於一七一○年有「永明

火險公司」的設立(Sun Fire Office)，至今還在營業中，爲該行業中資格最老的公司。而十八世紀以來，火險公司相繼成立，但是由此引起不肖之徒，縱火圖賠情事，不斷發生，因此政府乃課以重稅重罰，以寓禁於征。至一八六九年，議院始廢除重稅，於是火災保險的營業才蒸蒸日上。

而英國對於人壽保險，初亦深加懷疑，認爲無異以生命爲賭博，足以引誘謀財害命。法國於一八二〇年前，對於人壽保險，曾加禁止，荷蘭亦然。至一七六二年英國倫敦成立「衡平保險社」(Equitable Assurance Society)，始按年齡及身體健康狀況，以訂定徵收保險費的標準，辦理人壽保險漸趨於科學化。社會對於人壽保險始有所改觀，於是現代的人壽保險制度乃告確立。傷害保險即由人壽保險蛻化。一八四九年在英國倫敦成立了鐵路旅客保險公司，專營鐵路旅客的保險業，至一八五六年以後範圍始見擴大。

至於美國的保險制度，即取仿於英國，但其進步卻超過英國。美國的人壽保險已成爲國民經濟生活不可或缺的一環。火災、海上、傷害、汽車、責任等及其他新型保險，進步尤爲迅速。美國國民富有冒險進取心，善於經營開發，造成今日工商企業高度繁榮進步的實況，然若無健全的保險制度相互配合，使國民個人得有無後顧之憂，亦不會達到今日的繁榮。可見健全的保險制度，對於繁榮的社會的貢獻相當可觀，忽視不得。

三、我國的保險事業及保險法

我國於清末與歐美各國通商，現代保險制度，始由外國商人傳入。最初經營保險業的人爲外國人，保險單以外文作成，投保險的人，都感到不方便。後來清光緒十一年（公元一八八三年）招商局創辦仁和、濟和兩家保險公司(通稱仁濟和保險公司)，經營水火保險，是爲我國自辦保險事業的開端。

　　民國十六年（一九二七年）國民政府建都南京，發現保險事業對於國民生計非常重要，就由立法院著手進行此一重要法規的擬訂。民國十八年（一九二九年）政府公布保險法八十二條，二十六年（一九三七年）修正增訂爲九十八條。二十四年公布保險業法八十條，二十六年修正，同時又公布保險業法施行法十九條，均未經施行。

　　民國四十六年（一九五七年），行政院就舊有條文加以修訂，擬成新保險法草案，送請立法院審議，經財政、經濟、交通、司法四委員會聯席審查，將保險法與保險業法合併爲一，通稱「保險法」，共計有一百七十八條，而於民國五十二年八月第三百一十一會期第四十三次會議，完成三讀程序，並於五十二年九月二日由總統命令公布，同日施行。於醞釀三十多年後保險法終於宣告成立。嗣後於

　　民國六十三年十一月三十日總統令修正公布。

　　民國八十一年二月二十六日總統令修正公布。

　　民國八十一年四月二十日總統令修正公布。

　　民國八十六年五月二十八日總統令修正公布。

　　民國八十六年十月二十九日總統令修正公布。已詳記於本章前記摘要部份，不再贅述，請參閱摘要部份。

　　四、保險的種類

　　㈠**財產保險與人身保險**　以保險標的爲準，可分爲財產保險與人身保險。依本法第一三條規定：「保險分爲財產保險及人身保險。財產保險，包括火災保險、海上保險、陸空保險、責任保險、保證保險及經主管機關核准之其他財產保險。人身保險，包括人壽保險、健康保險、傷害保險及年金保險」。

　　茲分別說明如下：

　　1.財產保險　俗稱「產物保險」，即對物或其他財產利益所受損害之保險，包括火災保險、海上保險、陸空保險、責任保險、保證保險及

經主管機關核准之其他財產保險等六種。此六種保險，並無統一之區別標準。 各種保險將於各章節中，再加詳釋。

　　2.人身保險　以人身為標的之保險，包括人壽保險、健康保險、傷害保險及年金保險四種（保13 Ⅲ）。詳細內容，將再論述於後。

　　茲將我國現行保險法規上之分類，列表如下：

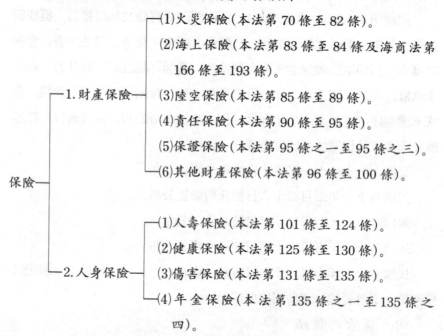

保險
1.財產保險
(1)火災保險（本法第 70 條至 82 條）。
(2)海上保險（本法第 83 條至 84 條及海商法第 166 條至 193 條）。
(3)陸空保險（本法第 85 條至 89 條）。
(4)責任保險（本法第 90 條至 95 條）。
(5)保證保險（本法第 95 條之一至 95 條之三）。
(6)其他財產保險（本法第 96 條至 100 條）。

2.人身保險
(1)人壽保險（本法第 101 條至 124 條）。
(2)健康保險（本法第 125 條至 130 條）。
(3)傷害保險（本法第 131 條至 135 條）。
(4)年金保險（本法第 135 條之一至 135 條之四）。

　　依據上表，可見各種保險之區別實益，在於所適用之法規不同，則保險法，規定各種保險之個別問題，均個別設有特別之規定。而就各保險之共通問題，亦設有通則性之規定。適用上特別規定均將優先適用，而後適用通則。尤其海上保險，應優先適用海商法之有關規定，即關於海上保險，適用海商法上保險章之規定（保84），而海商法又規定，關於海上保險，本章無規定者，適用保險法之規定（海166）。

　　㈡**營業保險與社會保險**　保險以其辦理之目的，是否在於營利與否做為區別標準，可分為營利營業保險與社會保險兩種，茲分述之：

1.營業保險　營業保險舉辦之目的，在乎營利，其保險契約屬於商事行為。我保險法上之財產保險和人身保險都屬此類。而其保險業，都由私人（保險公司或保險合作社）經營，所以屬於私營保險。但簡易人壽保險法上之人壽保險，則屬於公營（該法1），這是因為它的舉辦目的，不在乎積極營利的緣故。

2.社會保險　社會保險舉辦之目的，不在乎營利，乃在乎推行社會安全政策，由國家以法律強制實行，所以也叫強制保險。例如我國的軍人保險、公務人員保險、勞工保險以及臺灣省漁民保險都是。這些保險都由公營，所以屬於公營保險，而這些保險，現在又都屬於對人保險，至於對物的社會保險，例如農作物保險，農具工具保險等，尚有待乎創辦。

以上兩種保險的區別實益，也是在適用法規之上。申言之，關於社會保險，都各有特別法的制定，而本法第一七四條明定：「社會保險，另以法律定之」。所以多不適用保險法（本書以營業保險為論述對象，但關於社會保險，亦專設一章討論之）。

㈢原保險、再保險　保險以保險人所負責任之次序為區別標準，又可分為原保險和再保險兩種，分述如下：

1.原保險　原保險就是對被保險人因保險事故所致之損害，第一次予以賠償的保險，所以也叫做第一次保險。

2.再保險　再保險就是將第一次保險之保險責任的全部或一部，再予承保的保險。再保險以有第一次保險的存在為前提，所以也叫做第二次保險。其性質依通說屬於責任保險的一種；但本法上的責任保險卻不包括再保險在內。

以上兩者是對待名詞，無原保險固無所謂再保險，但無再保險也無所謂原保險。至於兩者區別之實益，主要於其效力及適用法規上見之，尤其再保險具有國際性。本法關於再保險設有數條規定（保39～42），其

詳於保險契約中述之。

第三節　保險的特色與其類似概念

一、危險與安全

保險之目標爲危險。危險有兩種型態：㈠危險之實質，或云有形的危險；㈡危險之憂慮，或云無形的危險。前者指實際之損失，後者指損失之恐懼。兩種危險，同等嚴重，在人生經驗中，恐怖心理或較危險更爲苦痛。保險即係將此二種危險作交易，使有危險之憂慮者付出少許代價，買得一個「安全」。

$$危險\begin{cases}㈠損失的恐懼\\㈡損失的實質\end{cases}保險\begin{cases}免除恐懼\\彌補損失\end{cases}安全$$

人生如大海行舟，無時不在風濤中。吾人所深感困擾的問題是：如何防止危險？如何應付危險？如何補救危險？

現代政治組織及法律制度，其目的無不在防止危險，確保平安，蓋皆含有保險之意義。腰纏十萬，行於荒漠，不怕強盜搶奪；仇人狹路相逢，不怕遭其毒害；交易買賣不怕背約失信，賴有政府及法律以爲我保障。倘遇生命財產遭受傷害，而強盜無下落，或遇天災事變，債無主，冤無頭，在過去只可委諸命運，自認晦氣，在今日則可藉由保險而得補救。人間的一切問題，不外乎一個安全問題，亦就是一個保險的問題。

保險之危險須爲確實存在，而不一定發生。按諸死亡率表所載，每千人中每年必有若干人死亡，但死神降臨何一人頭上則無從預知。故千人中無一人不有此憂慮，亦即無一人不需要保險。

保險之危險(risk)或稱爲「保險事故」(event insured against)或稱爲「損失」(the chance of loss)，要之，皆爲不期然而然之不幸遭遇(uncertainty)。人生何處無危險，其小者不必言，其大者則攸關生命財

產之得失。人事無常，危險之種類不一，大別之，可歸納如下：

㈠**人身危險**　人身危險大都指死亡之危險而言。人未有不死者，但其時日則不能預知，早一日或遲一日，每發生重大的經濟影響。此外，尚有所謂「經濟的死亡」(economic death)，如殘廢、傷害、疾病、老年、失業等，若由是而喪失謀生之能力或生活之途徑者，人雖生存，但與死亡又有何異？

㈡**財產危險**　此謂物產遭受毀損滅失之危險。陸上財產之遭受火災、雷擊、洪水等之毀損；海上船舶與貨載之遭遇海難；以及工商事業現有或期待利益之喪失，皆屬之。

㈢**法律責任之危險**　此係指依法律之規定而有應負之賠償責任者而言，雖非直接之財產損失，但於責任確定時，即須給付賠償金，有因之而傾家蕩產者，其嚴重性不亞於現有財產之損失，或竟過之，如汽車肇禍之賠償責任，陸上運送人之法定責任是。

　二、保險的危險

保險所承擔者為危險(risk)，危險遭遇損失。危險一語，涵義不一。有些指災害的本體，有些指因災害而發生的損害，也有些指災害的程度，更有些指喪失利益的憂慮，這些情形廣泛稱為「危險」。但危險，除法律另有特別規定以外(保51)，並不指業已發生的災害，也不指想像中遙遠的危險；而保險法上的危險，在客觀上為「不可預料或不可抗力之事故」(保1)，在主觀上為對災害所懷的恐懼，及因災害而受的損失，其條件可分析如下：

㈠**危險須屬可能**　保險所承擔的危險，雖然不得於締約之際為已發生，但其發生須為「可能」。人已死而猶為之保生命險，屋已燒燬而還保火災險，於法無效（保51）。

㈡**危險的發生須非故意**　保險所承擔的危險，為意料以外偶然發生的危險。如果危險的發生出於當事人的故意或計畫時，或當事人對於危

險的發生與否可自以意思左右控制時，就非屬於保險契約上的所謂危險
(保 29)。

　　㈢**危險的發生須不確定**　保險所擔當的危險，固須可能，但其發生
則須不確定。「不確定」是指其發生與不發生，在保險之際尚未確定，或
不知其爲已確定爲要件。但是如以善意約定「無論危險之有無，契約均
保有其效力者」，既使當事人在訂約時，誠不知損失或無損失的事實已經
確定時，法律仍承認其有效(保 51)。而所謂不確定，仍以時間及程度爲
衡量；人未有不死者，但死期或早或遲，則未能預言，早一日或遲一日，
復有不同的生命意義及價值。因此時間對死的發生仍非確定。同時如臺
灣每年大概都會發生颱風，依據統計，差不多可以確定幾個颱風來襲，
但其災害及損失的程度，則未能預測，故就程度言，其危險亦屬不確定。

　　㈣**危險的範圍須經訂明**　危險的性質及種類很多，如無範圍的訂定，
則責任無從決定。因此保險契約對於所保危險的種類、性質及範圍，均
有明白的訂定(保 55)。火災保險，限於事故爲火或電擊，標的爲物；而
人壽（死亡）保險，限於事故爲死亡，標的爲生命。依原則言，以物爲
火災保險者，其效力不及於人，就人爲死亡保險時，其效力不及於物。
如保火險者不負地震損失的責任。保單純人壽險者，不負傷害疾病醫療
費用的責任。惟亦常有以一契約就若干種的危險，做爲混合保險。如汽
車保險，就以一個契約同時保火災、竊盜、責任及傷害等數種危險等。

　　㈤**危險及其發生須爲適法**　保險契約所包括的危險，須不能違背法
律的規定，如法律有強制或禁止的規定，就不得做爲保險的標的；例如
以運送海洛英、大麻等違法物品而買保險，標的物及行爲均屬違法，故
其危險也不適法；又以結夥搶劫而爲生命或傷害保險，也屬違法行爲，
故其危險亦爲不合法。而所保的危險，雖然原屬合法，但若其發生爲不
適法時，仍非屬於保險法所容許的危險，例如傷害保險，爲圖得賠償金
（即保險金）而故意傷害其身體。火災保險，爲圖得賠償金而故意燒燬

其標的物，凡此情形均屬不適法（保92）。惟所謂「事故的發生須適法」是指被保險人或受益人非以違法行為使其危險發生而言，若其危險是由契約以外的第三人的違法行為所導致，在契約當事人，固無違法可言，亦不生適法與否的問題。

三、道德危險

「道德危險」，雖未見明文，但自本法第九八條，即「其他財產保險」項目下規定：「危險事故發生後，經鑑定要保人或被保險人未盡合理方法保護標的物，因而增加的損失，保險人不負賠償之責」。此雖指增加之損失而言，但如整個標的之損失，經鑑定是由要保人未盡合理保護之能事，或以一舉手之勞即可保全或避免危險的發生而不為，依法律推理的解釋，此條文似亦可作適當的說明及引用。保險所保的危險，雖不必全由天災或不可抗力，但也絕不可由故意行為而發生。故意行為，除在一定的條件下，因履行道德上義務而為之者外（保30），均不得視為保險之危險。

保險以後，特定損失的負擔雖移轉於保險人，但保險之標的則始終在被保險人的掌握中，而有實力使危險發生或阻止其發生。統計以往事例，發現善意的投保固然居多，但惡意而造成事故，意圖詐取保險金者亦復不少。保險主旨在消災，若因有保險，而災害反增多，即顯示社會人士尚未了解保險的真諦，不能充分協調所致。

由此可見，保險法上通稱的「危險」，實可分為二；而其效果相反：㈠保險所欲彌補的危險及損失。㈡因保險所引起的危險及損失。前者稱「保險危險」(risk)，後者稱「道德危險」(moral hazard)。道德危險是指因保險而引致的「幸災樂禍」的心理，即有保險契約上之利益者，或被保險者，在其內心深處所潛伏，期望危險發生或擴大的私願自私心。此一心理醞釀日久，常會發生作用。因此道德危險雖名為道德，其實必為不道德，與道德上義務之必本於道德者，截然二事。

道德危險之不見諸行為者，不過為一良心問題。法律無從加以制裁，

若釀成事故，則又常常不留痕跡，捉不到把柄。此一危險所以名為「道德」危險，主要為使其與法律上的危險有所區別。

道德危險又與道德上的義務不可相混。履行道德上的義務乃一人受道義的感召，在緊急中，不自知其為「故意」而故意為之的行為，故必定合於道德。例如眼見幼童落水，入水施救，以致自身死亡，其危險雖是自己招致，但因其所為者係道德上的義務，因此保險人依法不得拒卻責任(保 30)。道德危險則反是；要保人、被保險人或受益人因知有保險契約上的利益可圖，而妄想非分，雖不敢明目張膽，故意使危險發生，但其發生並不違背其本意，且正為其所祈求，或推波助瀾，促其實現，或於發生時，加重其後果，以擴大損失(保 98)。再者，不履行道德上義務亦即為道德危險之一。如甲乙二人為養父子關係，感情並不很好，甲為被保險人，乙為受益人。甲落水，乙有施救的能力與方法，但坐視不救，或雖救之而未具誠意，以致甲死亡，乙乃向保險公司領取保險金，而公司則無法拒付，因法律雖可獎勵人履行道德上的義務，但不能強制人履行道德上之義務（但船長救助海上人命為其法律上的責任）(海 142)。於此情形，如甲未經保險，或乙非為其受益人時，乙可能早已將甲救起，今因有金錢作祟，甲竟不免於難。道德危險之為不道德，亦甚明顯。因此，道德危險為製造或醞釀危險的危險。表面上常常為不違法，即使有隱情，亦無跡可尋，保險人每苦於應付。保險所以重視，（一）善意，（二）保險利益，皆在防止製造或醞釀危險。

四、保險與賭博

㈠**類似部份** 保險金是否給付，與賭博的輸贏，皆取決於偶然的事件，所以兩者均為射倖行為而相類似。

㈡**差異部份** 保險之目的不只謀求個人生活的安定，也在於除去社會全體的不安，所以其手段為利己利人，結果為共存共榮；而賭博之目的，在於僥倖圖利，其手段似乎為損人利己，但其結果必致損己利人，

兩敗俱傷，擾亂社會。因此保險形成爲一種重要的經濟制度，由國家大力推行，而賭博卻常成爲違法行爲，法律上加以處罰（刑266以下）。

五、保險與儲蓄合會

(一)差異部份　保險金的受領，是本於保險契約上的權利，所以於受領後，保險關係就歸消滅；而合會金的受領，乃屬儲蓄金的回收，在會期結束前受領，則還含有借貸的性質，所以於受領後，仍須陸續補還。可見儲蓄合會不過是一種附有特殊條件的儲蓄而已，與保險之以分散危險爲最終目的之情形不同。

(二)類似部份　儲蓄合會是多數人共同出錢，而爲經濟互助的一種制度，保險在本質上也屬如此。同時保險金與合會金的受領，皆取決於偶然事件，故兩者類似。

六、危險的分散與移轉

今日的保險，已成爲人類生存條件之一，其重要性與衣食住行同。若無保險制度存在，人類日常生活將處處呈顯問題，時遇困難，不特生命財產長久處於危險與憂慮中，也將阻礙幸福人生。

保險所保障的危險，其發生必出於偶然，而爲一般人的思慮及謹愼所未能先見而加以預防。古時候，遇有意外災害，常常束手無策，徒嘆奈何。而今日科學昌明，人定勝天，任何問題，凡人力所能設計解決者，多不聽天由命。所以保險是由眾人分擔個別的損失，爲人類運用科學原理，自力支配命運的方法之一。

人類社會上，每日輒見某處發生火災，某處發生災禍，有時候災地近在咫尺，令人怵目驚心，但切勿以事未臨頭，漠然放置。在此，人常面對現實，寧付一筆保險費，移轉危險，以保平安？或吝惜一筆保險費而任令生命及財產長期處於危險的威脅中？假定依據統計所示，危險發生的可能性僅爲千分之一，則保險費的損失必爲千分之九九九。千分之一的危險雖不一定降臨在誰的身上，但依統計千人中必有一人遇到，則

屬確定。所未確定者，此千人中任何一人遭其殃，故此千人中人人有此憂慮。保險是從不確定中求確定，即以確定性爲千分之九九九的小損失（即保險費的損失）替代確定性僅爲千分之一的大損失（即災害的損失），在二者之間作一選擇。茲再作下列較具體的說明：

假設，在某一地點，有住宅房屋五千戶，每戶各值十萬元，而按諸統計，火災損失每年平均爲千分之二，即五千戶中，每年平均損失十戶，總計金額一百萬元（每年數字或有上下，但在特定地區，以十年或二十年的長期，按十萬或五十萬戶房屋的統計，其比率必可確定，在一般情形大概不出千分之二或千分之三），若由五千戶分攤，每戶只須負擔二百元就可填補一切可能發生的損失。於此情形，千分之二即爲保險費率(保險公司還須加上營業費用及利潤，所以保險費率可能要定爲千分之三以上)。每戶每年各支出二百元後，若自己的房屋，萬一不幸而被燒毀時，即可獲得十萬元的賠償；若自己房屋幸而獲免時，此收不回的二百元，即以補償不幸而被焚毀房屋戶的損失。

保險費爲確定的「小損失」，災害爲不確定的「大損失」，以小易大，以確定代替不確定。這就是今天人類利用保險以控制危險的原理。人身保險也一樣。只是生命的價值不可以金錢估計，但其人若非老弱殘廢，則勞力之所得，除提供一己生活的需要以外，應要有若干餘資以贍養家屬。故賴以生活的人，對其生命必有深切的利害關係。人事無常，旦夕禍福，有遠慮者每以身後之事爲憂。人死不能復活，但因死亡而發生的經濟上困難及損失，則可藉保險而獲得適當的安排，使不確定者趨於確定。

同時，人壽保險也寓有儲蓄之意，不僅在彌補因死亡而生的損失。儲蓄俗稱「積穀防饑」，屬於自我保險的一種，儲蓄實爲本利的累積，須經若干年以後，才成一整數，始足以言保障，總覺得遠水救不了近火，難解眉急。惟有求之於保險才可立即獲得有效的保障。若所選擇的保險

是屬於終生保險或生死兩合保險的性質，則於保險外，實更含有濃厚的儲蓄涵義。

七、保險與保證

㈠**類似部份**　保險是對於他人偶然事故所致的損害，負賠償責任；而保證是對於他人債權的不得獲償(於債務人方面言，則為債務不履行)時，代負履行責任 (民 739)。保證為有名契約，而保險契約也是有名契約 (亦有人不認保險為有名契約)，兩者類似。

㈡**差異部份**　保險契約是雙務契約，保證是片務契約；保險契約為有償契約，保證則為無償契約；保險契約為獨立契約，保證則為從契約。保險除為一種法律關係外，同時也是一種經濟制度，保證則純為個人間的契約關係。保險人的賠償財物，是履行自己的債務，保證人的代償債務，形式上雖亦屬履行自己的債務(從債務)，但實質上是履行他人的債務。所以保證人有先訴抗辯權、求償權及代位權(民 745、749)，而保險人除於特殊情形(如保 53 I)有代位權以外，原則上於賠償後再無其他權可言。

惟保險法上又有所謂保證保險 (保 13 II)，不可混淆。

第四節　保險的條件及範圍

一、保險的條件

保險分社會保險與營業 (商業) 保險二大類。社會保險，以特別法施行，自成一系統，不屬於普通保險法的範圍 (保 174)。保險法以營業保險為對象，規定由保險契約而發生的民事法上之權利義務關係。故本法第一條規定：「本法所稱保險，謂當事人約定，一方交付保險費於他方，他方對於因不可預料，或不可抗力之事故所致之損害，負擔賠償財物之行為。」，「根據前項所訂之契約，稱為保險契約。」所謂「保險行為」是

指要約與承諾。當事人既以要約與承諾，表示意思之一致，則契約的成立爲當然的後果。

二、保險的範圍

保險法第一條所示，爲保險的概括定義，也就是保險在法律上最廣泛的定義。定義的作用在於設定其範圍。現今的保險事業，千變萬化，欲以概括定義涵蓋，殆有所困難。因此，除於保險法第一條至第十二條列舉普通定義之內容，以明其大旨外，復就各類保險，列舉特別定義，以資補充，如第七十條有關火災保險之定義，第八三條有關海上保險之定義，第八五條有關陸空保險之定義，第九十條有關責任保險之定義，第一○一條有關人壽保險之定義，第一二五條有關健康保險之定義，第一三一條有關傷害保險之定義等是。

特別定義應不與基本定義相違背，但亦猶如特別法之優於普通法而適用，法律設有特別定義而與基本定義有差異時，即應優先於普通定義而爲適用。茲分述如下：

㈠**當事人** 所謂當事人是指契約的原始當事人,即保險人與要保人。在契約成立前，一方爲要約人，他方爲相對人。

保險業的經營目前限於四類組織：⑴股份有限公司。⑵合作社。及⑶中央信託局。⑷輸出入銀行，其爲民營者應分別依法成立法人(保151、156)，申請主管機關核准(保12)。並依法爲營業登記，繳存保證金，領有營業執照 (保137)。合作社以經營社員之業務爲範圍 (保138)。

保險人的法定資格如有欠缺，除應受行政制裁外(保166、168)，在民法關係上將使契約無效。故凡未備法定資格而擅以保險人名義訂立保險契約者，應對他方負回復原狀之責；如他方受有損害者並負賠償損害之責 (民113)。

要保人可爲自然人或法人，須具有行爲能力，如其爲無行爲能力者，應有法定代理人爲之代理。要保人對於保險標的應有合法之保險利益。

㈡**保險費** 依保險法第一條之定義，保險爲有償契約，要保人應支付約定的保險費，以換取保險人對於危險責任的承擔，保險費通常以現金支付，但有時候也可轉帳（抵銷）或提存方法做爲清償，而不限於金錢的直接交付。法律上所用的「交付保險費」一語應與「支付保險費」視爲同義。

㈢**賠償** 保險的賠償或稱保險金額的給付，以一可能而不確定的事故或危險的發生爲條件。在此條件成就以前，保險人僅就其承擔損失的諾言負責，而無應履行的實際義務。而且此一條件的成就雖非絕不可能，但是也極爲渺茫，保險人不過於契約有效期間受其承諾的拘束而已。但是經營保險業者皆屬龐大的企業，此諾言（承諾）確具有經濟上極實在的價值。

保險人於保險事故發生時，負有賠償財物之責（保 1）。「賠償財物」(payment of money or other things of value)，原則上是指金錢給付而言，但亦有依訂定的契約內容，就特定的損失，回復其原狀以替代金錢的給付。例如火災保險，於標的部份毀損時，保險人得修理毀損部份作爲賠償；傷害或健康保險，保險人得以醫療作爲給付。標的物部份中的全部毀損時，例如在汽車保險及玻璃保險，常常以修理或補配玻璃以替代金錢的賠償。在其他保險則仍以給付金錢爲通例，很少以甲屋作爲乙屋的賠償。

㈣**範圍** 保險法適用的範圍，以營業保險爲限。而營業保險是指除社會保險及以特別法施行的簡易人壽保險以外的其他一切保險。其範圍固亦甚廣，然而保險法仍然是保險的普通法。

營業保險分爲財產保險及人身保險二類：其中財產保險包括1.火災保險。2.海上保險。3.陸空保險。4.責任保險。5.保證保險及6.其他財產保險；而人身保險即包括1.人壽保險。2.健康保險。3.傷害保險。4.年金保險（保 13）。以上合計十種，均爲保險法所列舉。人身保險與財產

保險不得由一保險業兼營。但於保險事業已臻發達，社會復又有此需要時，則經主管機關核准後，亦可將人身保險中的傷害保險及財產保險中的責任保險二項提出，成立一第三種保險業，獨立經營（保138）。

保險項目繁多，事實上並不以上述數種爲限，其他未經列舉的保險，或係比照各種保險的特別定義而成立，或係依據一般性保險的概括定義而成立，不一而足，雖然不能歸納於特定的一種，但亦不失爲保險法規上的保險。

本法之強制規定，不得以契約變更之。但有利於被保險人者，不在此限。保險契約之解釋，應探求契約當事人之眞意，不得拘泥於所用之文字；如有疑義時，以作有利於被保險人之解釋爲原則(保54)，應留意及之(Iowa 235, 111 N.W. 2nd 687, 1961)。

自我評量題

1.試述保險法規的定義？
2.何謂保險？試自社會觀點與法律觀點述明之。
3.試述保險制度的發生？
4.試述我國保險事業及保險法的沿革？
5.試述保險的類別？
6.試自保險法述明保險所承擔的危險？有何條件？
7.何謂道德危險？試自保險法規說明。
8.保險與賭博有什麼異同？
9.保險與保證有什麼差異？
10.試自保險法述明保險的範圍？
11.試述我國保險業的組織？有什麼原則？
12.何謂保險合作社？其預定社員人數有何限制？現行規定是否合理？試

各述己見。

13.試述保證保險？並舉例說明之。

14.何謂年金保險？舉例釋明之。

第二章　保險契約

摘　要

　　本章介紹保險契約的特色，並自保險契約的性質，保險契約的種類，保險的主體，保險的客體，保險利益及保險費的繳交等六部分，加以說明。六法全書上保險法篇屬於第二章，有通則、基本條款與特約條款三節。

　　保險契約雖屬於民法上契約的一種，但與一般契約相比較，保險契約仍有其特點，學習保險法規者不得不知。而保險契約依各種不同的標準可分為六種類以上，適合實際上瞭解。保險契約的主體，即屬於人的問題，就是保險契約的當事人，即要保人的一方及保險人的他方，此外保險契約也常有第三當事人，即所謂被保險人及受益人。保險契約的當事人，亦雖可有三造四造之多，然而至少應有兩造，即要保人與保險人。一般保險人是指經營保險事業的各種組織，目前我保險法規上，僅承認股份有限公司及合作社的兩種組織。而事實上亦僅有股份有限公司的一種組織而已。保險人在保險契約成立時，有有效收取保險費的權利，但於承保事故發生之際，有依其承諾，負擔賠償的義務。而要保人，俗稱投保人是指對保險標的具有保險利益，向保險人申請訂立保險契約，並負有交付保險費義務之人。此外還有保險代理人、保險經紀人及保險公證人等的保險補助人，均屬於保險的主體所研討之範圍內。

　　保險的客體就是保險的標的，也就是做為保險對象的經濟上的財貨

（財產保險）或自然人（人身保險），也即保險事故發生所在的本體。保險標的可分二類，即財產保險之保險標的與人身保險之保險標的，並對保險標的之移轉及消滅，亦加釋明。

保險利益為要保人或被保險人對於保險標的所有之利害關係。若要保人對於保險標的無保險利益者，其保險契約無效。初有保險利益，後來失去其保險利益時，契約失效。而保險利益的種類，仍可分為財產上及人身上的二類保險利益，亦詳加說明。

保險契約，若無保險費之約定，無效。可見交付保險費的重要。原則上，保險費債務，於危險承擔開始時，即告成立。訂立保險契約時，要保人即有支付保險費的義務，縱令保險費未經商定，亦應依可得確定之保險費率為保險費之支付。支付定有時期者，按其時期，未定期者，於保險單或暫保單交付之際同時為之，此點甚為重要，要保人絕不可貪圖時間上之小便宜，以致因小失大。此外，對於保險費的交付日期、地點及方法亦均加適當說明。人壽保險的保險費，保險費交付遲延的效果，遲延責任的免除，保險費的返還等，皆加必要的述說與論說。其餘部分，也將於下一章中繼續論述。

第二章　保險契約

第一節　保險契約的性質

　　保險契約是因當事人的表示意思，互相一致而成立，在民法債篇上屬於特種之債，所以保險契約仍是契約的一種，與一般契約相比較，有下列的特點：

　　一、保險為射倖契約

　　保險契約之目的在使保險人於特定不可預料或不可抗力之事故發生時，對被保險人履行賠償或給付義務(保1、70、83、85、90、101、125、131)。至事故之是否發生，以及發生之遲速，在訂約之際，不能預見，故學說上稱為「射倖契約」(aleatory contract)。射倖契約與賭博契約迥異，賭博在僥倖得利，而保險在防患未然，二者不同。為使射倖契約之不流於賭博，故設有保險利益等限制。

　　二、保險為有償契約

　　保險契約之成立，以交付保險費為條件，即以支付保險費作為換取保險人危險負擔之承諾 (保1)，若無此代價之約定，則契約不生效力。保險為多數人分擔少數人損失之互助計劃，保險費即為參與保險者所負擔之分攤額，若無保險費之徵收，則保險給付無所從出。故保險為最標準之有償契約。買賣(民345)雖亦為有償契約，但若賣方於交付其物後，表示不欲收受價金者，其行為可轉變為贈與，而法律不否認其效力。保險則不然。保險人若以保險單為贈與時，其行為不發生效力。保險費之

約定不必爲明示，若其費率可按一定之標準而確定者，視同已有訂定。保險之申請含有給付保險費之默示承諾。

三、保險爲任意契約

保險契約係債之一種，在不違背法律強制或禁止規定之條件下，本於契約自由原則，其條款及內容可由當事人任意訂定。保險法所載之強制規定無多，而有利於被保險人之約定，縱令有背強制規定，亦復有效（保54）。又第五十四條之一：「保險契約中有下列情事之一，依訂約時情形，顯失公平者，該部分之約定無效：

一、免除或減輕保險人依本法應負之義務者。

二、使要保人、受益人或被保險人拋棄或限制其依本法所享之權利者。

三、加重要保人或被保險人之義務者。

四、其他於要保人、受益人或被保險人有重大不利益者。」

故學說上稱爲任意契約。惟有關保險業之組織及管理之規定，則皆屬行政法之性質，不得以契約變更。

四、保險爲誠信契約

保險契約之訂立，雙方當事人均須出於善意，故有「最大善意契約」之稱。要保人對於訂約之重要事項，如說明失實或有遺漏者，無論是否出於故意或過失，均可影響契約效力（保64）；如有特約條款（或擔保）者，更須切實履行（保66），否則，保險人得據以拒卻責任或解除契約。同時，保險人於表示意思及行使契約上之權利，亦須依民法第二一九條規定，無背於誠實信用之原則，不得取巧。任何契約，皆須本於善意，若違背此一原則者，在其他契約，如非必要，有時或可不予重視（民153 II），在保險契約，則往往不予放過，蓋所需善意之程度不同。

五、保險爲對人契約

一般保險契約皆以雙方當事人互信任爲基礎，尤以火災保險爲然，

故泛稱對人契約，其權利義務之移轉往往受有限制。甲之財產移轉於乙時，乙對於其物之愛惜保護，或未必與甲相若，因此，危險程度不同，信任亦異。現本法第十八條規定：「被保險人死亡或保險標的物所有權移轉時，保險契約除另有訂定外，仍為繼承人或受讓人之利益而存在。」依此規定，保險契約雖為得移轉之契約，然仍許保險人以特別約定，加以限制，或保留終止契約之權，是即係以對人契約之理論為基礎。現代財產保險單有作成指示或無記名式(保49)，隨同貨物而移轉者，人壽保險單上之利益，更可任意轉讓，是則「對人契約」之原則，除火災保險外，已非若往日被重視。

六、保險為要式契約

保險契約類皆作成保險單，外國慣例，亦屬如此。本法第四三條規定：「保險契約應以保險單或暫保單為之」；又第四四條規定：「保險契約，由保險人於同意要保人聲請後簽訂；利害關係人，均得向保險人請求保險契約之謄本。」最高法院遂認其為要式契約（最高院五十三年度臺上字第三六九○號判決）。但按諸保險通例，保險單之作成交付，僅為完成契約之最後手續，其契約在法律上之效力，則不自始繫於保險單。保險法於保險契約與保險單之間，觀念上未予區分，保險人於同意要保人之聲請後，簽訂保險契約（保險單），是為保險人方面之行為，保險法第四三、第四四兩條，應解作對保險人之指示規定，違背者，過錯在保險人，非為契約之效力條件所使。

第二節　保險契約的類別

保險契約依各種不同標準可區分為下列各類：

一、定值保險契約、不定值保險契約

這是本法上所為之分類，依本法第五○條第一項規定：「保險契約分

不定值保險契約及定值保險契約。」分述之如下：

㈠**定值保險契約**　本法第五○條第三項規定：「定值保險契約，爲契約上載明保險標的一定價值之保險契約。」由此可知定值保險契約(valued policy)就是當訂立契約時，將保險標的之價值，加以評定，並將其評價額於契約中載明，所以也叫做定價契約【註】。

㈡**不定值保險契約**　本法同條第二項規定：「不定值保險契約，爲契約上載明保險標的之價值，須至危險發生後估計而訂之保險契約。」由此可知不定值保險契約(open policy)就是在保險契約上不載明保險標的之價值，而僅記載：「保險標的之價值，須至危險發生後估計」等字樣，所以這種保險契約，也叫做不定價保險契約。

以上兩者區別之實益，於保險金給付時見之。前者如以該載明之價值爲保險金額者，則發生全部損失或部份損失時，均按約定價值爲標準計算賠償（保73 II）；後者保險標的既未載明價值，所以發生損失時，須按保險事故發生時實際價值爲標準計算賠償，不過其賠償金額不得超過保險金額（保73 III）而已。這兩種保險契約限於財產保險適用，尤其火災保險多適用之，至於人身保險因人身無法評價，所以人身保險契約，也就無此分類。

二、個別保險契約、集合保險契約

保險契約以保險標的是否單一爲標準，可分爲個別保險契約與集合保險契約兩種，分述如下：

㈠**個別保險契約**　個別保險契約就是以一人或一物爲標的之保險契約，所以也叫做單獨保險契約，一般之保險契約多係此。

【註】定值保險契約與定額保險契約(assurance of fixed sums; Summenversicherung; assurance de saornmes)不可混爲一談，後者指當事人預先約定。保險金額，於保險事故發生時，即按該額給付保險金，而不得增減，也就是無須再行計算，主要於人身保險中之人壽保險上見之。

㈡**集合保險契約**　集合保險契約就是以多數人或多數物爲標的之保險契約。在以多數人爲標的者，謂團體保險(group insurance)，在以多數物爲標的者，謂之集團保險(collective insurance)。

以上兩者區別之實益，於保險契約之訂立、保險費之交付、及賠償享受上見之。本法第七一條第一項規定：「就集合之物而總括爲保險者，被保險人家屬、受僱人或同居人之物，亦得爲保險標的，載明於保險契約，在危險發生時，就其損失享受賠償。」

三、特定保險契約、總括保險契約

保險契約以其標的是否特定，而不變動爲標準，可分爲特定保險契約與總括保險契約兩種，分述如下：

㈠**特定保險契約**　特定保險契約(specific policy)就是保險標的的特定而不變動之保險契約，無論個別保險契約或集合保險契約均有之。

㈡**總括保險契約**　總括保險契約(blanket policy)也稱概括保險契約或包括保險契約，就是以可變動的多數人或物之集團爲標的之保險契約。其與集合保險契約之不同處，在於構成集團的內容，有無交替性，例如以一倉庫內之特定貨物之全部爲保險標的，而訂立一個火災保險契約，則爲集合保險契約。若倉庫營業人以特定倉庫內之貨物的全部爲保險標的，而不一一記明貨物之種類，則爲總括保險契約。又如客船以全體旅客爲被保險人，而不一一記出特定旅客之姓名之人壽保險契約，也是總括保險契約。此種契約其保險標的之內容，可以交替，但保險金額則一成不變，等到危險發生後，才查明實際狀況，予以賠償。

此外，有所謂繼續保險契約或預定保險契約(running or open policy)，乃當事人以將來得確定之標的爲條件，而預先訂立一個總括的保險契約，等標的確定時，再由要保人通知保險人。例如海上運送人以自己將來可能運送之貨物爲標的，而預先訂立一海上保險契約便是。這種保險契約也是總括保險契約的一種。

　　以上各種保險契約，其區別實益，係於保險費之交付及保險金之給付等事項上見之。

　　四、單保險契約、複保險契約

　　保險契約以是否對於同一保險利益，同一保險事故，與數保險人分別訂立數個保險契約爲標準，可分爲單保險契約與複保險契約二種，分述如下：

　　㈠**單保險契約**　單保險(simple insurance)契約就是要保人對於同一保險利益，同一保險事故與同一保險人訂立一個保險契約。一般之保險契約多係如此，故不再贅述。

　　㈡**複保險契約**　欲明複保險契約，須先知何謂複保險(double insurance)。本法第三五條規定：「複保險，謂要保人對於同一保險利益，同一保險事故，與數保險人分別訂立數個保險之契約行爲。」即該項契約便是複保險契約，茲將複保險契約的要件及其效力，述明如下：

　　1.*複保險契約的要件*　複保險契約須具備下列要件：

　　⑴須要保人與數個保險人分別訂立數個保險契約　複保險契約之要件，第一須要保人與數個保險人分別訂立數個保險契約，若要保人與數保險人共同訂立一個保險契約，則屬於共同保險之問題【註】，就不是這裡所言之複保險契約。

　　⑵須對於同一保險利益，同一保險事故　複保險契約的第二個要件，須對於同一保險利益和同一保險事故，所謂對於同一保險利益，

【註】共同保險(Co-insurance)就同一保險利益，同一保險事故，同時與數保險人訂立一個保險契約。換言之一保險契約，其保險人爲複數之情形，便是共同保險契約。此時各保險人對於保險費之如何收取？對於保險金之如何負責？（負連帶責任？或分割責任？），本法均無規定，委由當事人以契約訂之。又就同一保險利益，同一保險事故，同時與數保險人，分別訂立數個保險契約，而其保險金額之總和，未超過保險標的之價値者，在本書認係數個一部保險契約之併存，但學者間認其也屬於共同保險者有之，共同保險與共同保險條款(Coinsurance clause)亦有區別，後者即本法四八條之規定。

例如貨主就同一貨物，而基於所有權之關係，訂立數個火險契約是。若對於非同一保險利益，訂立數個保險契約，例如貨主為其貨物，訂立一火險契約，而倉庫營業人基於保管責任，又為之訂立一個火災保險契約，縱屬同一保險事故，亦不成為複保險契約。其次複保險契約須對於同一保險事故，否則縱屬同一保險利益，也不是複保險契約。例如貨主就其同一貨物，一面訂立火災保險，一面訂立盜險契約，便不是複保險契約。

　　(3)須為同一保險期間　數個保險契約須同時存在，若非同時存在，而期間各異，例如貨主就其貨物與甲保險公司訂立火險契約，定期一年，期滿後又另與乙保險公司訂立同樣保險契約，這也不是複保險契約。所以複保險契約必須在同一期間，此點法無明文，解釋上屬於當然。不過保險期間之始期及終期，並不以絕對相同為必要，必其間有一段重複，則在其重複期間內，仍為複保險契約。例如一保險契約之期間，自元月一日起至六月三十日止半年，另一契約則自三月一日起至九月三十日止半年，那麼這兩個契約，自三月一日至六月三十日之一段期間裡，便屬於複保險契約。

　　由上可知，複保險契約就是重複保險契約（因而單保險契約也可稱為單一保險契約）。所謂重複，就是數保險契約因保險利益之同一而重複；因保險事故之同一而重複；因保險期間之同一而重複，以此與單一保險契約有所不同。至於複保險契約是否僅限於財產保險適用？或人身保險亦有之？學者間意見不一，但本法既將其列入「總則」，那麼各種保險都可以適用，自不待言。

　　2.複保險契約的效力　複保險契約的效力，因其保險金的總和是否超過其保險價額而不相同。

　　(1)未超過保險價額者　例如房屋一幢，價值壹千萬元，分別向甲公司投保三百萬元（保險金額）之火險，向乙公司投保三百萬元之火險，向丙公司投保四百萬元之火險，結果三者合計並未超過壹千萬元。

此種情形，應屬於數個一部保險契約之併存（學者認其屬於共同保險者亦有之，參照註），在效力上並無任何特點。

(2)已超過保險價額　上例房屋，如向甲公司投保壹千萬元，向乙公司投保五百萬元，向丙公司亦投保五百萬元時，則三次保險金之總和（二千萬元），已超過保險價額（壹千萬元），此種情形，始爲眞正的複保險（應屬於狹義的複保險）（日商632，即將保險金額超過價值一項亦列爲重複保險的成立要件之一），以下特就此種複保險契約的效力問題分述之：

①效力有無　上述之複保險契約，其保險金額的總和，既已超過保險價額，在被保險人方面，自有重複領取保險金，而造成不當得利之可能，與保險的本旨不合（保險的本旨在乎塡補損害，不在乎使人獲利），因而此種契約是否有效，須視要保人之善意惡意而定。如屬善意則其契約有效，不過數保險人之賠償總額仍不得超過保險價額而已；此種契約在危險發生前，要保人得依超過部份，要求比例返還保險費（保23 I）。如屬惡意，依本法第三七條規定：「意圖不當得利而爲複保險者，其契約無效。」同時保險人於不知情之時期裡，仍可取得保險費（保23 II）。

②分別通知　本法第三六條規定：「複保險，除另有約定外，要保人應將他保險人之名稱及保險金額，通知各保險人。」這是複保險要保人的一種通知義務。藉此通知使各保險人的給付保險金，不致有超過保險價額之情事。此一通知雖爲要保人的義務，但另有約定者，也可不必通知。如前(2)所舉房屋之例，如約定甲公司不賠償時，始由乙公司賠償；乙公司不賠償時，始由丙公司賠償。此情形即無須爲上述之通知，因被保險人無論如何，祇能得到一公司之賠償，而任何一公司之賠償，也都未超過保險價額，不發生不當得利之問題，所以不必通知。至於應通知而不通知者則如何？依本法第三七條上段規定：「要保人故意不爲前

條之通知者，其契約無效。」

　　　　③比例賠償　本法第三八條規定：「善意之複保險，其保險金額之總價，超過保險標的之價值者，除另有約定外，各保險人對於保險標的之全部價值，僅就其所保金額，負比例分擔之責；但賠償總額，不得超過保險標的之價值。」這就是說，在複保險契約，其保險人之賠償，應比例分擔。適用本條須具備以下之要件：1.須屬於善意的複保險：若屬惡意之複保險，則其契約無效，自無所謂賠償之問題。所謂善意，指因估計錯誤，或保險標的價格跌落，以致保險金總額超過保險價額，而非要保人有意造成的情形而言。2.須保險金額的總和，超過保險標的的價值：否則不構成這裡所言的複保險。3.須無特別約定：當事人如有特別約定其賠償方法，例如甲公司不賠償，始由乙公司賠償之類便是。有此約定，則其賠償自不必適用本條之規定。具備上述要件後，各保險人對於保險標的之全部價值，僅就其所保金額負比例分擔之責；但賠償總額不得超過保險標的之價值。

　五、原保險契約、再保險契約

　　保險契約以保險人所負責任之次序為標準，尚可分為原保險契約與再保險契約兩種。分述之如下：

　　㈠原保險契約　原保險(original insurance)係對再保險而言，若無再保險即無所謂原保險。因而原保險契約之意義，等再保險契約之意義明瞭後，即可知道。

　　㈡再保險契約　再保險(reinsurance)的意義，依本法第三九條規定：「再保險，謂保險人以其所承保之危險轉向他保險人為保險之契約行為。」可知再保險就是一種保險契約，其要保人為原保險人，原保險人以其所承保之危險，轉向他保險人（再保險人）投保，便是再保險。

　　再保險的性質如何？說者不一，但近以「責任保險說」為通說。認為再保險就是以原保險人基於原保險契約所負之責任為對象的保險，所

以屬於責任保險的一種(但本法上的責任保險，卻不包括再保險)。再保險之起源，據說是一三七〇年創始於意大利，先見之於海上保險；火災保險的再保險，於十八世紀末始出現；而人身保險的再保險，係於十九世紀後半開始。再保險對於危險之分散，特具功能，今已盛行於國際間，而有國際化之傾向。

再保險之種類，有①全部再保險與一部再保險：前者係以原保險危險之全部，投諸再保險；後者則以其一部投諸再保險；②比例再保險與超過再保險：前者以原保險的保險金之一定比率，投諸再保險；後者原保險人依契約之種類，先確定其自己之保有額，而後以其超過額，投諸再保險。

其次再保險契約與原保險契約的關係如何？可分兩點述明如下：

1.互相依存　原保險契約與再保險契約，不僅兩者爲對待名詞，而且實際上兩者是互相依存。無原保險契約，當然無再保險契約之可言；無再保險契約，則原保險契約之危險亦將不能分散。所以兩者互相依存，解除則均解除，終止則都終止。

2.各別獨立　原保險契約與再保險契約雖互相依存，但兩者究屬各別獨立契約，因而在法律上之效果爲：①原保險契約之被保險人，對於再保險人無賠償請求權（保40）；②再保險人不得向原保險契約之要保人請求交付保險費（保41）；③原保險人不得以再保險人不履行再保險金額之給付義務爲理由，拒絕或延遲履行對於被保險人之義務（保42）。

六、爲自己利益的保險契約、爲他人利益的保險契約

保險契約以要保人是否自行享有賠償請求權爲標準，尚可分爲自己利益的保險契約與爲他人利益的保險契約兩種，分述如下：

㈠爲自己利益的保險契約　要保人自行享有賠償請求權的，叫「爲自己利益的保險契約」，其情形可有：①要保人自己爲被保險人，而未另

行指定受益人；②要保人以他人為被保險人，而指定自己為受益人。

　　㈡**為他人利益的保險契約**　要保人不自行享有賠償請求權的，叫做「為他人利益的保險契約」，其情形可有：①要保人自為被保險人，而指定他人為受益人；②要保人以他人為被保險人，而未另行指定受益人；③要保人以他人為被保險人，而又另行指定受益人。

　　為他人利益的保險契約，與民法上之為第三人之契約（也叫做向第三人給付之契約，或利他契約），性質相同。所不同的：1.民法上為第三人之契約，須經第三人為同意受益之表示，其請求權始確定取得；而為他人利益的保險契約，其受益人卻不須為任何之表示；2.民法上為第三人之契約，經第三人為同意受益之表示後，當事人即不得變更其契約或撤銷之(民 269 II)，而為他人利益的保險契約，其受益人雖經指定，除要保人對其保險利益聲明放棄處分權者外，仍得以契約或遺囑處分之(保 111 I)。此外兩者大致相同，例如本法第二二條第二項規定：「要保人為他人利益訂立之保險契約，保險人對於要保人所得為之抗辯，亦得以之對抗受益人。」此乃與民法第二七○條：「前條債務人得以由契約所生一切抗辯，對抗受益之第三人」之規定，法意相同。

　　為自己利益的保險契約與為他人利益的保險契約，其區別實益，於訂立程序及效力上見之。

第三節　保險契約的主體

　　保險契約的主體，用來享受權利，或負擔義務。主體屬於人的問題，也就是保險契約的當事人，有要保人的一方，及保險人的他方(保 2、3)。雙方當事人就特定事故發生之損害或責任，承擔賠償或給付之義務者為保險人(insurer)，因此承擔而負有支付保險費之義務者為要保人(insured)。保險契約往往有第三當事人，即所謂被保險人及受益人(beneficiary)。要保人以自己之生命或財產爲保險標的並自己享有利益者,自不發生第三當事人之問題。若以第三人之生命或財產爲自己之合法利益而保險者, 該第三人泛稱爲被保險人; 若以自己之生命或財產爲第三人之合法利益而保險者, 該第三人泛稱爲受益人。若保險契約上的權利經依法移轉於他人者, 則除保險人、要保人、被保險人或受益人外, 尚可有第四當事人, 即繼承人(heir, estate)或受讓人(assign, assignee) (保18、113)。

保險契約之當事人, 雖可有三造四造之多, 然至少應有兩造, 即要保人與保險人。若保險人之代理人與所代理之保險人訂立保險契約者, 苟未經保險人本人 (保險公司之董事長或總經理) 許諾, 即屬混同兩造爲一體, 法所不許 (民106)。

保險之要保人、被保險人, 或受益人, 通常均於契約上記明其名義, 但財產保險單作成無記名式者 (保49) 或以「關係人之利益」爲擡頭者 (For Benefit of Whom It May Concern), 亦所常見, 本法第五二條規定「爲他人利益訂立之保險契約, 於訂約時, 該他人未確定者, 由要保人或保險契約所載可得確定之受益人享受其利益」, 即指此情形。所謂「要保人享受其利益」係指以要保人爲「受益人」而言 (保49、52)。

一、保險人

保險法所稱保險人, 指經營保險事業的各種組織。保險人在保險契約成立時有收取保險費的權利, 而於承保事故發生時, 有依其承諾, 負擔賠償的義務 (保2)。約可分述如下:

㈠保險人須爲經營保險事業之組織 (保2、136)。

㈡保險人本於相對人之約定, 有請求保險費之權利 (人壽保險之保險費不得以訴訟請求支付) (保117)。

㈢保險人本於相對人交付保險費之約定, 承擔特定危險 (事故) 之賠償責任 (保1、70)。

㈣保險人本於其承擔危險之約定，於該危險（事故）發生時，履行賠償之義務。

上列㈠款定保險人之資格條件，資格欠缺者不得爲保險人，其訂立之保險契約無效。

二、要保人

㈠保險之要保人分爲下列數種：

1.就自己之生命、身體，或財產爲自己之利益而爲保險。

2.就自己之生命、身體，或財產爲他人之利益而爲保險。

3.就他人之生命、身體，或財產爲自己之利益而爲保險。

第一種情形，要保人爲被保險人並爲受益人；第二種情形，要保人兼爲被保險人，但非受益人；第三種情形，要保人兼爲受益人，但非被保險人（保4、5）。

㈡要保人對保險人爲契約之相對人，應具備下列三條件：

1.有行爲能力。

2.對於爲保險標的之財產或生命、身體有保險利益。

3.有交付保險費之約定。

要保人也稱投保人，依本法第三條：「本法所稱要保人指對保險標的具有保險利益，向保險人申請訂立保險契約，並負有交付保險費義務之人。」之規定，可知：

⑴要保人係向保險人申請訂立保險契約之人　向保險人申請訂立保險契約之人，才算是要保人，可見要保人就是保險人的相對人，也就是保險契約的另一方。所謂申請訂立契約，不但指向保險人爲契約之要約，而且實際上與之訂立契約而言。申請訂立契約屬於一種意思表示，自得由代理人代理，所以要保人本人，不以具有行爲能力爲必要。保險契約由代理人代訂時，除應依照本法第四六條：「保險契約由代理人訂立者，應載明代訂之意旨」之規定辦理外，餘則應適用民法有關代理之規

定。

(2)要保人對於保險標的須具有保險利益　這是要保人在資格上的唯一要件。所謂保險標的就是保險的對象，如財產保險之財產（房屋火災保險之房屋）、人身保險之人身便是。所謂保險利益就是要保人對於保險標的的利害關係。要保人對於保險標的非具有一種利害關係，則不得申請訂立保險契約。已訂立者，則因無保險利益而失其效力（保17）。

要保人除對於保險標的須具有保險利益外，在資格上再無其他限制，自然人或法人、商人或非商人、本國人或外國人，均無不可。但在「再保險契約」中，其要保人須由原保險人充之，自不待言（保39）。又一保險契約之要保人，並不以一人為限，由多數人共同為之（即要保人為複數）亦無不可。

(3)要保人須負交付保險費的義務　交付保險費為要保人的主要義務，此外還有其他義務不少，這裡要注意的是：本(3)條中僅列要保人的義務，而未將請求保險金的支付，列為要保人的權利。按保險費與保險金互為對價，那麼要保人祇負有交付保險費的義務，就沒有請求保險金的權利嗎？這是因為要保人的訂立保險契約，有的是為了自己的利益，也有的是為了他人的利益。前者叫做「為自己利益的保險契約」，這時候要保人就有保險金的請求權；後者叫做「為他人利益的保險契約」（保22 II、45、52 所稱之為他人利益訂立之保險契約，即指此而言），這時候要保人就沒有保險金的請求權，但是仍有請求保險人向他人給付保險金的權利（民269 I），自不待言。這裡所說的「他人」，指「被保險人」或「受益人」而言。無論要保人自己有無保險金的請求權，對其所負的交付保險費義務，並無影響，不過有時候利害關係人均得代要保人交付保險費而已（保115）。此種情形，祇是利害關係第三人的清償（民311 II 但），並不能說是利害關係人有交付保險費的義務。

三、保險的關係人

保險，除上述之雙方當事人外，在要保人這一方面，還有被保險人和受益人的問題，分述如下：

㈠**被保險人**　被保險人(insured)本法第四條：「本法所稱被保險人，指於保險事故發生時，遭受損害，享有賠償請求權之人；要保人亦得為被保險人。」之規定可知：

　　1.**被保險人是保險事故發生時遭受損害之人**　被保險人須是保險事故發生時，遭受損害之人。所謂保險事故，就是保險人依保險契約所應擔保的責任事由，例如火災保險的「火災」，人壽保險的「人之死亡」便是。保險事故一旦發生，則被保險人必遭受損害。何以會遭受損害？此則財產保險人與人身保險兩不相同。就財產保險言之，被保險人須為該財產（保險標的）的所有人或其他權利人，故能遭受損害；就人身保險言之，被保險人就是保險的對象，所以也能遭受損害。那麼被保險人在財產保險上便是保險標的的主體；在人身保險上便同時是保險的標的。由此觀之，則財產保險的被保險人和人身保險的被保險人，其地位頗有差異。

　　2.**被保險人是享有賠償請求權之人**　被保險人因保險事由之發生，而遭受損害，自應享有賠償請求權。不過此點在財產保險和人身保險也不大相同。在財產保險，祇是財產上的事故(毀損滅失)，一般情形被保險人無恙，當然得自行享有其賠償請求權；但在人身保險，尤其人壽保險的死亡保險，被保險人如非死亡，則保險事故不算發生，當然也沒有賠償請求的問題，可是一有賠償請求的問題，那被保險人就已死亡，又何能自行享受其賠償請求權？所以須有「他人」享受其賠償請求權。此之「他人」法律上稱為「受益人」，其詳見下述。

　　3.**被保險人亦得由要保人為之**　條文中所謂「要保人亦得為被保險人」就是要保人和被保險人可為同一人的意思，也就是說被保險人亦得由要保人為之。無論財產保險契約，或者人身保險契約，其要保人與

被保險人既均可爲同一人，亦均可爲不同之二人。茲圖示之如下：

$$財產保險 \begin{cases} 要保人甲——被保險人甲………(一) \\ 要保人甲——被保險人乙………(二) \end{cases}$$

$$人身保險 \begin{cases} 要保人甲——被保險人甲………(一) \\ 要保人甲——被保險人乙………(二) \end{cases}$$

上圖財產保險中，(一)之情形，係要保人與被保險人同爲甲一人。就是甲以自己之財產，自行訂立保險契約，如以自己的房屋，自行投保火險便是。此種情形，在財產保險中，最爲常見。至於(二)之情形，係要保人爲甲，而被保險人爲乙，也就是要保人就他人之財產，以自己之名義訂立保險契約(注意，與代理他人訂立保險契約不同)。此種情形，要保人若非同時爲受益人時(在財產保險，是否得另有受益人？見下述)，則甚少可能。例如甲願出保險費爲乙之財產投保火險，將來於保險事故發生時，由乙享有賠償請求權，而甲毫無所得。此種情形，除甲乙間另有其他法律關係外，畢竟不多。至若要保人同時爲受益人時，例如甲以乙之財產投保，而指定自己爲受益人，此種情形，需要甲對乙(被保險人)之財產，有保險利益，所以其實例也不會多。

其次上圖人身保險中，(一)之情形，也是要保人與被保險人同爲甲一人，例如要保人以自己之生命身體爲保險標的，而自行訂立保險契約便是。此種情形，如屬人壽保險，以另行指定受益人爲常。至於(二)之情形，係要保人爲甲，被保險人爲乙，例如甲以乙之生命身體爲保險標的，而以自己名義訂立保險契約是。此種情形，如屬人壽保險自亦以另行指定受益人爲常。

上述各種情形，無論財產保險或人身保險，若均未另有受益人時，當然就都由被保險人享有賠償請求權，而享受其利益（死亡保險則其保險金額作爲被保險人的遺產，保130）。於是在要保人與被保險人爲同一人之情形，則屬於「爲自己利益之保險契約」；在要保人與被保險人爲非

同一人之情形，則屬於「爲他人利益之保險契約」。但如均已另定受益人者，則又當別論。

　　㈡**受益人**　受益人(beneficiary)，也叫保險金受領人，依本法第五條：「本法所稱受益人，指被保險人或要保人約定享有賠償請求權之人；要保人或被保險人均得爲受益人。」之規定，可知：

　　1.**受益人是享有賠償請求權之人**　受益人是就保險契約享有賠償請求權之人，也就是具有受領保險金，而享受其利益的資格之人。受益人並非保險契約的當事人，所以祇享有賠償請求權，而不負交付保險費之義務。同時此種賠償請求權，屬於固有權，並非繼受而來，因而被指定之受益人縱同時爲要保人或被保險人之繼承人，但其所應受領之保險金，亦不屬於要保人或被保險人之遺產 (保112)，從而要保人或被保險人之債權即不得就其保險金爲扣押。

　　2.**受益人是由被保險人或要保人所約定之人**　受益人通常係因被保險人或要保人之約定而產生 (此種保險契約亦屬於「爲他人利益之保險契約」，詳下述)，不過若未確定者，本法亦設有確定之方法 (保52，詳後述)。又受益人之約定原因如何，係無償的，或有償的，均於保險契約不生影響。

　　受益人通常僅於人身保險中見之，本法也是在人身保險章中，詳加規定，而於財產保險中，並無直接規定。那麼在財產保險裏是否得有受益人？便成了疑問。依日學者的解釋，受益人僅於人身保險中有之，而財產保險中則無有(朝川：保險法一一七頁，大林：保險辭典五一七頁)。但我學者解釋，財產保險中，不妨有受益人 (陳著：五六頁，袁著：四五頁)。本書亦認爲在財產保險中亦不妨有受益人之指定，例如甲就自己之貨物，自訂水險契約，而以丙爲受益人，有何不可。況且本法總則及保險契約通則中，均設有關於受益人之規定 (保3、22、45)，此等規定自得適用於財產保險契約。可見財產保險契約，並非絕對沒有受益人的

問題。又由我動產擔保交易法第一六條第七款、第二六條第七款、第三三條第七款之規定觀之，亦可確知財產保險亦得有受益人，而無疑義。

　　3. 受益人亦得由要保人或被保險人爲之　依本法第五條末段規定，要保人得爲受益人，被保險人亦得爲受益人，而依本法第四條末段「要保人亦得爲被保險人」之規定推論之，則要保人尙得同時爲被保險人及受益人，一人而兼三種資格。茲將上述各情形配列之如下表：

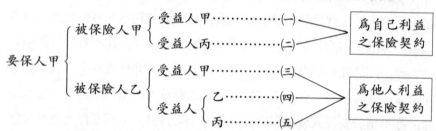

　　依據上表，可知：①在㈠之情形，係要保人與被保險人及受益人爲同一人（甲）；在㈡之情形，係要保人與被保險人爲同一人（甲），而受益人則爲另一人（丙）；在㈢之情形，要保人與受益人爲同一人（甲），而被保險人則爲另一人(乙)；在㈣之情形，被保險人與受益人爲同一人（乙），而要保人爲另一人（甲）；在㈤之情形，要保人、被保險人、受益人均爲各別之人(甲、乙、丙)。無論財產保險或人身保險，通常要不出此五種情形之外。②要保人自爲受益人者，不論被保險人是否爲其自己，均屬於「爲自己利益之保險契約」，如㈠㈢所列者是，要保人自己不爲受益人，不論被保險人是否爲要保人自己，亦不論受益人爲被保險人抑爲被保險人以外之人，均屬於「爲他人利益之保險契約」，如㈡㈣㈤所列者是。③要保人自爲被保險人之契約，無論受益人爲何人，在訂立上並無何特殊程序，但要保人不自爲被保險人，而以他人爲被保險人，訂立死亡保險契約時，不論受益人爲要保人自己，或另指定第三人，其契約之訂立不但須經特別程序（保105），有時且竟不得爲之（保107），其

詳當另述於後，於此提請注意。④此外要保人爲自己之利益，兼爲他人之利益，而訂立保險契約者，亦有之，如本法第四七條、七一條第二項及第九二條所定之情形均是。

四、保險的補助人

保險事業既然是一種商業，同時又是一種有關社會安全之事業，所以必須推廣。加以保險有關的事項，多涉及專門知識或技術，因而保險契約之訂立或履行上，除當事人之外，乃有補助人的問題。這可分三點述明如下：

㈠**保險代理人**　保險代理人(insurance agent)，也叫保險代理商，依本法第八條規定：「本法所稱保險代理人，指根據代理契約或授權書，向保險人收取費用，並代理經營業務之人。」又依本法第八條之一規定：「本法所稱保險業務員指爲保險業、保險經紀人公司、保險代理人公司，從事保險招攬之人。」可知：

　　1.保險代理人係代營保險業務之人　保險代理人的任務，係代理經營保險業務。所謂代理經營保險業務，主要即指對外招攬業務，而代訂保險契約而言，但不以此爲限，他如代收保險費或代核賠款等業務，也都包括在內(在人壽保險之代理人，通常不得代訂契約)，其範圍如何，自應依代理契約或授權書定之。保險代理人既須代營保險業務，所以本法第一六五條乃規定，保險代理人應有固定業務處所，並專設帳簿記載業務收支。

保險代理人因代營保險業務，故屬於保險人方面之補助人，與前述代理要保人訂立保險契約之代理人不同。前述者乃一般的代理人，而此乃具有代辦商之性質。所以前者僅適用民法上有關代理之規定，而此則除對外應亦適用民法上代理之規定外，其與保險人之內部關係，得準用民法上代辦商之規定。二者既不相同，故本法特稱「保險代理人」，以示區別。不過無論何者，對於本法第四六條：「保險契約由代理人訂立者，

應載明代訂之意旨。」之規定均應適用，自不待言。

　　2.保險代理人向保險人收取費用　保險代理人代營保險業務，自須支出營業或其他費用，此項費用得向保險人收取。至於報酬之請求，當依代理契約定之。

　　3.保險代理人代營業務收取費用須根據代理契約或授權書　保險代理人須根據代理契約或授權書之所定，以代營業務及收取費用。按民法上所定之意定代理，係由本人之授權行為而發生，此授權行為屬於單獨行為，而保險代理人之代理，除亦得依授權行為（授權書）之外，並得依代理契約為之，此又與民法上代理有所不同之處。

　　其次我國銀行法第八五條第一二款設有信託公司得「代理保險」之規定，則信託公司(銀行之信託部亦準此，見同法 92)，自得代營保險業務，自不待言。

　　㈡保險經紀人　保險經紀人(insurance broker)，俗稱保險掮客或跑街，依本法第九條規定:「本法所稱保險經紀人，指基於被保險人之利益，代向保險人洽訂保險契約，而向承保之保險業收取佣金之人。」可知:

　　1.保險經紀人係向保險人洽訂保險契約之人　保險經紀人的任務，係代要保人向保險人洽訂保險契約，並不代訂保險契約，仍由要保人自行訂定。

　　2.保險經紀人須基於被保險人之利益代洽訂約　保險經紀人之代向保險人洽訂契約，須基於被保險人之利益，因而須本於善良管理人之注意為之，亦即須使在最優惠之條件下，訂立保險契約。若基於此點觀之，保險經紀人似屬於被保險人方面之補助人。

　　3.保險經紀人向承保之保險業收取佣金　保險經紀人雖基於被保險人之利益，而洽訂契約，但不向被保險人收取佣金，而反向承保之保險業收取佣金。所謂佣金，就是報酬。保險經紀人既向保險人方面收取報酬，若基於此點觀之，保險經紀人又好像是保險人方面的補助人。其

實保險經紀人，並不單屬於某一方面的補助人，而係處於「居間」之地位，因而對於民法上居間之規定，自得適用。不過民法上之居間，其報酬原則上由契約當事人雙方平均負擔（民570），而此則僅向保險人一方收取，故稍有不同。

　　㈢保險公證人　保險公證人(public adjustor)依本法第一〇條：「本法所稱公證人，指向保險人或被保險人收取費用，為其辦理保險標的之查勘，鑑定及估價與賠款之理算、洽商，而予證明之人。」之規定可知：

　　　1.公證人係辦理關於保險標的及理賠工作之人　公證人之工作，在於辦理：①保險標的之查勘、鑑定及估價。②賠償之理算與洽商。此等工作，非具有專門知識及技術者則不能勝任，所以多由公證人為之。

　　　2.公證人係就其所承辦之工作出具證明之人　公證人除辦理上述工作之外，並須就其所承辦之工作，出具證明，使當事人雙方，獲得確信，據以訂立契約或據以履行契約上之賠償義務方可。

　　　3.公證人係向保險人或被保險人收取費用　公證人可為保險人方面工作，亦可為被保險人方面工作，因而可向保險人收取費用，亦可向被保險人收取費用。所以公證人乃是保險契約雙方當事人的補助人。

　　綜據上述，可知保險代理人、經紀人及公證人，均屬保險的補助人，而對於保險事業的推廣及社會公益，具有莫大之關係，因而政府必須加以適當的管理。關於此等人的管理，本法保險業章及財政部之「保險業代理人經紀人公證人登記領證辦法」中，均有適當的規定。

第四節　保險契約的客體

　　保險有其主體，必有其客體，客體也就是保險的標的。所謂保險的標的(object of insurance)就是做為保險對象的經濟上的財貨（財產保

險) 或自然人 (人身保險)，也就是保險事故發生所在的本體。若爲「物」
時稱爲「保險之標的物」，而必須載明於保險契約 (保 55 ②)，若爲「人」
時，便同時是被保險人，當然也要載明於保險契約 (保 108 ①、129 ①、
132 ①)

一、保險標的之種類

保險標的可分下列兩種：

(一)**財產保險的保險標的**　財產保險係以經濟上的財貨爲標的。所謂
經濟上的財貨，指具有經濟價值的財貨而言，自由財不包括在內。例如
動產 (海上保險之船舶、貨物、運費) 及不動產 (火災保險之房屋) 便
是。惟此之財貨，不限於有體物，他如債權及其他無形的利益 (如責任
保險之責任)，也都可以做爲財產保險的保險標的。不過若以有體物爲保
險標的時，法律上特稱之爲「保險標的物」，以示區別。又以有體物爲標
的時，不限於單一物，集合物亦可。以單一物爲標的之保險，叫做「個
別保險」或「單獨保險」(single insurance)，以集合物 (如寄存倉庫之
多數貨物) 爲標的之保險，叫做「集合保險」或「集團保險」(collective
insurance)。

(二)**人身保險的保險標的**　人身保險係以「人」爲保險對象，別無所
謂標的物，所以在人身保險裡，其保險標的與被保險人成爲一事之兩面，
與財產保險除了保險標的 (物) 之外，另有被保險人，大不相同 (學者
認爲人身保險無保險標的者亦有之)。此之所謂「人」指已出生而具有生
命之自然人而言，像屍體、胎兒以及法人等都不在內。又人身保險之標
的也不以單一人爲限，以集合的多數人爲標的，亦無不可。其中有所謂
「聯合保險」(jointlife insurance)，就是二人或二人以上爲保險標的
(被保險人)，而因其中一人死亡，即支付保險金。又有所謂「團體保險」
(group insurance)，就是以特定多數人之集團 (如一工廠之全體工人，
一商店之全體店員) 爲標的之保險，其特點在乎僅開立一張保險單，並

通常無須就各個人爲身體檢查，而保險費也特別低廉。

二、保險標的的移轉

保險標的的移轉，僅財產保險方面有之，人身保險方面，並無此一問題。所謂保險標的的移轉，即其權利人有所變易之謂。其移轉之原因，由於法律規定者，如繼承、公司之合併；由於法律行爲者，如買賣、互易、贈與是。保險標的移轉後，保險關係是否對於繼承人或受讓人繼續存在？本法第十八條規定：「被保險人死亡或保險標的物所有權移轉時，保險契約除另有訂定外，仍爲繼承人或受讓人之利益而存在。」可見原則上保險關係仍繼續存在，但保險契約另有訂定者（如火災保險每因被保險人管理標的物之情形如何，對於危險之發生與否，大有影響，因此，通例火災保險契約均有標的物移轉時，則契約即行終止之訂定），則屬例外。

三、保險標的的消滅

保險標的的消滅，在人身保險方面即爲被保險人的死亡，屬於保險事故的發生，於是保險人即應爲保險金之給付（保101）。在財產保險方面，則分兩種情形：①保險標的因保險契約所載的保險事故之發生，而消滅時，保險人亦應爲保險金之給付（保70、83、85），這與人身保險相同。②保險標的非因保險契約所載的保險事故之發生，而消滅者（如房屋投保火險，但被大水沖毀），保險契約即爲終止（保81），這和人身保險稍異。

又在財產保險，如其標的物因發生保險事故而滅失，倘該標的物上設有擔保物權（抵押權、質權）者，其擔保物權人對於保險金有「物上代位權」（民881、899）。這在人身保險，也是沒有的問題（注意，這裡所說的物上代位和保53所規定的代位，不可混爲一談）。

第五節　保險利益

一、保險利益的意義

保險利益(insured interest)就是要保人或被保險人對於保險標的的所有之利害關係。亦即，要保人或保險人，因保險事故之發生，致保險標的的不安全而受損；因保險事故之不發生，致保險標的的安全而受益，此種損益關係，便是保險利益。要保人或被保險人對於保險標的須有保險利益，始可投保，這不但法諺有「無保險利益者無保險」之說，而本法第一七條亦有：「要保人或被保險人對於保險標的物無保險利益者，保險契約失其效力。」之規定，可見保險利益之重要。

保險利益亦為保險契約之效力條件。若要保人對於保險標的無保險利益者，保險契約無效；初有保險利益，嗣後無之者，契約失效。

廣義言，「保險利益」者，謂要保人在保險標的上所有得失之關切。凡於標的之保全於己為有益，其喪失於己為有損者為有保險利益；反之，以於己毫無利害關係之標的，訂立保險契約者，因其無得失之關切，故亦無保險利益。

狹義言，「保險利益」即保險法規定之若干種利益：

㈠財產上之現有利益或因財產上之現有利益而生之期待利益（保14）。

㈡基於有效契約而生之利益（保20）。

㈢對運送物或保管物上所負之責任（保15）。

㈣基於親屬關係、扶養義務、債務關係、財產或利益之管理關係，或經濟上切身利害關係而生對特定人生命或身體之關切（保16，簡壽12）。

關於保險利益之規定，在保險法上雖極關重要，但有若干外國立法

例，則對於保險利益無明確之規定，日本商法即為一例。保險所以必重保險利益者，旨在防止所謂「道德危險」，並杜絕以他人之災害為賭博之流弊也。要保人若以自己生命、健康或財產為保險者，自不發生利益存否之問題，但若以他人之生命、健康或財產為保險而不備保險利益者，則暗中毀損財產或傷害生命身體之不法行為，即不免時有發生，惡果所致，不特保險制度被破壞，即公序良俗亦難確保。故關於保險利益，縱令法律未有規定，然於要保人為自己利益，而對第三人（即被保險人）之生命、健康或財產為保險時，必須提示對於標的有合法之利益，否則契約無效。此可謂為「保險利益必備主義」。至於保險利益之概念及項目如何，則可留待審判上或學說上隨情事之變化而審定。保險之宗旨（保1，日商 629）在填補損失，若無利益，則損失自無從發生。故保險之第一原則曰：「無危險亦無保險」；從而，無利益，即無損失；無損失，即無危險。凡不備保險利益之保險契約，法律不予維持。

　　或謂，日本商法第六二九條僅對於損失保險（即財產保險）載有「填補損失」之語，其第六七三條對於生命保險，則未有一語汲及保險利益或損失（日商 673 規定：「生命契約，以當事人一方約定於他方或第三者生存或死亡之條件成就時給付一定金額，他方約定支付價金（保險費）而成立。」）。故於生命保險似不重視保險利益，若以第三人死亡為保險條件者，以取得被保險人之同意為足，無須進而追問保險利益之有無（參照日商 674）。但學理上之解釋則應不若是：若以第三人之死亡為保險而可不問保險利益之有無者，則可能有不肖之徒以重價收買此種同意書（無異於收買生命）而為保險，如是則危害生命之事必層出無窮；即使要保人實無危害被保險人之意圖，然以他人生命為賭博，亦屬有背於善良風俗，公共秩序（民 72），法律不能予以容忍。日本民法第一條規定：「私權之行使應循公共福祉之原則」。又第一條第二項規定：「本法之解釋應符合各個人之尊嚴及男女兩性本質上平等之旨意。」果有藉保險以收買生

命或以災害爲賭博之情事，按諸此項規定，亦不應認爲有效。保險契約應基於善意；違反善意之原則，無論法律有無規定，應爲一律無效。

二、保險利益的類別

保險利益可分爲財產及人身二類：

㈠**財產上保險利益** 財產上保險利益，謂要保人對特定財產所有實際或法律上之利益，因其喪失將使之蒙受金錢之損失者，條件如下：

1.利益須於要保人有經濟上之價值。

2.利益須爲法律所認許。

3.利益須爲以金錢估價或約定。

舉例以明之：

(1)某處有一古塔，爲當地名勝。其甲出於保存古蹟之善意，斥資爲之保險。因塔之存廢於甲無實際或法律上之不利益，故保險契約無效。

(2)甲有年入百萬元之財產，已年逾九十，且有不治之疾，危在旦夕，其子於該財產已垂手可得，毫無疑義，但父之財產，非至其死後，繼承開始之時，子無法律上之利益。

㈡**人身上保險利益** 人身上保險利益與財產上保險利益，意義及範圍有別。人身不能以金錢估價，故法律所定人身保險利益，就被保險人自身言，以其主觀之價值爲準，對第三人言，以相互間所存之關係爲準。所謂關係，指親屬關係及契約或債權關係二種；要之，凡於其人之生存爲有利，死亡爲不利者，爲有保險利益；若因保險契約之訂立，反以其人之死亡爲有利，生存爲不利者，即無保險利益。

茲就財產保險與人身保險二項保險利益，作一比較：

1.財產上保險利益以經濟利益爲限；而人身上保險利益，則不純以經濟利益爲限。故財產保險，以標的對要保人或被保險人所具有之實際價值定其利益，無此利益者，固爲法律所不許，即有之而超出其實際

之價值或利益者，其逾額部份亦非法律所承認(保38、76)。但人身保險則不然，果有法律上保險利益之存在，保險金額之多寡，法律不加限制。父對於未成年子女，夫對於妻均有法定之權利義務，若爲之保人壽險者，不得以其實際利益如何，定保險契約之效力。但本於契約或債權關係而生之保險利益，實質上不失爲財產權上利益之一種，自仍不得超出實際之利益。

　　2.財產上保險利益，必須損失發生之際爲存在，但不必於訂約之際亦存在；人身上保險利益必於訂約之際爲存在，但不必於事故發生時仍存在。財產保險，旨在補償損失，若無利益，何來損失？故縱在保險之際爲有利益，而於事故發生時其利益已不存在者，即無損失可言。反之，在訂約之際，利益雖不存在，或尚未歸屬，但於事故發生時，已歸於己者，其喪失亦即爲其實際之損失。若保險必限於訂約時利益之歸屬者，必致交易呆滯，故法律規定，受益人雖不確定者，亦得訂立有效之保險契約(保52)，若其契約上之權益終可確定者，雖由他人代爲保險(保45)，或以無記名式保險單爲之者 (保49)，亦非法律所不許，但於損失之際，其利益必屬於契約上有權利之人，是爲定則。在人壽保險，要保人對被保險人必於訂約之際爲有保險利益，若自始無此利益者，即自始無效，但若初曾有之，而後已消滅者，苟無惡意，仍不失效。舉例以辨之：若甲以乙之房屋爲保險標的，而甲於乙之房屋爲無保險利益者，則房屋焚毀時，甲以利益不存在，故終無所得，雖欲圖得賠償而縱火焚之，無益也。若甲以乙之生命爲保險，而甲於乙之生命爲無保險利益者，則乙之生命日處於暗算危害中矣。故法律不許以對之自始無保險利益之人爲被保險人而訂立死亡保險契約。在人壽保險契約，若干國家法例所以特許其於利益消失後仍得保有效力者，其理論謂此種保險寓有儲蓄之意義，於最後到期時，所得之保險金額，皆屬自己之投資。

　　「保險利益」謂求標的保全之利益，非求因標的的喪失而得保險金

之利益。以自己之房屋保險者，若房屋被焚毀時，僅得就實際損失受賠償，最初設計建造時所耗之心血及損失後所受之不便，凡此無形之損失皆不屬。保險金額必不足於填補一切損失，故要保人終不願其事故之發生。以自己之父母子女保險者亦然，人莫不願其父母子女之能長存，故必不願事故之發生。若因保險而期望財產之毀滅，生命之夭亡，其為無保險利益之存在明矣。保險所以防災，惟彼不欲損失之發生者，乃得享受保險之保障。

三、保險利益與保險標的

保險標的原係泛指為保險契約之標的之生命、身體、財產，或利益而言。大凡要保人對於此項標的必須具有保險利益；自始無保險利益者，契約無效；嗣後無之者，契約失效。保險法規定，要保人或被保險人對於保險標的物無保險利益者，保險契約失其效力 (保17)，所謂「保險標的物」，包括一切堪為保險標的之生命、身體，及無形之利益，不僅指有形之物體一項而已。

保險法關於「保險標的」之用語，似欲就財產保險與人身保險兩項而為區別：其屬財產保險之標的者稱之為「保險標的」(保33、71、76、77) 或「保險標的物」(保10、18、48)，其屬人身者稱為「被保險人」，避「標的」二字而不用；如能貫徹，自不可謂非立法技術上之進步，但依保險法之定義，「被保險人」係指於保險事故發生時遭受損害，享有賠償請求權之人 (保4)，故於損失保險及責任保險中，其受有契約保障之利益者亦皆稱為「被保險人」(保4、71、79、90、97〜98)，不限於人身保險之被保險者，用語亦殊模稜兩可。

保險標的者，在財產保險，為要保人對於財產上之現有利益，或因財產上之現有利益而生之期待利益，或因有效契約而生之利益 (保14、20)；在責任保險，為不受因法定責任而生之不利益(賠償) (保15、90)；在人身保險，為不受因被保險人死亡、傷病而生之不利益(保16)。不受

不利益，亦一利益也。凡是種種，均可爲保險之標的，就此標的或利益有得失之關切者，有保險利益。保險利益與堪作保險標的之積極或消極利益，應有所區別。前者爲要保人對保險標的（包括財產利益、生命、身體）所有之「利害關係」；後者爲保險利益所寄存之「契約標的」。

同時，「保險利益」與「保險契約上之利益」二者，尤宜分別清楚，勿可相混。保險利益爲保險契約之效力條件，指要保人一方是否就特定標的，有可得爲保險之資格而言，通常須決之於契約訂立之前；保險契約上之利益爲契約成立後，當事人雙方間之權義關係，在保險人言，爲取得保險費之利益，在要保人或被保險人言，爲於保險事故發生或特定條件到來時，取得保險金額或賠償之利益。故若有一要保人或被保險人對於保險標的並無可得爲保險之利害關係，其唯一之利益僅寄於事故發生時取得保險金或賠償之權利，其人即不能謂爲有保險利益。故此指訂約當事人而言，若其人爲人身保險之受益人，則當別論。

四、財產上保險利益

財產上保險利益，指要保人或被保險人對於財產上之現有利益，或因財產上之現有利益而生之期待利益而言(保14)。換言之，凡對於特定財產有法律上之權利，或因特定之法律關係而有可期待之利益，或因其損失或事故之發生而負有法律上之責任者，皆可謂有財產上之保險利益。下列各種爲財產上保險利益：

㈠要保人或被保險人對於特定財產有法律上之權利者；

㈡要保人或被保險人對於特定財產有實際而合法之利益者；

㈢要保人或被保險人對於特定財產有運送或保管之義務或留置之權利者；

㈣要保人或被保險人對於特定財產爲現占有人者；

㈤要保人或被保險人對於特定財產雖無現有之權利或利益，但依其法律關係，法律上確定之權利將因其滅失而喪失者。

　　就財產有法律上權利者，不問為現有之權利，抑為將來之權利，其為有保險利益甚明。以房屋出典者，於出典之房屋有保險利益，以不動產出賣者，在移轉登記前，於該不動產有保險利益。抵押權之設定人，於出押之不動產，有保險利益；抵押權人，於受押之不動產，有保險利益。質權亦同。

　　其次，出租人因租金債權，對承租人置於租賃屋內而得予留置之家具等，有保險利益（民445）；承租人於使用收益之範圍內，就租賃物有保險利益；支出有益費用或增設工作物者，並對房屋或工作物有保險利益（民431）。承攬人，本於法定抵押權或留置權，對工作物有保險利益（民513）；運送人或保管人，對於所運送或保管之物，以其所負責任為限，有保險利益（保15）。財產之現占有人，於其占有物有保險利益，雖非法占有者，於受占有保護之範圍內，亦有相當之保險利益（民960～962）。

　　要保人或被保險人對於財產，雖無現有之權利或利益，但依其法律關係，將因物之滅失，而喪失法律上確定之權利者，應認其有保險利益。保證人對於主債務人提供債權擔保之抵押物，有保險利益，因其於代主債務人清償後，抵押權應移轉之（民749），若其物喪失，將失其就物清償之權利也。但普通債權人對債務人之財產，無保險利益，無擔保之保證人，亦同，因債務人之財產應供所有一切債務之清償之故。

　　有名亨利‧鮑霖者與其子克勞倫斯共設一雜貨店，其子娶安娜為妻，旋告仳離，父子同意以該雜貨店交與安娜經營，安娜以該店房屋、生財，與貨物向保險公司投保火災險。告保險公司人員曰，店中之貨物生財屬她所有，但房屋則屬翁所有，言明可視若自己之財產，而予以利用，且允嗣後將以所有權移轉與她，但未辦移轉手續。店舖焚毀後，保險公司以安娜於房屋部份無保險利益拒絕賠償。法官判云：被保險人對於房屋之法律關係已告知保險人，既允予保險，依誠實信用原則(estoppel)，即

不得事後反覆。被保險人於該房屋之使用，得原所有人之同意，並不違法，而該店之經營爲她與子女的生活所依賴，實有切身之利害得失關係，應認爲有財產上現實的利益(Liverpool London & Globe Ins. Co. v. Bolling, 176 Va. 182, 10 S. E. 2nd 518)。

除上述現實利益外，保險法尚規定有後列兩種：

1.因現有利益而生之期待利益（保14）；

2.基於有效契約而生之利益（保20）。

因現有利益而生之期待利益，謂保險契約成立時對要保人爲尚未存在之利益，但本於現有之權利，將來依法應屬其享有者。換言之，凡有權利同時更有利益之期待者，則此利益之期待亦爲合法之保險利益。

自耕農或佃農對其未來之收穫物有保險利益。貨物之託運人，於貨物到達時應有之利得，有保險利益（海178）。足球競賽會，準備在某地舉行表演，恐天雨觀衆少，因有保風雨險於此項期待利益，有保險利益。旅店主人預期英皇加冕，有利可圖，作各項準備，其預期營業可得之利益，亦有保險利益(Vance, Cases on Insurance, 3rd ed.,p. 179)。

上述期待利益均係指積極之利益而言；尚有消極之期待利益者，謂基於現有利益而期待某項責任不發生之利益、性質與期待利益相似，故亦爲財產上之保險利益。申言之，因特定意外事故之發生，將使被保險人蒙受不利益，或直接受金錢上損失者，對其不利益或損失，有保險利益，此即所謂責任保險之保險利益。此類利益往往並不具體，在法律上，視現有利益之存否爲準。汽車主人懼汽車肇禍，負賠償責任，而保責任險，汽車其現有之利益也，賠償責任之不發生其消極之期待利益也。旅店主人恐旅客受損害，負賠償責任，而保責任險，旅店其現有之利益也，賠償責任之不發生其消極之期待利益也(保90～95)。現有之利益，如不存在，則期待之利益，無所附屬。

基於有效契約而生之利益，亦屬期待利益之一種；如承攬修繕房屋

者，於其房屋有保險利益；承攬拆卸輪船之廢鐵者，於其船有保險利益；充任工廠廠長而訂有長期僱傭契約者，於其工廠有保險利益。要之，凡訂有契約，就特定之財產，實施工事或勞務，若因財產之毀損滅失其契約上之利益將隨之而喪失者，於可得期待之利益範圍內，對其財產有保險利益。

所謂期待利益必須有現存之利益以爲襯托，若僅爲一個希望或凌空之期待，而在法律上爲不確定者，則不得爲保險利益，故遺產繼承之期待不足爲保險利益。

五、人身上保險利益

保險契約，必具備保險利益；無之，契約失其效力。此保險利益之必須存在，固無間於保險之屬財產或人身。財產保險，以要保人或被保險人對於標的有無經濟上利益爲斷，而人身保險，雖亦須以經濟上利益爲基礎，然並不純以可得以金錢估計之利益爲限。本法第一六條規定：「要保人對於下列各人之生命或身體有保險利益：

一、本人或其家屬，

二、生活費或教育費所仰給之人，

三、債務人，

四、爲本人管理財產或利益之人。」

茲分本人、親屬關係、契約或債務關係，三項申述之：

㈠**本人**　就主觀言，任何人於自己之身體或生命有無限之價值，故以本人爲保險人而保人壽險者，法律上不必問其實際之經濟價值爲何如，換言之，法律於本人生命之眞實價值，不得爲客觀之衡量。故若就本人之生命或身體爲本人之利益，或爲他人之利益而保險者，其金額可任意訂定（保102），而於事故發生時，保險人即按所定之保險金額給付，不得以利益之存否或多寡有所爭議。

㈡**親屬關係**　要保人以他人之生命或身體爲保險標的者，必對被保

險人有合法之保險利益，或與被保險人有經濟上切身利害關係（簡壽 12）而後可。無此利益或關係，即係以他人之生命或身體爲賭博，法所不許。人身保險常難以金錢估定其利益，故依保險通例，凡有特定親屬關係者，即視爲有保險利益之存在，至實際之利益爲何如，則可不問。

本法第十六條僅規定「家屬」及「生活費或教育費所仰給之人」二項。法文所謂「家屬」顯係指民法第一一二三條所規定，以永久共同生活爲目的而同居一家之人而言。若是，則不同居之父母子女兄弟姊妹間，似皆無保險利益。又「生活費或教育費所仰給之人」似僅指現時負有扶養義務之人，及其他實際供給生活費或教育費之人，對於受生活費教育費之供給者，如不同居，則無保險利益。保險法之理論基礎或係建於實際經濟利益之觀點：家長對家屬有令服勞務之經濟利益，受生活費或教育費之供給者對供給費用之人，有受金錢上接濟之利益，故皆認爲有保險利益。但細按之，若血親之親等近者，其相互間所負法定扶養義務（民 1114），亦不失爲一種法律上之利益，應皆可視爲有保險利益，至是否同居一家，或是否因親屬關係之存在而兼有實際金錢上利益之期待，可不計也。至其他血親如叔姪、舅姪、堂兄弟姊妹等，親等較遠，則非有實際經濟上切身利害關係，或取得家長家屬身分。不得以之爲被保險人，而訂立人壽保險契約。

夫妻互負同居之義務，各對之有法律上之保險利害，原不待言，即男女同居而未結婚者，其相互間，亦應以存有家長家屬關係而有保險利益。其他姻親，如翁姑與子婦，妻之父母與女婿，及繼父母與繼子女間，則如非本於家長家屬關係，或實際之扶養教育義務，尚不能遽認爲有保險利益。

㈢契約或債務關係及財產管理關係　契約或債務關係，以及財產管理關係，均發生法律上及經濟上之利益，若其人之生存或死亡，足以影響此利益者，即對之有保險利益，可以其人爲被保險人而成立有效之保

險契約（保16③、④）。債權人得以債務人爲被保險人；合夥人間本於執行業務或分配損益之關係得互爲被保險人；公司得以職員爲被保險人；保證人得以主債務人爲被保險人（但主債務人對保證人無保險利益）；未婚夫妻間亦得相互爲被保險人；繼承人或利害關係人得以遺囑執行人爲被保險人（民1215）；共有人得以財產管理或監察人爲被保險人（破64、83、120）；以第三人之生存期爲條件之終身定期金權利人，得以該第三人爲被保險人（民729）。債權人對於債務人之財產，除設有擔保物權者外，並無特別可得主張之權利，故不得以其財產爲保險標的，但對於債務人之存亡，則有深切之利害關係，若經債務人同意約定金額，以其生命，爲自己之利益而訂立保險契約者，按諸中外法律皆在許可之列（保16③）。惟此項保險利益，仍應以金錢上之利益爲衡，於所欠本金外尚可加入利息及保險費，但若超出其實際之利益額者，於超過額無保險利益，若以十萬元之債額而爲之保一百萬元之人壽險者，即屬假借名義以他人之生命爲賭博，法律上顯爲無效。

本於契約或債務關係，而對第三人之生命身體有保險利益者，其保險金額不得超出實際利益之限度，但利益有明確算定者，亦有不可明確算定者，在審認時應斟酌當事人於訂約之際爲善意抑爲惡意，並客觀上可能期待之利益或損失爲何如。未婚妻本於婚約而以其未婚夫爲被保險人，其保險利益即難於估計。但比照解除婚約之規定，所得主張之實際損失及精神上損失，均在保險利益範圍以內（民977～979）。

凡以第三人之生命爲保險標的者，除須具有保險利益外，應得該第三人書面之承認並約定其金額，否則，契約無效（保105，簡壽11）。於訂約後以契約上之權利轉讓或出質時，亦非得被保險人之書面承認不可（保106），蓋生命與人格非經本人同意不得供他人作買賣交易之標的也。若有人以他人生命爲保險標的而未得其同意者，該他人得以人格權受侵害而請求法院除去其侵害，還可請求賠償（民18、195）；債權人於

債額範圍內，以債務人之生命爲保險者，雖爲法所許可，然仍非得其承認不可。依美國保險法例，妻以夫爲被保險人者，可不得其承認(§ 146 New York Insurance Law, Neb. R. S. § 44-704)；父母以未成年子女爲被保險人，亦不必得其承認(Hack V. Metz. 1934, 173 S.C. 413)。

復次，無保險利益人，如假冒被保險人本人名義訂立人壽保險契約者，固屬非法，即與被保險人約定，以本人名義訂約而嗣後轉讓之者，亦無異於以對無保險利益之第三人爲被保險人而訂立契約，此項脫法行爲應視爲無效；但債權人要求債務人自訂保險契約，而以權利移轉之，以作擔保者，如出善意，在法律上似可承認其效力，惟仍以所欠債額爲範圍，超出部份應歸屬被保險人。有某甲，以對乙有七千元之債權，與乙約定，由甲出保險費，由乙自行保險三千元，而以權利移轉之，允於將來所得之賠償金內，提出一千元作爲對乙妻之津貼。此項轉讓契約，於法無效，保險金額應歸乙之遺囑取得。

六、 保險利益的移轉

保險利益爲要保人在特定標的上所存之權利或利益。所謂利益不限於法律上之利益，即其他實際所享有或可期待之利益而爲法律所不禁者皆屬之。

保險利益必附屬於標的。於通常之情形，標的移轉時保險利益亦移轉，但保險契約不必亦移轉。保險標的有時僅爲一項利益，如以第三人之生命訂立人壽保險契約時，保險利益即爲因被保險人之生存而可得享有之利益，易言之，即因被保險人之死亡而將喪失之利益。若是，則所謂保險利益者即是標的，二者合一。要保人爲自身投保人壽險者，寓有儲蓄之意義，如作財產觀，其保險契約之利益，自得任意轉讓。

保險利益若寄存於特定標的物者，於標的物所有權移轉時，既受讓人與保險人之間並未存有契約關係，則如非受讓人取得保險人之同意或

承認，原保險契約應視爲終止。保險爲對人契約(personal contract)，以雙方當事人相互間之認識及信任爲基礎。故自來保險契約以不得移轉爲原則，尤以火災等損失保險爲然。但標的之移轉有由於法律之規定者，如原所有人死亡，其物因繼承或遺囑而移轉於繼承人，又如破產、公司之合併等情形，亦均可發生物權移轉之效果，法律特規定，保險標的或利益移轉或讓與時，保險契約，除另有訂定外，仍爲繼承人、受讓人或債權人之利益而存在(保18、28)。其以公同共有關係而就共有物爲保險者，例如合夥人或共有人聯合爲被保險人（要保人）時，保險契約亦不因其中一人或數人讓與其應有份或利益於（其中之）他人而失效（保19、71、92)。

保險契約是否得隨同標的而移轉之問題，學者間頗有爭議：一說保險契約採對人主義，故除另有訂定外，契約不因標的移轉而移轉；一說保險採從物主義，故除另有訂定外，契約於標的移轉後，仍爲繼承人、受讓人或其他繼受人之利益而存在。我保險法從後一說。

第六節　保險費

一、保險費的交付

保險之宗旨在分散危險、消化損失。但純就法律上觀點言，要保人之支付保險費爲其換取保險人承擔危險之對價（英美契約法稱之爲 consideration)。保險契約若無保險費之約定者，無效。

依原則言，保險費債務，於危險承擔開始時，即告成立。易言之，保險契約訂立時，要保人即負有支付保險費之義務，縱令保險費未經商定，亦應依可得確定之保險費率爲支付。支付定有時期者，按其時期；未定期者，於保險單或暫保單交付之際同時爲之(保施27，參看民264)。

保險法規定，保險費分爲一次交付及分期交付兩種。保險契約訂定

保險費一次交付者，應先支付保險費，而後契約生效；契約訂定保險費
分期交付者，應先支付第一期保險費，而後契約生效，但於訂約之際，
若保險費未能確定者，則無論一次交付或分期交付，契約可先生效，俟
保險費確定時再行支付(保21)。保險慣例，財產保險之保險費通常皆為
一次交付且得以訴訟請求，故無妨由雙方同意先使契約生效，然後支付
保險費。人壽保險之保險費不得以訴訟請求，故在一次交付保險費之情
形，須支付全部保險費；在分期交付保險費之情形，須支付第一期保險
費；否則，契約不生效力（保117，簡壽27）。

　　按諸法律用語之習慣，關於金錢債務之清償曰「支付」；關於財產之
移轉曰「交付」；關於一般債務之履行曰「給付」，要之，皆為使債務消
滅之清償行為也。保險費雖以支付金錢為原則，但有時亦可以劃賬、抵
銷、或提存之方式為清償，而不限於金錢之實際交付。以責任準備金抵
充保險費，即為一例。現保險法所用「交付」字樣與舊保險法所用「支
付」一語，應視為同義。惟保險費不得以「免除」而作為清償，因保險
為有償契約之故（民347）。

　　二、交付保險費的時間、地點、方法

　　保險費應由要保人按約定之方法、時間及地點交付(保22)。為他人
之利益訂立保險契約者，其保險費亦應由要保人支付之(保22)。人壽保
險及傷害健康保險之利害關係人均得為要保人代付保險費（保115、
130）。

　　保險通例，保險費之支付得由任何人為之；無利害關係者亦可為維
持保險效力而代付保險費(民311)。惟第三人支付保險費時，除受益人、
抵押權人，或受讓人等利害關係人外，並不因此而得就契約主張任何權
利。第三人支付一次保險費後，法律並不責其於以後到期之保險費亦承
認支付。保險單讓與他人供債務之擔保者，支付保險費之義務仍屬要保
人。

㈠**日期** 依現保險法之規定，保險費約定一次交付者，應於支付後，契約始生效；約定分期交付者，其第一期保險費應於契約生效前支付(保21)。陸續到期之保險費應於約定之日時支付，如未定支付之時者，得在該日午夜以前爲之；支付日爲星期日或其他休息日者，則於次日爲之，均可參用民法關於期日及期間之規定(民120～123)。故若支付日爲星期日，被保險人於星期一下午死亡，而到期之保險費尙未繳付者，依美國法例，其保險費仍得於星期一午夜以前支付而追溯其效力(Vance, 3rd ed., p.305)。保險費若由郵局或銀行匯寄者，以屆期前可到達者爲有效，但如約定或經常由郵寄或銀行匯寄者，則依美國法例，於預計可在相當時間內到達而付匯者，不問實際是否於期內到達，亦生支付效力。人壽保險定有猶豫期間或寬限期間者(保116，簡壽19)，在其期內效力不停止。換言之，除另有訂定外，依法得在催告後三十日內隨時支付欠費而保持其效力；逾三十日仍不交付者，契約效力停止 (保116)。

㈡**地點** 保險費應於約定之地點，對特定代理人支付，無約定者，應對總公司或總代理人支付。原則上營業代理人(Soliciting agents)(業務員) 僅有收取第一次保險費之權，而無續收以後到期保險費之權。但若保險費經常由此項代理人收取者，則保險人不得於事後抗辯該代理人爲無收費之權；對無權收費之代理人支付保險費，而經保險人收到者，保險人更不得抗辯其人爲無收費之權限。保險經紀人，在海上保險應由其經收保險費，在其他保險，不視爲保險人之代理人，故對經紀人付費時，除其執有保險人之正式收據，可認識其爲代理人，或其費確已轉付保險人收訖者外，往往發生淸償效力之問題。經紀人收到保險費而未爲轉付者，應對委託人負賠償責任。總之，支付保險費爲要保人之義務，應由要保人往保險人之處所爲之，而非由其代理人前來收取。更須注意者，逾期之保險費經催告後支付者，應向保險人之營業所爲之(保116)，否則，不生淸償之效力；但確經保險人收訖者，亦不得復有異議。

㈢**方法**　保險費應以現金支付，若非現金，保險人得拒絕收受。但如保險人同意以票據或以其他方式爲之者，亦非法所不許。約言之：

1.代理人僅有收取保險費之權限者，以收現金爲限；

2.代理人有訂立契約或變更契約之權限者，得於其權限內變更付費方法；

3.保險費之支付，無論經由何人或以何方法，若確經保險人收到者，即生清償之效；

4.保險人得受讓對第三人或對代理人之債權，以代保險費（即劃賬）；如保險人依其代理人之報告以保險費入代理人戶名之應收賬款，作爲代理人對保險人之欠款者，則於保險人與要保人間，其保險費即視爲清記。

保險費以支票或匯票給付者，其效果可分四點說明之：

⑴契約無特別訂定時，應以現金支付保險費；縱無約定，但若兩造間慣常以票據支付者，保險人不得復堅持必以現金爲給付；

⑵以支票或匯票爲給付者，除另有約定外，應於付款人承兌或付款之日起發生清償之效力，若匯票未獲承兌，支票未獲付款，縱令要保人已取得收據，亦不生清償之效；

⑶支票或匯票未獲承兌或付款時，保險人得立即退回票據，而主張契約上之權利，或要求另以現金爲支付(民320，新債務不履行時舊債務不消滅)；

⑷保險人如已主張票據上之權利者，或遲延承兌提示或付款之手續，而負有過失責任者，則僅得就票據主張權利，不得更主張契約效力爲停止或終止。於此情形，雖人壽保險費，保險人似亦得就票據爲訴訟上之請求。

舉例以明之：

1.甲保人壽險有年，其保險費慣常以票據爲給付，對於一九八三

年十一月二十六日應付之款，於同月二十一日以支票投入保險公司之收信箱。但公司遲至二十六日始以支票解入銀行，於二十七日銀行以存款不足退回，甲又於二十九日，另以經銀行保付之支票爲給付，公司拒絕收受，而以付費遲延爲理由，聲明終止契約。經查明在二十一日至二十六日下午二時前，甲在銀行有充足之存款。法院判決云：保險費之支付影響契約之效力者至巨，故時間之因素甚關重要，公司應以注意行使其權利，若於二十一日以支票解入銀行者，其票已可獲付款，今遲延至保險費到期之最後一日始向銀行提示，公司即不能辭其遲延之咎，契約效力應認爲不停止。至以後到期之保險費，雖未支付，但因保險人已片面表示終止契約，故亦毋庸提出。(參照民230、235)。被保險人於一年以後死亡，保險公司仍應依契約給付保險金額。

　　2.甲應付之人壽保險費，於一九三○年八月十四日以九月五日到期之支票付給保險公司之代理人，代理人收到後即出給收據，並報告公司。公司據其報告，入代理人戶名應收賬款，作爲代理人之欠款。支票於九月一日解入銀行，到期因存款不足退票，於是代理人又報告公司，謂保險費給付遲延，契約效力應予停止。法院判決云：該代理人既收受遠期支票而報告公司，作爲清訖，則保險費自應視爲已清償，所餘票據上債務，應視爲代理人與被保險人間之債務糾葛。法院又謂，接受遠期支票而給收據者，即屬同意支付期之展緩，若在支票到期前，被保險人死亡而銀行始終無充足存款者，其保險單亦不失效，因在到期前，不能斷言要保人必不能存入充足款項，以履行其票據上之債務也(John Hancock Mut. Life Ins. Co. v. Mann, 1936, 86, F. 2d 783, 109 A. L. R. 755)。

　　近年國內學者主張支票爲「支付證券」，支票之支付，等於現金之支付，故以遠期支票爲支付，保險費即視爲清訖；如支票到期而未獲付款者，則保險費欠項即轉變爲支票債務。於是，人壽保險須先付費，然後

生效者，皆可以一紙空頭支票，使保險生效或保持效力，與保險費以現金支付之原則大相逕庭。此點尚有待於司法方面，參酌上開情況而予以澄清焉。

三、人壽保險的保險費

人壽保險之保險費大都係分期給付，且爲時甚長，有延續至數十年之久者。依照通例，人壽保險之效力，以支付第一期保險費而開始，如不支付，則效力不開始（保21），故不發生訴追之問題（保17）。惟如保險單業已交付，經要保人或被保險人接受，而依其訂定，契約效力自保險單交付之日開始，保險費作爲清訖者，則第一期之保險費即轉變爲普通欠款，亦未嘗不可爲得以訴訟請求之債務。

人壽保險俗稱「現金買賣」。其效力應自保險費支付之日開始，蓋以保險費之支付爲其效力開始之條件（停止條件）也。惟效力開始後，陸續收取之保險費，則支付與否悉聽要保人自便，如期交付，則效力繼續，不如期交付，則效力停止，在保險人固無損失之可言。

本法第一一六條第一項規定：「人壽保險之保險費到期未交付者，除契約另有訂定外，經催告後逾三十日仍不交付時，保險契約之效力停止。」同條第四項規定：「保險人於第一項所規定之期限屆滿後，有終止契約之權。」簡易人壽保險法第十九條第一項亦規定：「要保人不依章程所定猶豫期間內繳納到期保險費時，保險人應停止其契約之效力。」（簡壽規則15定爲兩個月）但若要保人明示要求保險契約之效力勿停止，或要求緩期支付保險費，或交付遠期支票，而保險人允繼續承擔危險者，則此項到期之保險費亦可一變而爲「普通債務」或「票據債務」，仍非不得以訴訟請求給付。

上所述者僅於人壽傷害保險有其適用。若於財產保險或健康保險，約定分期支付保險費者，各期到期之保險費，應與通常之債務同視，可得爲訴訟上之請求。關於海上保險，外國保險法有許多經紀人於欠費限

度內，對保險單有留置權者(insurance lien)，足徵到期之保險費為契約上之債權，不贅言（依英國海上保險慣例，經紀人對保險人負支付保險費之責，而要保人則對經紀人負責，並非直接交涉，故經紀人有對保險單為留置之權）(Arnould on Marine Insurance, 14th ed., §§130-132)。

四、保險費交付遲延的效果

㈠**遲延的效果**　保險費之給付，時間因素甚關重要，當事人各應依誠實信用方法行使權利，履行義務(民21)。關於給付之時間，及遲延之後果，法律有原則性之規定，茲申述之：

1.任何保險，如保險費未依約支付者，除另有約定外，其效力不發生或不繼續(保21)；財產保險之保險費得為訴訟上請求，故效力之發生不繫於保險費之交付；

2.人壽保險，如別無約定，應以支付保險費或第一期保險費為發生效力之條件；

3.人壽保險陸續到期之保險費，不得為訴訟上請求（保116）；如逾期不為支付，保險效力亦非當然喪失，惟保險人得依保險法之規定，行使下列之權利：

⑴催告（保116 I）；

⑵催告後逾三十日停止效力（保116 I）；

⑶停止效力後二年得終止契約（保116 IV，保施33）；

⑷不終止契約而依契約之所定，減少保險金額(保117 II、IV)；或以其責任準備金之應得額相抵，改為一次交付保險費之保險契約（保118 I）（亦即簡壽93 II所謂變更其契約為一次納費保險契約）；

⑸以終身為期不附生存條件之死亡保險契約，或契約訂定於若干年後給付保險金額或年金者,如保險費已付足二年以上而有不交付時，保險人僅得減少保險金額或年金之數額，但不得終止契約（保117 IV）；

(6)保險人得以保險費遲延之事由對抗受益人或其他利害關係人（保 22 II）。

美國人壽保險通例，若保險費給付遲延時，契約即依其訂定或當然停止效力，或自動變更為一次納費之保險契約；如非法律另有規定（美國各州法律不同），保險人不負催告之義務。惟我保險法明定人壽保險之保險費到期未給付者，須經催告後逾三十日，契約效力始為停止，保險人雖多一番手續，而在要保人，則可從容籌措，有喘息之餘地。催告應以書面為之，且送達於要保人或負有交付保險費義務之人的最後住所或居所，期於必達（保 116 II），此有利於要保人之強制規定，自非可以契約變更；若住所或居所地不明，則依民法第九七條規定為公示送達。

保險費給付遲延，經催告逾三十日後，契約之效力當然停止，惟停止非即終止之謂。此時保險人如欲終止契約者，須另有意思表示（保 116 IV）；在契約終止前，要保人仍有付清欠費及費用（包括利息）而恢復契約效力之權利（保 116 II、III），保險人不得拒絕；保險法施行細則第三三條規定復效期限最少不得低於二年。簡易人壽保險定請求回復效力之期限為一年（簡壽 20），一般人壽保險單皆訂明回復效力之期限為二年（第一人壽保險公司福樂壽險保險單第九條）。

英美通例，人壽保險契約，關於保險費之給付，常訂定若干日（通常為一個月或三十一天，我簡壽規則 18 定為二個月）為猶豫期，在期內效力不停止；逾期後更定有相當時間為效力停止期，在期內得聲請恢復。依我保險法及施行細則之規定，催告後逾三十日效力停止，停止後經過二年得終止契約。

聲請恢復契約效力，須向保險人之營業所，付清所欠保險費及其他費用，於翌日上午零時，開始恢復其效力（保 116 III）（簡壽 20 定為自保險人簽字或蓋章承諾之日生效），此亦為強制規定之一。惟依英美保險慣例，於聲請恢復時，保險人常須查問被保險人是否仍合於「可保條件」

(insurability)，如客觀上可認爲合於「可保條件」者，保險人無拒絕之權利；反之，若被保險人不合於「可保條件」者，保險人仍得不允其恢復。我保險法就此未有規定。或謂，依外國慣例，停止效力之期間較長，往往經三年五年之久，被保險人常於健康情形顯有變化後，企圖領取保險賠償金，乃請恢復，故有查問「可保條件」之必要。我保險法定催告後經過三十日效力停止，同時，亦得終止契約，爲時較短，故無爲此規定之必要。但若契約訂有恢復效力之期間者（保施 32 定爲二年），似亦應許保險人查問「可保條件」。要之，停止效力係一事，終止契約又係一事，其定有恢復期間者固於被保險人爲有利，但許保險人於聲請恢復時，查問「可保情況」，亦所以保護保險人正當之利益。

人壽保險契約之效力停止後，要保人有恢復契約之權利，已如前述。是後，若保險人進而終止契約者，兩造間之權利義務應依後列各款爲之調整：

1.保險費已付足二年以上者，保險人應返還其責任準備金（保 117 Ⅲ）；

2.依契約得參加分配紅利之保險，應給付其應得之紅利（保 140），如所存紅利額足以抵付保險費者，通常皆不終止契約；

3.簡易人壽保險，其繳費已滿一年六個月以上者，發還積存金之一部份（簡壽 24，簡壽規則 27、28）。

㈡遲延責任的免除　保險費爲金錢債務，非不可由受益人或其他利害關係人代爲履行，故要保人縱有不可歸責於己之事由，以致不能給付者，仍不阻止遲延效果之發生。從是，要保人患病、精神喪失、或保險單出質、或遺忘繳費期日等事由，均不得爲遲延付費之藉口。惟依保險通例，有下列情形之一者，遲延不生停止效力或失權之結果：

1.保險人允許緩期給付，或拋棄即時給付之權利者；

2.保險人應爲催告而不爲催告，或雖爲催告而其催告爲不合法者

(保116)；

　　3.保險人無正當理由拒絕受領，或自負遲延之責者(民234、235)；

　　4.保險人以非法之行爲阻止要保人如期付費者（民219）；

　　5.因發生戰爭或其他重大事變，致給付暫時不能者（民230）。

　　保險費因上述保險人負責之事由（即1至4各款）而未爲給付者，不發生停止契約效力之結果，事極明顯，但若因雙方均不負責之事由，如戰事天災等變故，而不能給付者，原則上契約效力仍應於爲催告後滿一個月而停止，惟依誠實信用之原則（民219），保險人應於不可抗力之事由消滅後，許要保人於相當期間內聲請恢復效力，不得於期滿後逕即終止契約。第一次世界大戰後凡爾賽條約規定各國人民間所訂之保險契約，應於戰事停止後，三個月內許要保人付足遲繳保費及利息後恢復效力(見凡爾賽條約第十章第五節附件第二九九條第三○六條)，其理由正在此。

五、保險費的返還

　　㈠**契約效力消失後之保險費返還問題**　保險契約因無效、終止、或解除而失其效力時，已付之保險費，是否應予返還，法律有爲規定者，有未爲規定者。

　　依保險法之規定，契約失效之原因有下列各種：

　　1.契約因違背強制規定而無效（民71～73，保54）；

　　2.契約因要保人或被保險人對於保險標的無保險利益（保17）或以船名國籍通知保險人（海174）而失效；

　　3.契約因法律規定及特別約定而無效(保37、51、105、122、169、55⑦)；

　　4.契約因法定原因而終止（保26、27、28、60、81、82、116）；

　　5.契約因法定原因或違背約定而解除(保57、64、68、76，海175)。

　　茲再依上述原因，申論保險費返還之責任：

⑴契約無效時，如保險人於行爲當時知有無效之情形或可得而知者，已受領之保險費應返還之（民113）。故如訂約之際，保險人知標的之危險已消滅者，保險人應返還已受領之保險費(保51)；反之，如訂約之際，要保人知標的之危險已發生者(保51)，保險人無須返還已受領之保險費(保24)。其他，如要保人爲複保險而故意不將他保險人之名稱及保險金通知各保險人者或意圖得不當之利，而爲複保險者(保37)，保險人若不知情，其所得之保險費毋庸返還（保23 II）。再如，由第三人訂立之死亡保險契約，因未經被保險人書面承認並約定保險金額，以致契約無效者（保105），因被保險人年齡不實，以致契約無效者（保122 I），於此種事例，本於上述一貫之解釋，如保險人並不知情者，皆不負返還已受領保險費之責；知情者，應予返還。但因年齡不實而契約不爲無效者，溢收之保險費應返還之（保123 III）。

⑵契約終止時，保險人應依保險法之規定，返還終止後之保險費；如因保險人或要保人破產(保27、28)，或標的物非因保險契約所載之事故完全滅失而終止契約之情形是（保81、24 III）。人壽保險之保險人破產時，受益人得以其保險責任準備金按訂約時之保險費率比例計算其債權（保123）。

⑶契約因法定原因，而由當事人一造終止時，若其原因在要保人或被保險人者，保險人不負返還已受領保險費之責；例如，危險由要保人或被保險人之行爲而增加，經保險人提議另定保險費而要保人不予同意者(保59、60)，保險人不負返還保險費之責。反之，若其原因在保險人者或不在要保人或被保險人者，保險人應返還終止後之保險費；如增加危險之特別情形消滅時，要保人請求比例減少保險費而保險人不予同意者(保26)，溢收之保險費應返還之。於其他情形，如雙方各有終止之權者，亦應返還終止後之保險費，如第八二條規定保險標的物受部份之損失者，保險人與要保人均有終止契約之權，於此情形，已交付未損

失部份之保險費應予返還。

(4)契約以法律上之原因或以違約而解除時，當事人間權利義務之清結，應依民法之規定(民259～261)。要之，除法律另有規定或契約另有訂定外，雙方互負回復原狀之義務，保險人應返還由他方受領之保險費，自不待言。依法律之規定，有後列情形之一時，得解除契約。

①依保險法應通知之事項而怠於通知者（保57）；

②要保人對於書面詢問故意隱匿或因過失遺漏或為不實之說明，足以變易或減少保險人對於危險之估計者（保64 II）；

③違背特約條款者（保68）；

④其他依民法之規定或依約定有解除之原因者（民254及以下各條），但人壽保險因保險費遲納而生解除契約之事由時，依保險法第一一六條之規定則應以「終止」為之。

解除契約，應以意思表示為之（民258）。履行未定有期限者，應定相當期限為催告（民254），除因前列(2)項之情形，依保險法之明文規定保險人毋須返還保險費外(保25)，原則上，應依民法一般之規定，互負回復原狀之義務。惟若契約另有訂定者，依其訂定。

㈡**契約效力存續中之保險費返還問題**　保險費為保險人承擔危險之代價，有如何之危險，乃有如何之代價，過之或不及，皆有失平衡。故雖於契約存續中，若保險費之計算有錯誤，或有溢收及不足之情形，自應許當事人互為調整，彼此找補。茲依保險法之規定論列之。

1.以同一保險利益，同一危險，善意訂立數個保險契約，其保險金額之總額超過保險標的物之價額者，在危險發生前，要保人得依超過部份，要求比例返還保險費（保23）。

2.保險金額超過標的價值之契約，而無詐欺之情事者，經將超過價值之事實通知保險人後，應按比例減少保險金額及保險費，溢收部份應返還之（保67 II）。

3.依契約所載增加危險之特別情形計算保險費者，自其特別情形消滅時起，得請求比例減少保險費，已收逾額之保險費，應返還之（保26、59 IV）。

4.保險標的物受部份損失而未終止契約者，按比例減少以後之保險費，已溢收之保險費應返還之（保82）。

5.因被保險人年齡不實，致收取保險費逾額者，如屬善意，應將其逾額部份返還之（保122 III）。

上所述者，爲保險人返還已受領逾額保險費之問題。如於同一情形，保險人所收保險費不足額時，則其不足額自亦得向要保人補收，此理之當然者也。如(5)款情形，因被保險人年齡不實，致所付保險費少於應付數額時，保險人自得請求補收之。若要保人不爲找補時，即得按所付之保險費與被保險人之眞實年齡，比例減少保險金額（保122 II）。

六、由保險費返還問題論保險費之性質

㈠**保險費爲承擔危險之代價**　保險業務原屬一種商業，保險人已受領之保險費爲其應得之利益，原則上，不負返還之責。

英國曼殊斐爾法官(Lord Mansfield)曰:「承擔危險之契約，於危險責任開始後，即不生保險費全部或一部返還之問題。雖保險費係按航行之危險及久暫估計(指海上保險)，然若危險責任已開始者，縱航行時期未及二十四小時，亦應認保險人已承擔全部之危險，而不負返還保險費之責。」此爲原則，但依法律之規定，雙方當事人均得終止或解除契約者，或未成年人或無行爲能力人訂立保險契約，於法不生效力者，自得請求返還保險費；前者，因法律規定有回復原狀之義務；後者，因其契約根本未生效力也。若契約上之危險責任，始終未開始者，保險費應予返還。曼殊斐爾法官又曰:「若危險責任並未開始者，無論係由要保人之故意或過失，或因其他事由，保險費均應返還，因保險係承擔危險之契約，若未爲承擔，自無代價之可言。故無論原因爲何，如保險費交付後而未得

危險承擔之利益者，即失去支付保險費之依據，因是保險費應予返還」
云云。惟此項見解，外國學者頗多異議，大都以為，如危險責任之未開
始，係由被保險人負責之原因者，應不許其享有此項法例之利益(Wat-
son v. Massachusetts Mutual Life Ins. Co., 1943, 140F, 2d 673)。
茲舉例以明之：

　　1.甲公司受讓乙公司所訂之信用保險契約，其中條款有云：「被保
險人宣告清理時，保險契約終止」。旋乙公司宣告清理，甲公司遂向保險
人丙要求返還已付的保險費，法院引哥奇氏保險法論云：「除法律另有規
定，或契約另有訂定外，於危險責任開始後，不得要求已付之保險費按
比例返還。」(Couch on Insurance, Vol. 3, § 709)。故應認甲公司為
無請求返還保險費之權利(Sil-Tum Co. Inc., v. London Guaranty
& Accident Co. Ltd., 1934, 272, N.Y.S. 412)（參照保 28 相異之規
定）。

　　2.甲以其船保險，但因對於所擔保之事項有虛偽之陳述，經法院
判決確認契約為自始無效，甲遂要求返還保險費，謂契約既自始無效，
則危險責任未嘗開始，保險人自無取得保險費之依據。法院認要保人既
自有詐欺之情事，即不得要求保險費之返還。(O' Connor Transporta-
tion Co. Inc., v. Glens Falls Ins. Co., 1922, 204 App. Div. 56,
197 N.Y.S. 549)（參照保 25、64 Ⅰ、68 Ⅱ）。

　　㈡**人壽保險費為要保人之投資**　　人壽保險有投資之性質，要保人所
付之保險費應累積為責任準備金(reserve fund)，而非盡屬保險人已取
得之利益(earned profit)。此項責任準備金應於屆期時，返還於要保人
或其指定之受益人；故保險費付出後，雖亦依一般原則不予返還，但終
仍歸屬於要保人或受益人。本此原則，法律規定保險費已付二年以上者，
於契約終止時，應返還責任準備金 (保 117)，或於契約存續中以保險契
約為質，向保險人借款(保 120，簡壽 30)。換言之，於保險費付足二年

後，要保人依法得收回其所付保險費之一部份。此即所謂人壽保險單之「現金價值」。

美國荷爾默斯法官(Justice Holmes)曰:「保險費已付足若干時後，要保人得請求質借一部份責任準備金，或以保險單換取現金。要保人以保險單質借準備金時，實際即係收還其存款之一部份，故不得視若對保險人所負之債務; 若質借之款屆期而不為返還時，保險人僅得於最後結算時，在其保險金額，或應返還之責任準備金中扣除，而非可以訴訟請求返還。」(Board of Assessors of Parish of Orleans v. New York Life Ins. Co., 1910, 216, U.S. 517, 30 S. Ct. 385)。

自我評量題

1. 試述保險契約的特點? 並自其性質上與一般民法上的契約相比較述明。
2. 試述保險契約的類別? 有什麼不同標準可區別?
3. 試述單保險契約與複保險契約?
4. 試述複保險契約的要件及效力?
5. 試扼要說明保險契約的保險人? 要保人? 被保險人與受益人?
6. 試扼要釋明保險契約的輔助人?
7. 試述保險契約的保險標的之種類?
8. 試述保險利益的意義?
9. 試述保險利益與保險標的?
10. 試述保險契約上之保險費的交付及其交付時間、地點與方法?
11. 試述保險費交付遲延的效果? 而該遲延責任的免除又如何免除?
12. 保險法規上對於保險費的返還有何規定? 試說明之。

第三章　保險契約的形成、內容、效力及變更

摘　要

本第三章爲進一層述明保險契約，繼續上一章未論述的部分，加以說明。本章主要分保險法規對於保險契約有關的規定，訂立保險契約的手續，保險契約應記載的事項，保險契約的效力，保險契約的變更與複保險及再保險等六個部分予以說明與論述。屬於法典上第一章總則及第二章保險契約部分，依實際需要分開介紹。

保險法的規定分㈠通則（保43～54），㈡基本條款（保55～65），㈢特約條款（保66～69）三部份。

㈠**通則部份規定**　簽契約的方式（保43～47、49）。契約的範圍（保50～51）。受益人的確定（保52）。代位權（保53）。強制規定的效力（保54）。

㈡**基本條款部份**　契約應記載的事項（保55）。通知及不爲通知的效果（保56～63）。不實的說明、隱匿及遺漏與其效果（保63～64）。時效及除斥期間（保65）。

㈢**特約條款部份**　爲基本條款以外有關特種義務的承認及履行，法律未詳規定其內容。屬於外國保險法上所謂「擔保條款」（warranty）。

訂立保險契約，除與一般契約的成立相同，須當事人互相表示一致，無論其爲明示或默示，契約均即成立。此外保險契約尚須要保人的聲請與保險人的同意，更須簽訂一定的書面。此項書面，即保險契約應以保

險單或暫保單爲之(保43)，爲要式契約的一種，有時還具有「有價證券」
的性質。要保人有告知義務，也稱說明義務。

　保險契約的記載事項，有基本條款及特約條款。基本條款爲法定記
載事項有：當事人的姓名及住所、保險之標的物、保險事故的種類、保
險責任開始的日時及保險期間、保險金額、保險費、無效及失權的原因，
及訂約年月日等八款係一般保險契約應記載事項。至於人壽保險，健康
保險及傷害保險所設的特別規定，還應分別記載有關規定的事項，做爲
補充。而特約條款爲當事人於保險契約的基本條款外，承認履行特種義
務的條款，其內容，不問過去現在或將來，與保險契約有關之一切事項，
均得以特約條款訂定。此外有關保險契約的效力，分要保人的義務、保
險人的責任譯明、保險契約的變更、分保險契約的變動、保險契約的停
止、保險契約的無效、解除及終止說明。本章最後就提及複保險與再保
險的問題，加以介紹及論述。

第三章　保險契約的形成、內容、效力及變更

第一節　保險法規的規定

　　一、關於保險契約的形成、內容、效力及變更，保險法規的規定，分列爲三個部份

　　㈠**通則部份**（保 43～54）。

　　㈡**基本條款部份**（保 55～65）。

　　㈢**特約條款部份**（保 66～69）。

　　茲分別說明如下：

　　㈠**通則**　通則部份所規定者，爲簽訂保險契約之方式（保 43～47，49）。契約之範圍（保 50～51）。受益人之確定（保 52），代位權（保 53），強制規定之效力（保 54）。

　　㈡**基本條款**　基本條款部份所規定者，爲契約應記載之事項（保 55），通知及不爲通知之效果（保 56～63），不實之說明，隱匿與其效果（保 63～64），還有時效及除斥期間（保 65）。

　　㈢**特約條款**　特約條款部份所規定者，爲基本條款以外，有關於特種義務之承認及履行，法律未詳定其內容，蓋即外國保險法所謂「擔保條款」（warranty）之類是。

　　「基本條款」指一般保險單所載之「普通條款」而言，非爲保險契約或保險單上所必備之條款，若未爲載明或所載與法律之規定不符時，並不當然影響契約之效力。此項條款若未見之於契約，即適用法律；若

見之於契約，則雖與法律有歧異，亦先於法律而適用。保險條款，有經法律明定其範圍及內容者，然採用與否，仍聽由當事人自由約定，下列「共保條款」與「定值、不定值條款」乃其例。

二、共保條款

保險契約往往訂定，保險標的物之一部份，應由要保人自行負擔由危險而生之損失。有此約定時，要保人不得將未經保險之部份，另向他保險人訂立保險契約（保 48，海 171）。此項訂定實為「特別約定」之一種，不必每一保險契約皆載此條款。

申言之，於若干種保險，保險人為防止要保人對於保險標的物保管之疏懈，並提高其警覺計，常特別訂定，就整個保險標的物之價值承保其一部份，其餘部份則限由要保人以「共保人」自行負擔其損失，例如，於商店之竊盜保險，約定於事故發生時，由保險人賠償損失額二分之一或三分之二或四分之三，其餘由要保人自行負擔。又於信用保險，亦常列有此項條款。銀錢業者及批發商與客戶往來，每憑客戶之信用，信用是否可靠，不無憂慮，於是投保「信用險」，以資保障。但經保險後，則又覺有恃無恐、鬆懈其注意，濫放信用，以致造成危險。故保險人每利用此項共保條款，以事防止。若契約載有此種條款者，要保人不得以未保險部份復向他保險人保險；若要保人以所餘部份另向他保險人保險者，即屬違反法律之禁止規定，原保險人得解除契約。但原保險人若於事前或事後予以同意者，即無異為共保條款之拋棄，本於契約自由之原則，保險之效力可不受影響，其情形正若要保人以同一標的向二家以上保險公司，各按標的價格之一部份而為共保者相同。

法律雖規定，保險人得約定保險標的物之一部份，應由要保人自行負擔由危險而生之損失（保 48，海 171），但保險當事人是否作此約定，法律不加干預，即有此約定，亦毋妨嗣後同意予以拋棄，均聽自由。但若有此約定而要保人片面違背之者，則為法所不許（保 48 II）。

財產保險，通常皆按標的物之實際價值爲十足之保險。超額保險，法所不許（保 72～169）；不足額之保險，如於未保部份無禁止另向他保險人保險之明示約定者，要保人仍可以之向他保險人保險，若總額未超過保險標的物之價值者，法所不禁。

財產保險契約所以保留其利益之一部份由要保人自任其危險者，旨在促令要保人注意標的物之保全，已如上述。此項特約，於信用保險及竊盜保險，尤爲重視。一般財產保險則鮮有列此條款者，但原則上亦非不可有此訂定。人壽保險則向無此例。

第二節　保險契約的訂立

一般契約的成立，依民法第一五三條第一項規定：「當事人互相表示意思一致者，無論其爲明示或默示，契約即爲成立。」但保險契約，則不能僅依此而成立，而必須依下列程序爲之：

一、要保人的聲請

保險契約的成立，須先由要保人聲請（本法 44 條 I），這種聲請就是要約（通常多填寫要保聲請書）。聲請出於要保人的自動，或出於保險人的勸誘（要約引誘），在所不問。

二、保險人的同意

本法第四四條第一項規定：「保險契約，由保險人於同意要保人聲請後簽訂。」此項同意便是承諾。既有要約，復有承諾，依民法第一五三條之規定，本應已成立契約，但保險契約尚須簽訂下述之書面始可。

三、契約的簽訂

保險契約，僅有要保人的要約與保險人的承諾，還不能夠成立，尚須簽訂一定的書面始可，已如上述。此項書面依本法第四三條規定：「保險契約應以保險單或暫保單爲之。」可見保險契約在本法上係一種要式契

約。

所謂保險單(policy)也叫保險證劵,乃保險人所簽發之書面,不僅爲保險契約之成立要件(在本法上),且亦爲保險契約之成立證明,有時還具有「有價證劵」之性質(如無記名式或指示式之保險單),可以隨同保險標的而轉讓,可以質借款項(如人壽保險付足二年以上之保險費者,即可向保險公司借款,而以保險單爲質)(保120)。

所謂暫保單(binder, binding slip),也叫臨時保險單或保險契約證,是正式保險單簽發以前,由保險人所發的一種臨時保險契約書據。此種書據在正式保險單簽發前,自亦發生保險契約的效力。

保險契約成立後,不僅有關保險人與要保人的權利義務,對於第三人(如受益人)也發生利害關係,因此本法第四四條第二項規定:「利害關係人均得向保險人請求保險契約之謄本」,以資參照,維護其應有之權益。

四、要保人的說明義務

說明義務(disclosure and representation obligation to disclose)亦稱「告知義務」,本法第六四條規定(據實說明義務及違反之法律效果);第一項爲「訂立契約時,要保人對於保險人之書面詢問,應據實說明。」即指此而言,可分析說明如下:

(一)**義務的主體** 說明義務的主體爲要保人,至於被保險人或受益人,並非義務的主體,原則上無此說明義務。

(二)**義務的內容** 該內容依保險人如何詢問而不相同,而保險人的詢問,又因保險種類的不同而有差異,如火災保險,對於建築物的構造及質料,或其環境四周鄰房屋舍的使用情形,皆於詢問範圍之內;至於人身保險,則對於年齡、婚姻及健康等問題,亦均在詢問之列。一經詢問,要保人須據實說明。惟無論何種詢問,均須以書面始可,否則若僅以口頭詢問,則可不算。

㈢**義務的履行期**　「說明」義務的履行時期，即在訂定契約時履行，而不在契約訂定以後，因而此項義務，並非保險契約的效力，而是契約訂定時，要保人的一種特有義務【註】與保險契約成立後，所應負之通知義務（保58、59）有所不同。

㈣**義務違反的法律效果**　違反此義務，依本法第六四條第二、三項規定（八十一年四月二十日修正公布）：「要保人故意隱匿，或因過失遺漏，或為不實之說明，足以變更或減少保險人對危險之估計者，保險人得解除契約；其危險發生後亦同。但要保人證明危險之發生未基於其說明或未說明之事實時，不在此限。前項解除契約權，自保險人知有解除之原因後，經過一個月不行使而消滅；或契約訂立後經過二年，即有可以解除之原因，亦不得解除契約。」可見此一義務的違反，足以構成保險人解除契約的理由。惟適用本條而解除契約時須具備下列要件：1.須要保人故意隱匿或因過失遺漏或為不實之說明，所謂故意隱匿，例如屋內儲存煤油，而不說明。所謂不實之說明，例如未結婚之人，竟稱已結婚等。而隱匿與不實之說明，均須要保人具有故意或過失，否則要保人對於某項事實（如患有癌症）而不自知，縱未說明，亦無本條之適用。2.須其故意隱匿或因過失遺漏或為不實之說明，達保險人拒保程度，否則其故意隱匿或不實之說明，無關重要者，亦無本條之適用。拒保程度，

【註】說明義務乃保險契約訂立時，要保人之一種特有義務（在民法上祇有訂約過失之問題，見民法二四七條，及託運人之告知義務，見民法六三一條，與此相似。）其根據何在？學說甚多，有：①誠意說：保險契約乃最大誠意契約，其基礎在乎相互之信賴，因而於訂約之際，要保人自應將有關之事實，告知於他方。②合意說：保險契約，須基於雙方意思的完全一致，因而關於危險程度，亦必須合意，否則其契約得以解除。③射倖說：保險契約既屬一種射倖契約，因而就不確定之事故，雙方以具有平等的認識為原則，要保人自應有告知其已知事實之義務。④擔保說：有償契約其當事人須負瑕疵擔保責任，保險契約既為有償契約之一種，如要保人隱匿遺漏或為不實之說明，即屬隱匿其瑕疵，而應負責任。⑤危險測定說：保險契約之成立，須先測定危險率而計算保險費，因而使要保人對於保險人之詢問，負有據實說明之義務，以利保險契約之簽訂。此說為最近之通說，本法第六四條採之。

亦非漫無限制，例如木屋虛報磚造，即保險人似可拒保，又如懷孕婦女，虛報未懷孕，達保險人減少對危險之估計等，均須有客觀的標準，始可稱達保險人拒保程度。至於如要保人以漆白色的船舶，報爲灰色的船舶，雖其所報顏色不實，但一般不足以變更或減少保險人對於危險，海上運輸危險的估計，應屬無關重要，得不適用本條之規定。

具備上記要件以後，保險人即達拒保程度，得據此以解除契約，至於解除時期，於危險發生前或危險發生後，均無不可。在危險發生以後解除契約時，不但不須支付保險金（日商 645 II但：要保人能證明危險之發生與說明義務之違反，無因果關係時，保險人仍應支付保險金），同時並無須返還其已收之保險費（保 25）。再者本法第六四條第三項所稱「解除契約權」期間之「一個月」與「二年」，均屬除斥期間，保險人不於此期間行使解除權，則其解除權消滅。

第三節　保險契約的記載事項

一、基本條款

基本條款爲保險契約之法定記載事項，亦稱保險契約之要素。依本法第五五條規定：「保險契約，除本法另有規定外，應記載下列各款事項
　㈠當事人之姓名及住所。
　㈡保險之標的物。
　㈢保險事故之種類。
　㈣保險責任開始之日時及保險期間。
　㈤保險金額。
　㈥保險費。
　㈦無效及失權之原因。
　㈧訂約之年月日。」

茲分析說明如下：

㈠**當事人之姓名及住所**　當事人指要保人及保險人。此兩者為保險契約之主體，故其姓名及住所，應該記載，以便契約成立後，行使權利（如請求保險費）或履行義務（如給付保險金）的依據。並應注意下列各點：

1.要保人之姓名及住所固應記載，但依本法第四九條第一項規定：「保險契約除人身保險外，得為指示式或無記名式。」以便轉讓，而利流通。所謂指示式，即除記明要保人的姓名外，並記載「或其指定人」字樣，此種保險單，要保人得以背書轉讓給第三人。如以房屋保火險，於房屋所有權移轉時，其保險單即可背書轉讓給受讓人。而無記名式是指不記載要保人之姓名，要保人得依交付而轉讓保單於第三人，例如以貨物投保火險者，可將保險單隨同貨物，交付而轉讓他人。不過此一轉讓與票據之轉讓有所不同，票據之轉讓，以「後手不繼承前手之瑕疵」為原則（票13），而此之轉讓，依本法第四九條第二項規定：「保險人對於要保人所得為之抗辯，亦得以之對抗保險契約之受讓人。」例如原要保人積欠保險費，則保險人亦得對於受讓人主張便是。此一之規定，與民法第二九九條規定旨趣相同。

2.保險契約非由要保人自行簽訂，而由其代理人簽訂者，則依本法第四六條規定：「保險契約由代理人訂立者，應載明代訂之意旨。」例如載明要保人某甲之代理人某乙便是。其次依本法第四七條規定：「保險契約由合夥人或共有人中之一人或數人訂立，而其利益及於全體合夥人或共有人者，應載明為全體合夥人或共有人訂立之意旨。」

3.保險契約若於要保人外，另有被保險人或另有受益人者，是謂「為他人利益的保險契約」。此種契約的訂立，要保人受他人之委任者，固屬常態，但未受他人之委任者，亦屢見不鮮。此種情形依本法第四五條上段規定：「要保人得不經委任，為他人之利益訂立保險契約。」乃法

所許可。又保險契約另有受益人者，應將受益人之姓名記名，否則依同條下段規定：「受益人有疑義時，推定要保人爲自己之利益而訂立。」又依本法第五二條規定：「爲他人利益訂立之保險契約，於訂約時，該他人未確定者，由要保人或保險契約所載可確定之受益人，享受其利益。」

㈡**保險之標的物**　保險之標的物，就財產保險言之，就是保險事故發生之財產，如火災保險之貨物，海上保險之船舶。但在人身保險便是被保險人，因而本法第一〇八條第一款、第一二九條第一款、及第一三二條第一款上段，均有載明：「被保險人之姓名、年齡及住所」之規定。保險標的物甚關重要，所以必須記明於保險契約。同時依本法第四八條規定：「保險人得約定保險標的物之一部份，應由要保人自行負擔由危險而生之損失。」「有前項約定時，要保人不得將未經保險之部份，另向他保險人訂立保險契約。」是爲共同保險條款(co-insurance clause)，也叫合力保險(海171有同樣規定)，有此約定，也應載明於保險契約。至於此種約定的目的，在乎使要保人自己亦負擔一部份之責任，則對於保險標的物之保護，自必注意爲之，以防止發生危險，而有利保險人，故爲法所許可。此種約款與一部保險有別，因一部保險，要保人仍得將未保險部份另向他保險人投保而爲複保險；但此則不可。

㈢**保險事故之種類**　保險事故就是保險人依保險契約所應擔保之事由，例如火災保險之火災，死亡保險之死亡便是。保險事故也就是所保之危險，其種類必須記明，藉以確定保險人的責任範圍。

惟危險(risk)一語，本有多種意義：1.用作「偶然事故發生之可能性」者，如「有火災或死亡之危險」便是；2.用作偶然事故發生可能性之蓋然率者有之，如本法第五九條所謂之「危險之增加」或「危險之減少」便是；3.用作偶然事故發生可能性所根據之具體事實者，如火災保險之建築材料，及消防設備之狀況等；4.用作偶然事故發生可能性所根據各個事實之綜合狀態者，如所謂危險狀態；5.用作應負擔偶然事故不

利益結果之責任有之，如所謂危險轉嫁，或危險承擔；6.用作與偶然事故為同一之意義者，如本法第六四條所稱之「危險發生」及第五一條所稱之「危險已發生」便是。上列六種意義，於此則指 6.而言。

其次保險事故應具備以下之要件：(1)須可能：保險事故須有發生之可能，否則如根本無發生之可能，如「杞人憂天」故事，倘以「天墜」為保險事故則不可。因吾人現時觀察，天無墜落之可能。衡諸「無危險即無保險」之說，故不得以此而成立保險契約。(2)須不確定：不確定之情形有三種，①事故發生與否不確定。②發生雖確定，但發生之時期不確定(如人之死亡)。③發生及發生之時間，大體確定，但其發生程度不確定(如霜害、颱風)。保險事故須有此三種情形中之任一情形方可。(3)須屬將來：保險事故，須屬於將來之事故，也就是說，其發生須在保險契約訂立之後。因而本法第五一條第一項本文規定：「保險契約訂立時，保險標的危險已發生或已消滅者，其契約無效」。惟此乃原則，尚有以下例外①關於危險之已發生（如船已沈沒），或已消滅（如船已進入港口）若為當事人雙方所不知者，不在此限(同條第一項但)，此種情形，屬於「追溯保險」之一種，詳後述之。②訂約時僅要保人知已發生危險者，保險人不受契約之拘束(同條Ⅱ)，因此種情形，要保人既知危險之已發生，而不告知對方，顯有詐取保險金之嫌，所以保險人不受契約之拘束，結果可不必給付保險金，並得請求償還費用，其已收之保險費無需返還（保 24 Ⅰ）。③訂約時，僅保險人知危險已消滅者，要保人不受契約之拘束(同條Ⅲ)，因保險人既知危險已消滅，自不應再與人就此訂立契約，而竟貪得保險費，仍與人訂約，亦不免有詐欺之嫌，所以要保人不受契約之拘束，結果，保險人不得請求保險費及償還費用，其已收受者應返還之（保 24 Ⅱ）。④須非不法：違法或有背於公序良俗之事故，則不得以之投保（如竊盜以其贓物有被失主追奪之危險，而為之保險則不可）。

至於保險事故之種類，各種保險固不相同，但大體言之，不外①人

類之行爲，及②人類行爲以外之事件兩種。前者尚可分爲：第三人之行爲及要保人方面之行爲，第三人之行爲，無論適法或違法，皆得爲保險事故，但要保人方面之行爲，無論適法或違法，皆得爲保險事故，但要保人方面之行爲，如屬違法行爲(如自行放火)，原則上即不得爲保險事故，也就是保險人不負賠償責任。

㈣**保險責任開始之日時及保險期間** 保險責任開始之日時，就是保險人由何時開始，始負保險責任之謂。通常情形，於保險契約成立的同時，保險責任即行開始。但當事人亦得約定：1.開始於保險契約成立之前。是謂「追溯保險」(retrospective or retroactive policy)或過去保險。此種保險有兩種情形，其一爲法所規定者，如本法第五一條但書，其二爲當事人所約定者，即此之所述者是。2.開始於保險契約成立之後，即當事人約定遲至契約成立後若干日。保險人之責任才開始。

其次保險期間(term of insurance, period of insurance)就是保險人責任之存續期間，在此期間內發生保險事故，保險人始負責任，故必須明白記載。此期間通常多以一定之時間定之，如「一年」；但是也有以一定之事實定之者，如「由甲港至乙港之航海期間」。通常情形，保險期間何時開始，則保險人之責任即開始，兩者常屬一致，但保險責任於保險期間開始後，開始者亦有之。

㈤**保險金額** 保險金額(insured of amount, sum insured)就是保險契約當事人約定，於保險事故發生時，保險人所應賠償之金額。在人身保險，其保險金額，就是保險事故發生時，保險人實際支付之金額，但在財產保險多爲表示保險人賠償時責任之最高限額，至其實際賠償額，尚應視實際之損害情形定之。又保險金額之多寡，在人身保險，委由當事人自行約定，別無限制。但在財產保險，則應受保險價額之限制，如保險金額超過保險價額者，謂之超過保險，此時其契約之效力，法律上另有規定，詳後述之。

㈥**保險費**　保險費(premium)乃要保人交付保險人負擔保險責任之對價，於契約中必須記載，以為要保人履行此項義務之依據。

㈦**無效及失權之原因**　無效及失權之原因，乃當事人約定，保險契約無效或要保人被保險人及受益人喪失契約權利之事由，例如保險費欠繳若干期，則契約自始無效，或喪失保險金之請求權。有此約定，應於保險契約上明白記載之，否則不生效力。

㈧**訂約之年月日**　訂約之年月日就是保險契約成之時期。通常保險人之責任，即由此時開始，所以必須記載。

以上八款係一般保險契約的應記載事項，但本法第五五條中尚有「除本法另有規定外」一語，那是指本法第一〇八條就人壽保險、第一二九條就健康保險、及第一三二條就傷害保險所設的特別規定而言。因此三者情形特殊，所以其契約除了應記載上述八款事項外，尚應分別記載上開三條所規定之事項，以為補充。至其補充之事項如何，俟於各該節述之，茲不先贅。

二、特約條款

㈠**特約條款的意義**　依本法第六六條規定：「特約條款，為當事人於保險契約基本條款外，承認履行特種義務之條款。」可知特約條款須具備兩個要件：1.須當事人承認履行特種義務：也就是當事人約定，一方或雙方履行特種義務，其義務之履行，並非由於法定而係由於意定，所以特約條款，屬於任意記載事項，也叫保險契約的偶素。2.須在基本條款之外：若所約定者屬於基本條款之範圍，那就等於畫蛇添足，多此一舉。所以特約條款必須在基本條款範圍之外方可。

㈡**特約條款的內容**　本法第六七條規定：「與保險契約有關之一切事項，不問過去現在或將來，均得以特約條款定之。」茲分述如下：

　　1.過去事項　過去事項指契約成立前之事項而言，例如人壽保險約明被保險人過去曾打過預防針便是。

2.現在事項　現在事項指契約成立時之事項而言，例如火災保險約定屋內並未儲存煤油，海上保險約定船舶確有戰艦護航便是。

3.將來事項　將來事項指契約成立後之事項而言，例如傷害保險約定被保險人將來不到礦場工作。

以上三種特約條款，均屬於要保人方面所具有者，其性質類似保證，所以也叫「保證條款」(warranties)。但特約條款不以保證條款爲限，他如擴張保險人責任範圍之條款（如倉庫至倉庫條款 warehouse to warehouse clause）或縮小責任範圍之條款（如兵險除外條款）亦均得任意記載之；不須受本法第五四條之限制而已。

㈢**特約條款的效力**　特約條款一經記載，當事人即不得違背，因而本法第六八條第一項規定：「保險契約當事人之一方違背特約條款時，他方得解除契約。其危險發生後亦同。」可見違背特約條款，即構成解除契約的原因。但其解除權之行使，卻受有除斥期間之限制，詳言之，即自解除權人知有解除之原因後，經過一個月不行使而消滅，或契約訂立後經過二年，即使可以解除之原因，亦不得解除契約（保 68 II 準 64 III）。解除契約之規定，不問其特約條款係過去事項、現在事項或將來事項，均得適用，但關於將來事項之特約條款，尚有特殊的效果，那就是本法第六九條規定：「關於未來事項之特約條款，於未屆履行期前危險已發生，或其履行爲不可能，或在訂約地爲不合法而未履行者，保險契約不因之而失效。」此可分三點述之：

1.於未屆履行期危險已發生　例如火災保險，約定要保人於訂約後一個月內將屋內之煤油搬出，以免引起火災。豈知訂約後僅十日，即發生火災。此種情形，保險契約並不因之而失其效力，亦不得解除。

2.履行爲不可能　例如火災保險，約定要保人即須將屋內火藥搬出，豈知訂約後該房屋爲敵兵所占，無法搬遷。此種情形，屬於履行爲不可能，保險契約並不因之而失其效力，自亦不得解除。

3.在訂約地為不合法而未履行　例如竊盜保險，約明要保人須將金庫內所存之黃金賣出，豈知訂約後，政府頒布黃金之禁止買賣之命令，因而售賣黃金為不合法，乃未能履行特約條款。此種情形，亦屬履行不能，但保險契約不因此而失其效力，自亦不得解除。

第四節　保險契約的效力

一、要保人的義務

㈠**保險費的交付**　保險費是要保人交付於保險人，作為其負擔危險責任對價的金錢。由此可知：1.保險費的標的，限於金錢。2.保險費的作用，係要保人給與保險人，做為其負擔危險責任的對價，也就是保險人所應獲得之報酬，而為保險契約的成立要件。已詳如前述。

㈡**危險的通知**　可分述如下：

1.危險發生的通知　本法第五八條規定：「要保人、被保險人或受益人，遇有保險人應負保險責任之事故發生，除本法另有規定，或契約另有訂定外，應於知悉後五日內通知保險人。」此可分以下各點說明：(1)通知義務人：通知義務人為要保人，但不以此為限，即被保險人或受益人，也有此項義務。(2)通知事項：通知事項為保險人應負保險責任之事故之發生，例如火災保險之火災，死亡保險之死亡都是。此項事故一經發生，保險人即應給付保險金，關係重大，所以必須通知。(3)通知時期：通知時期限於知悉後五日內為之，因恐日久生變，影響責任之確定，有早日通知之必要。惟此五日之期限，倘本法另有規定（保89準海190）或契約另有訂定時，則不適用之。(4)通知方法：本法無規定，得用任何方法為之。(5)怠於通知的效果：本法第五七條規定：「當事人一方對於他方應通知之事項而怠於通知者，除不可抗力之事故外，不問是否故意，他方得據為解除保險契約之原因。」又本法第六三條規定：「要保人或被

保險人不於第五八條所規定之期限內爲通知者，對於保險人因此所受之損失，應負賠償責任。」

　　2.危險增加的通知　危險增加關於保險人的責任至大，所以法律上使要保人負有通知義務。此項義務本法設有規定如下：(1)要保人對於保險契約內所載增加危險之情形應通知者，應於知悉後，通知保險人(保59 Ⅰ)。例如房屋火災保險契約內載明「房屋附近如有新增設危險之設備時，要保人應即通知保險人」等語，倘其附近新設火藥庫一所，則要保人於知悉後即應通知。(2)危險增加由於要保人或被保險人之行爲所致，其危險達於增加保險費或終止契約之程度者，要保人或被保險人應先通知保險人(同條Ⅱ)。所以規定其事先通知者，因危險增加既由於要保人或被保險人自己之行爲所致，自必事先知悉，故應事先通知，以便保險人依第六〇條之規定有所措施(參照下述)。(3)危險增加不由於要保人或被保險人之行爲所致者，要保人或被保險人應於知悉後十日內通知保險人 (同條Ⅲ)。

　　上述三種情形所以必須通知者，因依本法第六〇條第一項規定：「保險人遇有前條情形，得終止契約，或提議另定保險費。要保人對於另定保險費不同意者，其契約即爲終止；但因前條第二項情形終止契約時，保險人如有損失，並得請求賠償。」申言之，遇有危險增加之情形，不論是否由於要保人或被保險人行爲所致，保險人均得採用兩項辦法：①逕行終止契約，②提議另定保險費，如要保人對於另定保險費不同意時，契約亦當然終止。惟契約之終止，如係由要保人或被保險人之行爲致增加危險之情形所致者，則保險人如有損失(例如訂約費用)，並得請求賠償。

　　此種逕行終止契約或提議另定保險費之權利，依本法第六〇條第二項規定：「保險人知危險增加後，仍繼續收受保險費，或於危險發生後給付賠償金額，或其他維持契約之表示者，喪失前項之權利。」就是：①保

險人知危險增加後，仍繼續收保險費，而無異議者；②危險發生後，照付保險費者；③其他維持契約之表示（如表示不另定保險費）者，有此三種情形之一，則其逕行終止契約，或提議另定保險費之權利，即歸喪失。所以如此者，在早日確定法律關係，以免久懸不決。

其次危險增加之通知，係原則上如此，例外亦有無須通知者，依本法第六一條規定：「保險增加，如有下列情形之一時，不適用第五十九條之規定。」所謂下列情形，就是：

⑴損害之發生不影響保險人之負擔者　即危險雖屬增加，但其損害之發生（如房屋投保火險，而附近大水氾濫，有淹沒該屋之可能），不影響保險人之負擔（對於水災本不負責）時，則無通知之必要。

⑵為防護保險人之利益者　即危險之增加，雖由於要保人或保險人之行為，但其行為之目的，係為防護保險人之利益，例如房屋投保火險，原有放置屋外之若干易燃物品，因鄰居起火，為避免其延燒，而移置室內，雖較前危險增加，但卻能避免為鄰火所殃及，而防護保險人之利益。其動機善良，自無通知之必要。

⑶履行道德上之義務者　人類須以道德為重，因而如為履行道德義務，雖致危險增加，亦不必通知。例如房屋投保火險時，本有滅火器之設備，但因鄰居失火，致將滅火器移用於撲滅鄰火，此種滅火器減少，雖相對的增加危險，但純為救助鄰居，而履行道德義務，故亦無通知之必要。此種情形，若其救火，並有避免延燒，以防護保險人利益之動機時，尚可適用前款之規定，自不待言。

再次上述1.危險發生的通知及2.危險增加的通知兩者，除危險增加的通知，遇有上述第六一條規定的情形，可以不必通知外，本法第六二條復規定：「當事人之一方對於下列各款，不負通知之義務。」即：

⑴為他方所知者　他方既已知曉，自不必再為通知以免畫蛇添足，多此一舉。

(2)依通常注意爲他方所應知或無法推諉爲不知者　就是按一般人之注意，必能知曉之謂，例如投保兵險，而敵人已迫近，報章已顯著刊出，保險人自應知曉。又如投保火險，而其標的物係屬煤炭，其性易燃，保險人無法推諉爲不知是。

(3)一方對他方經聲明不必通知者　旣已聲明不必通知，當然不必再爲通知。

最後除上述情形，要保人不負通知義務，自無須爲通知外，其應通知而不通知者，即屬義務之違反，依本法第六十三條規定：「要保人或被保險人不於第五十八條，第五十九條第三項所規定之期限內爲通知者，對於保險人因此所受之損失，應負賠償責任。」以示制裁。又本法第五七條規定：「當事人之一方對於他方應通知之事項，而怠於通知者，除不可抗力之事故外，不問是否故意，他方得據爲解除保險契約之原因。」凡此皆爲違反通知義務之結果。

二、保險人的責任

(一)**負擔賠償損失的責任**　保險契約一旦有效成立，則保險人即須依照契約的內容，負擔賠償責任，此爲保險契約直接的效力。基此效力，保險人始有給付保險金的義務。所以賠償責任的負擔，爲保險金給付之前提。關於此一責任的範圍，可分以下各點述明：

1.法定的責任範圍　保險人賠償責任的範圍，因保險種類而異，除就各種保險，法律上多設有特別規定之外（如保109、121，海170、173），本法上設有一般性規定如下：

(1)由不可預料或不可抗力之事故所致之損害　本法第二九條第一項規定：「保險人對於由不可預料或不可抗力之事故所致之損害，負賠償責任，但保險契約內有明文限制者，不在此限。」所謂「不可預料之事故」，就是事故之發生，屬於偶然，若出於要保人的事先安排，則不得謂不可預料，例如房屋失火，固屬不可預料，若自行放火，則非爲不可預

料；又如身體偶染危疾，固屬不可預料，若故意自行傷害，則非爲不可預料。所謂「不可抗力之事故」，就是危險的發生，非人力所能抗拒，是否可預料，在所不問。例如颱風每年必有，其來襲雖在預料之中，但亦不妨就颱風災害爲保險。保險人對於不可預料或不可抗力之事故所致之損害負賠償責任，是爲原則。若保險契約內有明文限制者（如明定船舶由於擱淺，火災由於地震者，不負責任），則不在此限。

(2)由要保人或被保險人或其代理人之過失所致之損害 本法第二九條第二項規定：「保險人對於由要保人或被保險人或其代理人之過失所致之損害，負賠償責任；但出於要保人或被保險人或其代理人之故意者，不在此限。」就是損害之發生，若由於要保人或被保險人或其代理人之過失所造成者，保險人仍應負責。此之所謂過失，包括一切過失而言，與海商法第一七三條之規定不同，該條規定對於重大過失不負責任，此則無論何種過失均應負責，因而保險人之負責範圍，較海上保險爲廣（海上保險當然優先適用海商法之規定）。至於何種損害始爲過失所致之損害，例如人壽保險，因被保險人口腹不慎，以致喪生；火災保險，因要保人煙蒂忘熄，以致延燒都是。此種情形，本出無心(過失)，若不賠償，則保險之作用，失其大半。由於過失所致之損害，固應賠償，但由於故意者，卻不應賠償，否則不免助長不良風氣，流弊增多。所謂故意所致之損害，例如要保人放火，或被保險人自殺之類便是。此種危險，學說上稱爲道德的危險或主觀之危險。由此所致之損害，保險人不負賠償責任。

(3)因履行道德上之義務所致之損害 本法第三〇條規定：「保險人對於因履行道德上之義務所致之損害，應負賠償責任。」損害之出於要保人或被保險人或其代理人之故意者，保險人不負賠償責任。然若因履行道德上之義務，則動機善良，縱屬出於故意，保險人亦應負賠償責任。例如人壽保險，爲拯救他人之溺水，而自己淹斃；貨物保險，爲撲滅他

船之火災，而自己之滅火器（貨物）全被用盡。此等行爲雖是故意，但因係履行道德義務，所以保險人仍應賠償。又其故意行爲出於法律之所許者（如共同海損所犧牲之財物，係由於船長之故意處分，其被處分之財物縱爲船長所有，若已保險時），保險人亦應負責賠償，自不待言。

(4)因要保人或被保險人之受僱人或其所有物或動物所致之損害本法第三一條規定：「保險人對於因要保人，或被保險人之受僱人，或其所有之物或動物所致之損害，應負賠償責任。」例如火災保險，要保人之受僱人失火；或傷害保險，被保險人被自己之犬所咬傷均是。此種情形，保險人均應賠償。又由受僱人所致之損害，無論出於過失或故意，對於保險人之賠償責任雖無影響，但如出於過失者，則保險人對該受僱人無代位請求權（保53 II）。

(5)因戰爭所致之損害　本法第三二條規定：「保險人對於戰爭所致之損害，除契約有相反之訂定外，應負賠償責任。」戰爭亦屬不可抗力之一種，其所致之損害，保險人原則自應負責，但不妨爲不負責之約定。此種訂定，稱爲「兵險除外條款」(free of war risk clause)責任。又此之所謂戰爭，不以國際間之戰爭爲限。至是否宣戰，也在所不問。

2.約定的責任範圍　上述之法定的責任範圍，當事人也可以依契約加以限制或擴張，是爲約定的責任範圍。有此約定，則保險人的賠償責任，自應從其約定。

(二)保險金的給付

1.給付的數額　保險事故發生之後，保險人應向被保險人或受益人給付保險金，此項保險金之數額，在人身保險，就是保險契約中所列的保險金額，故二者一致；但在財產保險，則須視實際上所遭受損害之若何，而加以確定，不過其最高額卻不得超過保險契約中所載之保險金額而已。那麼在財產保險，保險人所給付之保險金數額，與契約上之保險金額，實際上未必一致。然而無論人身保險或財產保險，依本法第三

四條第二項規定:「保險人因可歸責於自己之事由致未在前項規定期限內為給付者，應給付遲延利息年利一分。」就是說保險人原則上祇負擔給付賠償金額之義務。這裡所謂賠償金額以外之義務，有兩種意義：①保險人之給付數額，以保險金加遲延利息年利一分為限；②保險人之給付，以金錢為限，不負以實物及其他方法之賠償責任。

　　⑴本法另有規定者　此種規定，在本法上可舉出兩點，即第三三條及第七九條所定之費用償還。除第七九條之內容於財產保險中另加述明；至於第三三條第一項規定為：「保險人對於要保人或被保險人，為避免或減輕損害之必要行為所生之費用，負償還之責。其償還數額與賠償金額，合計雖超過保險金額，仍應償還。」例如某人有房屋一棟，價值千萬元，投保火險五百萬元，因附近失火，為避免其延燒起見，乃以一千元僱人救火，不意火勢過猛，無法阻止，結果該屋仍遭焚燬。此時保險人除應賠償該屋之損失千萬元外，對於救火之費用一千元（雖二者之合計，已超過屋價），也應該償還。這是因為此種支出，純為避免或減輕保險標的之損害，以減輕保險人之負擔而然。倘保險人適在現場，亦必採同樣之措施，所以保險人應該負償還之責任。不過此一規定，不是強行規定，當事人自得為相反的規定。其次上例係假定保險金額與保險標的之價額相等時的情形，若保險金額不及保險標的之價額時，則依第三三條第二項規定：「保險人對於前項費用之償還，以保險金額對於保險標的之價值比例定之。」例如上述屋價雖為千萬元，但投保火險五百萬（保險金額）時，則該救火費用一千元，保險人祇應負擔五百元（共應賠償五百萬零五百元）即可。

　　⑵契約另有訂定者　保險人的賠償，雖以金錢充之，但亦不妨約定為實物或其他方法的賠償。例如火災保險約定負責重建或修繕；傷害或健康保險，約定負責醫療之類均是。此等約定，自屬有效（保1有「負擔賠償財物」字樣，則保險人之賠償，不以金錢為限可知）。

2.給付的期限　本法第三四條第一項規定：「保險人應於要保人或被保險人交齊證明文件後，於約定期限內給付賠償金。無約定者，應於接到通知後十五日內給付之。」應付之保險金，在人身保險就是保險金額，無須另行確定，在財產保險則須另行計算確定，其確定的方法，或由當事人協議，或由公證人勘估，均無不可。一經確定，則保險人即應依下列法定期限內給付：本條定爲十五日內給付之。此十五日法定期限，自保險人接到通知（指保 58 條所定保險事故發生之通知）後起算（海 191 I：「保險人應於收到要保人或被保險人證明文件後三十日內給付保險金額。」是乃特別規定，限於海上保險適用）。保險人如不依期給付保險金者，應負給付遲延責任，自不待言。

3.代位權的發生　本法第五三條第一項規定：「被保險人因保險人應負保險責任之損失發生，而對於第三人有損失賠償請求權，保險人得於給付賠償金額後，代位行使被保險人對於第三人之請求權；但其所請求之數額，以不逾賠償金額爲限。」是爲保險人的代位權，屬於一種賠償代位。此權利之主體爲保險人，其成立要件如下：

(1)須被保險人因保險事故對第三人有損失賠償請求權　保險人代位權之成立，須被保險人因保險人應負保險責任之損失發生，而對第三人有損失賠償請求權。例如房屋火災保險，而因第三人之侵權行爲致房屋焚燬，則被保險人對於第三人有損害賠償請求權（民 184），此一損害賠償請求權，就是保險人所得代位行使之權利。又如貨物海上保險，因船長之故意處分，造成共同海損，則被犧牲貨物之所有人（被保險人）對於船舶或其他留存貨物之所有人有清償其各自分擔額之請求權（海 151），此種請求權亦得爲保險人代位的對象是。若被保險人因保險事故之發生，對於第三人無賠償請求權時，則保險人自亦無代位之可言。因此種代位，亦係權利之法定的移轉，若被保險人根本無是項權利，則何能移轉。至於被保險人對第三人無賠償請求權之情形有二：①保險事故

之發生，無關於第三人者，例如房屋火災保險，由於不可抗力或由於被保險人自己之過失而焚燬時，則被保險人對於第三人即無損害請求權(如另有保險，對於另一保險人雖有賠償請求權，但斯乃屬於複保險之問題，不適用本條規定)。②保險事故之發生，雖對於第三人應有賠償請求權，但於訂立保險契約前，被保險人對於該第三人已預先免除其責任者，例如物品運送，如有損害，運送人本應負賠償責任 (民 634)，但運送契約如訂立於貨物保險契約以前，而其契約上又有「運送物應由託運人保險，運送物保險契約上之利益，應歸運送人享受」等記載者，是無異託運人對於運送人之責任，預先免除。此種情形若於訂立保險契約之際，爲保險人所已知者，則保險人對於運送人即無代位請求權。其次此之所謂第三人雖不以自然人爲限，而法人亦包括在內，但對於自然人卻有例外，即同條第二項規定：「前項第三人爲被保險人之家屬或受僱人時，保險人無代位請求權；但損失係由其故意所致者，不在此限。」這就是說保險事故之發生，如由被保險人之家屬或其受僱人之過失所造成者，保險人雖應負賠償責任 (保31 參照)，但對於該家屬或受僱人卻無代位請求權。這是因爲此等人與保險人有共同生活的關係，利害一致，若因其過失所致之損失，使保險人對之有代位請求權時，實與使被保險人自己賠償無異，故爲法所不許。不過此僅限於有過失之情形，若由於此等人之故意者，則不在此限。否則無異鼓勵爲惡，理所不容。

　　(2)須保險人於給付賠償金額後　此乃保險人代位權之又一要件，倘保險人未爲賠償金額之給付，自無代位權之可言(此點與民 228 之讓與請求權之成立，不以先行賠償爲必要者，有所不同)。

　　具備上述要件，保險人即可代位行使被保險人對於第三人之請求權。但其所請求之數額，以不逾賠償金額爲限；又行使之方法，解釋上得以保險人自己之名義爲之 (民 312 參照)。

　　其次應予注意者，保險人的代位權，僅限於財產保險上有之，若爲

人身保險，則無此代位權（保 103、130、135）。又此之代位係一種人的代位（也叫權利代位），此外尚有物的代位，就是保險人於賠償後，對於保險標的殘餘物，即取得其所有權之謂。例如海上保險，船舶沈沒，保險人於賠償後，即取得該沈船之所有權。火災保險，建築物被焚時，保險人於賠償後，即取得該建築物殘餘物之所有權是。物的代位也叫物上代位，本法雖無規定（德商 859，法保險契約法 38，英海上保險法 79，日商 661 均有規定），解釋上屬於當然。惟此之物上代位與抵押權人之物上代位（民 881）不同，與海上保險之委付制度亦異。

4.保險金請求權的消滅時效　保險人的保險金給付義務，在被保險人或受益人方面觀之，便是保險金請求權。此種權利之消滅時效，依本法第六五條第一項規定:「由保險契約所生之權利,自得為請求之日起,經過二年不行使而消滅。」可知其期間為二年。因保險係屬商事，而商事上之消滅時效，原則上宜採取短期，所以僅為二年。此二年之期間，自得為請求之日起算，所謂自得為請求之日，在此就是保險事故發生之日，因保險事故一經發生，被保險人或受益人即得為保險金給付之請求，所以即從該日起算。惟保險事故雖已發生，倘此等人不知情時，自亦無從請求，所以同條第二項第二款乃又規定:「危險發生後,利害關係人能證明其非因疏忽而不知情者,自其知情之日起算。」例如人壽保險，被保險人死亡時，其子（受益人）適臥病海外，當時未及聞知（或雖聞知其父亡故，但不知其父保有壽險），殆病癒歸來，始悉乃父已故(或始知其父已保險)，則保險金請求權之消滅時效，自應從其知悉之日起算，以免時效早已進行，而陷受益人於不利。惟此僅以其非因疏忽而不知情，且能舉出證明者為限。否則如因過失而不知情，則不予保護，仍應自危險發生之日起算。又在責任保險，危險雖已發生，但受害人如不向要保人或被保險人請求，則要保人或被保險人亦無從向保險人請求，因而其消滅時效之起算點，即不能無異。此依同條第二項第三款規定:「要保人或被

保險人對於保險人之請求，係由於第三人之請求而生者，自要保人或被保險人受請求之日起算。」例如甲運送乙貨物一批，以其運送之責任向丙保險公司訂立責任保險契約，危險發生後，須俟乙向甲提出請求賠償時，甲始得對丙請求，所以甲之對丙請求權，其消滅時效，不能自危險發生之日起算，而應自甲受乙請求之日起算。

第五節　保險契約的變更

一、保險契約的變動

保險契約的變更，就是在保險契約的存續期間內，其主體或內容有所變更，茲分述如下：

㈠**主體變更**　保險契約的主體變更，係指要保人或保險人方面，有所交替而言，其情形如下：

1.要保人方面　依本法第四九條第一項規定，保險契約除人身保險外，得為指示式或無記名式，則保險契約如屬財產保險，要保人方面自得將其契約（實際上為保險單）轉讓於他人。此時依同條第二項規定，保險人對於要保人所得為之抗辯，亦得以之對抗保險契約之受讓人。又依本法第一八條規定，被保險人死亡或保險標的物所有權移轉時，保險契約，除另有訂定外，仍為繼承人或受讓人之利益而存在。此亦屬於主體變更之一種，故上述抗辯之規定，自得準用，而不待言。

2.保險人方面　保險人將其所有保險契約之全部或一部，概括的移轉於其他保險人，也是主體變更。這種情形，多於公司合併或合作社合併時見之。本法對此尚無任何規定，因而移轉之程序如何，是否公告，承繼該項契約的公司或合作社之權利義務如何，是否須經公力之干預，以及要保人可否以此為理由而解除契約等問題，在將來制定本法施行細則，或「保險業管理辦法」時，都應該加以適當的規定才好。在現時如

發生此項問題，倘屬保險公司合併，祇得適用公司法之規定（該法66～71、266）。若屬保險合作社合併，祇能適用合作社法之規定（該法58、59）。

㈡**內容變更** 保險契約的主體依舊，而其內容變更者，亦往往有之，例如因保險標的價值之增加，而要保人要求增加保險金額是。此種要求（屬於要約），當然須經保險人之承諾，始爲有效，但本法爲求實際之便利，並早日確定法律關係，乃於第五六條規定：「變更保險契約之時，保險人於接到通知後十日內不爲拒絕者，視爲承諾；但人壽保險不在此限。」就是要保人變更契約內容之要求，保險人如不同意，即應明白表示，否則自變約要求之通知到達後十日內，不拒絕者，法律上即擬制其已承諾，而變約生效。惟有一例外，那就是人壽保險，因人壽保險如欲變更契約之內容，保險人應有重驗其體格之機會，所以不能適用上述規定，否則對於保險人未免刻苛。

二、保險契約的停止

保險契約停止，就是在契約的存續期間裡，因某種原因，而使契約之效力，處於停止狀態之謂。所謂某種原因，本法特就人壽保險於第一一六條第一項規定：「人壽保險之保險費，到期未交付者，除契約另有訂定外，經催告到達後逾三十日仍不交付時，保險契約之效力停止。」可知人壽保險契約原則上因保險費之給付遲延，可停止其效力。至其他保險本法雖無明文，解釋上亦應如此。

其次，保險契約效力停止後，縱有保險事故之發生，保險人亦不負給付保險金之責任。但要保人可在一定條件下（例如繳足所欠之保險費），要求恢復保險契約之效力，如經保險人之承諾，自得恢復。不過本法爲謀實際之便利，並早日確定法律關係計，於第五六條規定：「……恢復停止效力之保險契約時，保險人於接到通知後十日內，不爲拒絕者，視爲承諾；但人壽保險不在此限。」就是要保人復約之通知，保險人如不承諾，

應予明白拒絕，否則超過十日，法律上即視為承諾，而保險契約之效力，便告恢復。唯人壽保險，則屬例外，所以然者，因人壽保險契約效力恢復，本法上另有特別規定之故。所謂特別規定，是指第一一六條第三項：「第一項停止效力之保險契約，於保險費及其他費用清償後，翌日上午零時，開始恢復其效力。」之規定而言。關係人壽保險契約效力之恢復，當然優先適用本項之規定，而不適用「十日內不拒絕，視為承諾」之規定。其次，人壽保險中與保險契約效力停止有關者，尚有一點，就是第一〇九條第二項規定：「保險契約載有被保險人故意自殺，保險人仍應給付保險金額之條款者，其條款於訂約二年後始生效力。恢復停止效力之保險契約，其二年期限應自恢復停止效力之日起算。」

三、保險契約的消滅

㈠**保險契約的無效**　保險契約的無效，就是保險契約雖已成立，但有某種原因，不生效力之謂。所謂某種原因就是無效的原因，有為一般法律行為所通用者，如違反強行法規（民71），或違背公序良俗（民72）都是，有為保險契約所特有者，此種原因很多，茲分述如下：

1. **約定無效與法定無效**　無效，就其原因之來源而分，有約定無效之原因與法定無效之原因兩者。前者就是當事人任意約定之原因，如約定保險費不得欠繳若干，否則契約無效。惟此種約定，亦須不違背本法的強行規定及公序良俗，並明白記載於保險契約方可（保55⑦）。至於後者，本法有規定者如下；①惡意之複保險無效(保37)；②危險不存在之保險契約無效（保51Ⅰ本文）；③死亡保險未經被保險人書面承認並約定保險金額者無效（保105）；④人壽保險，被保險人年齡不實，而其真實年齡已超過保險人所定保險年齡限度者，其契約無效(保122Ⅰ)。這些都是法定的無效原因。

2. **全部無效與一部無效**　無效，就其無效的範圍而分，有全部無效與一部無效兩者。前者保險契約全部不生效力，以上所列者均是。後

者保險契約僅某一部份無效，餘者仍非無效，例如保險金額超過保險標的價值之契約，如無詐欺情事者，除定值保險外，其契約僅於保險標的價值之限度內為有效（保76）是。

3.絕對無效與相對無效 無效，就無效的效果限度而分，有絕對無效與相對無效兩者。前者就是任何人均得主張其無效，以上所舉之無效均屬之；後者僅當事人之一方得主張其無效，而他方則不得主張。例如訂約時，僅要保人知危險已發生，保險人不受契約之拘束（保51 II），也就是說保險人得主張該契約無效，而要保人不得主張；又如訂約時僅保險人知危險已消滅者，要保人不受契約之拘束（保51 III），也就是說，要保人得主張契約無效，而保險人不得主張。

4.自始無效與嗣後無效 無效，以無效開始之時期而分，有自始無效與嗣後無效兩者。前者是保險契約開始即屬無效，如以上所舉之無效都是；後者是保險契約成立後，因某種原因，而失其效力。本法對此用「失其效力」 或「失效」等字樣，例如要保人或被保險人，對於保險標的無保險利益者，保險契約「失其效力」（保17）。又海商法上亦用「失其效力」字樣，如該法第一七四條。

保險契約無效，當事人間如已為給付（如保險費、保險金），則失其給付之原因，應依不當得利之規定，負返還之責任（民179），或更負損害賠償之責任（民113）。惟斯乃原則，例外亦有不如此者，那就是本法第二三條第二項，第二四條第一、二項所定之情形是，凡此已於保險費返還的問題裡述過，這裡不再贅述。

㈡**保險契約的解除** 保險契約的解除就是當事人之一方行使解除權，使契約的效力，溯及的消滅之謂。保險契約的解除，必須基於解除權之行使，因而與合意解除（即以契約而解除契約）既不相同，與契約之撤銷（撤銷係行使撤銷權），亦復不同。

保險契約的解除，既須本於解除權，那麼解除權又由何而來，此可

分下列兩種情形：

1.**法定解除權**　解除權的發生，由於法律之規定者，謂之法定解除權。本法對此有規定如下：⑴因怠於通知之解除：當事人之一方，對於他方應通知之事項而怠於通知者，除有不可抗力之事故外，不問是否故意，他方得據爲解除契約之原因（保57），亦即發生解除權；⑵因隱匿遺漏或不實說明之解除：要保人故意隱匿，或因過失而遺漏，或爲不實之說明，足以變更或減少保險人對於危險之估計者，保險人得解除契約，其危險發生後亦同。但要保人證明危險之發生未基於其說明或未說明之事實時不在此限（保64 II）。如要保人對於某項事實（如患有癌症）而不自知，即使未說明，亦無本條之適用，即不發生法定解除權。以確保要保人之權益，則合於公平原理，亦爲一種新趨向，值得一提，並於八十一年四月二十日修正後公布施行。也就是說，在這種情形下，保險人無解除權。不過此項解除契約權，依同條第三項規定，有一個月及二年之行使期間。逾期不行使，則解除權亦歸消滅，而不得再解除。⑶因違背特約條款之解除：保險契約當事人之一方，違背特約條款時，他方得解除契約，其危險發生後亦同（保68 I）。此種情形要保人或保險人均得因他方之違背特約條款，而發生解除權。此之解除權亦得準用上述行使期間之規定（保68 II）。⑷因超過保險而解除：保險金額超過保險價額之契約，係由當事人之一方之詐欺而定者，他方得解除契約（保76 I），亦即發生解除權。上述之四種解除權，除⑵、⑶兩者，有法定之行使期間外，至⑴、⑷兩者，法律均未定其行使期間，自得適用民法第二五七條之規定。

2.**約定解除權**　當事人雙方如約定於某種事由發生時，一方或雙方有解除權者，自應從其約定。同時並得約定其行使期間。

以上兩種解除權之行使方法，自應以意思表示爲之（民258）。至於保險契約解除之效果，既然溯及的使保險契約之效力消滅，於是乃發生

原狀回復義務 (民 259)，並得為損害賠償之請求 (民 260)。但本法就此設有特殊規定，就是保險契約，如因要保人故意隱匿或因過失遺漏或為不實之說明，而解除時，則：(1)保險人無須返還其已收受之保險費 (保25) (2)如有損害，並得請求賠償，而其賠償請求權，以及回復原狀之請求權(如保險金業已給付，請求返還)，依本法第六五條第一項及第二項第一款之規定：要保人或被保險人對於危險之說明，有隱匿遺漏或不實者，自保險人知情之日起算，經過二年不行使而消滅 (此二年應為消滅時效期間)。

㈢**保險契約的終止** 契約的終止，有廣義與狹義之別，狹義的終止，也叫「告知」，或「解約告知」，乃當事人行使終止權，使繼續的契約關係，向將來消滅之謂，我民法第二六三條所稱之終止，便是此種狹義的終止，其特點在乎當事人須行使終止權，其契約始向將來消滅。至於廣義的終止，則除此狹義者外，尚包括非因行使終止權之終止而言。本法所稱終止，係採廣義。因而本書就保險契約終止，亦分兩點述之：

1.**因終止權之行使而終止** 保險契約的終止，由於當事人行使終止權之情形如下：(1)保險費依保險契約所載增加危險之特別情形計算者，其情形在契約存續期內消滅時，要保人得請求減少保險費，保險人如不同意減少者，要保人得終止契約(保26)。(2)要保人破產時，破產管理人或保險人得於破產宣告三個月內終止契約(保28)。(3)保險契約存續期間，如危險增加，保險人得終止契約 (保 60 Ⅰ 上段一部份)。(4)保險人發現保險標的物全部或一部處於不正常狀態，經建議要保人或被保險人修復後再行使用，而未被接受時，得終止保險契約或有關部份(保97)。(5)人壽保險因保險費之未交，經催告而停止者，保險人亦得終止契約(保116 Ⅳ)。

2.**因終止權行使以外之事而終止** 保險契約非因終止權之行使而終止之情形有：(1)保險人破產時，保險契約於破產宣告之日終止 (保

27)，此種情形，係當然終止，無須要保人行使終止權。(2)保險契約存續期間，如危險增加，保險人得終止契約(行使終止權)，前已言之，但亦得不終止契約，而提議另定保險費，倘要保人不同意者，其契約始爲終止（保60 Ⅰ上段之一部份），此之終止，亦係當然終止，無須行使終止權；(3)保險標的物非因保險契約所載之保險事故，而完全滅失時，保險契約即爲終止(保81)，此種終止亦無須行使終止權，而當然終止。(4)保險事故發生，而保險人給付保險金後，則保險契約當然終止；(5)保險期間屆滿，保險契約，亦當然終止。

以上所列保險契約終止之情形，除保險期間屆滿，保險事故發生，及第九七至第一一六條第四項之終止四者外，餘者(保26、27、28、60、81並參照24 Ⅲ）均有返還終止後已交之保險費之問題或更有損害賠償之問題（保60 Ⅰ但）。

第六節　複保險與再保險

複保險(double insurance)與再保險(reinsurance)性質不同，不可相提並論，特因「複」與「再」兩字之涵義易於混淆，故比較說明如下：

複保險謂對於同一保險標的，同一保險事故，本於同一之保險利益而向不同之數保險人爲重複之保險(保35)。甲以其一所房屋向兩保險公司投保火險，或以其自己爲被保險人向兩保險公司投保人壽險，凡是皆可稱之爲複保險。

再保險異於是。保險人以其所承保之危險轉向同業分擔或轉保，是謂再保險。再保險者，爲保險之保險。

再保險與一般保險相似，同屬保險法上的保險。任何一種保險皆可爲再保險，故保險法以之列入於總則中。

一、複保險

依法律之規定，稱複保險者，爲要保人對於同一保險利益，同一保險事故，與數保險人分別訂立數個保險之契約行爲（保35）。析述之：

㈠保險標的同一；

㈡保險利益同一；

㈢保險事故同一；

㈣保險有效期間同一；

㈤保險契約不同一；

㈥保險人不同一。

1.保險標的同一及保險利益之同一　複保險之保險標的及保險利益須同一，標的若不相同，不發生複保險之問題；若標的雖相同而所具之保險利益爲不相同者，亦不構成複保險。例如，對同一房屋，甲以所有人之利益投保火災險，乙以抵押權人之利益投保火災險，甲乙之保險利益不相同，故二人所訂之契約非爲複保險。

複保險之要保人通常皆爲同一人，若要保人非爲同一人者，其利益自亦不同。同一要保人對於同一標的若有二個不同之利益者，本於權利混同或吸收之原則，僅得就較大一項之利益而爲保險。例如，甲對於同一之房屋有保管使用之權利(本於租賃或使用借貸之利益)，同時亦有抵押權者，若以此項利益而對同一之房屋分別保險者，即爲複保險，應以較小之利益，併入於較大之利益。

2.保險事故及期間同一　複保險之保險事故或危險屬同一種類，易言之，其契約須就同一時間同一危險而爲保險，否則不構成複保險。普通火災保險皆訂明不包括戰爭所致之損害(保32)，若於訂立一個火災保險契約後，復成立一個火險契約，標的與危險均相同，即爲複保險，但若後之保險係就前之保險所未包括之危險（如戰爭之損害）而爲保險者，則不爲複保險。故於普通保險（如火險）外，復保兵險、地震險、颱風險等，因所保之事故不同，故皆不爲複保險。無論情形如何，被保

險人均因標的物之損害，以獲得補償之滿足爲止，不得受多重賠償。

再者，保險事故雖爲同一種類，但所保之時間若不相同者，亦非爲複保險，例如，第一個火險契約期間未屆滿前，又向另一保險公司訂立第二個火險契約，約定自第一個契約期滿之日起生效，既所保危險之期間不同，事故即不相同，理極明顯，不待煩言。

3.保險契約及保險人不同——複保險者謂就同一標的，同一危險，成立二個或二個以上之同類保險契約，故要保人必爲同一之人而其相對之保險人必爲不同之人。若有一要保人以同一之保險標的，同一之保險利益，同一之保險事故，向同一之保險人分別成立數個同類同額保險契約者，是爲超額保險(保72)，應以同一標的同一契約而爲超額之保險者視若一事（保169）。

4.複保險與超額保險——複保險大都爲超額保險，若本爲善意，法律亦不予否定（保38）。

要保人以價值五百萬元之房屋向同一保險人分兩次各投保五百萬元金額之火災險者，爲超額保險(保72)。同是，要保人以價值五百萬元之房屋向甲保險人保火災險五百萬元後，又向乙保險人保火災險五百萬元，兩者共爲一千萬元，是爲複保險，亦爲超額保險，如有詐欺或意圖不當得利的情形時，其（複保險）契約無效（保37）；如出於善意，而又不違反法律所定之條件者，契約雖非無效，但甲乙兩保險人亦僅就其所保之金額，按比例或平均負分擔之責，易言之，即各賠償二百五十萬元。

要保人如以價值一千萬元之房屋向甲保險人投保五百萬元後，復向乙保險人投保五百萬元，既總額並未超出標的物之價值，此項複保險實即爲甲乙兩保險人就同一標的，同一危險而共保，自不能指爲有瑕疵。複保險並不以兩共金額不超出標的之價值爲絕對條件；超出價值之複保險法律上亦往往承認其效，此則與向同一保險人以同一契約爲超額保險者有所不同。例如，甲爲增強保障計，以五百萬元之房屋向甲保險人投

保五百萬元後，又向乙保險人投保五百萬元，若以甲保險人之契約通知乙保險人，復以乙保險人之契約通知甲保險人者，則二個契約可認爲都有效，於事故發生時，各複保險人對實際之損失負平均或比例分擔之責，即就房屋總值五百萬元各分擔二百五十萬元。如契約訂定，甲乙兩保險人各須就所保金額賠償者，則要保人向甲保險人得到充分賠償後，即不得復向乙保險人要求賠償，反之亦同（保38）。

複保險之作用在增強安全保障，預防保險人中有一破產或不能履行其債務時，要保人仍可向他保險人求償，其保障不至於落空。但以兩重之保險費而僅獲得一重之保障，要保者若非爲過度謹愼之人，自然不肯出此。複保險所以只許得一重賠償者，因財產保險旨在彌補要保人之損失，超過實際損失之部份，即非爲其損失，無損失無賠償。

5.條件　複保險之成立，須以他保險人之名稱及保險金額通知各保險人(保36)；若故意不爲通知或目的在意圖不當得利者，其契約無效（保37）。若契約中訂定複保險無須通知各保險人者，對於無此項訂定之保險人仍有爲通知之義務，惟如出於善意且確有不能通知之情形者，不在此限。例如，原已保有火險之貨品，於移轉後，買受人不知先前已存有有效之保險契約，而又爲保險者，則自不能以未爲通知而使複保險失效。

6.賠償　善意之複保險，其保險金額之總額超過保險標的之價值者，除另有約定外，各保險人對於保險標的之全部價值，僅就其所保金額負比例分擔之責，但賠償總額，不得超過保險標的之價值(保38)，所謂「除另有約定外」係指「除約定須就所保金額負全部責任」而言，若是，則對要保人自不生比例分擔之問題。例如，要保人以價值五百萬元之房屋先向甲保險公司保五百萬元火險後，又向乙保險公司複保五百萬元之火險，而甲乙兩公司均約定須就所保金額全部負責者，則於房屋焚毀時，乙公司即須實付五百萬元，不得主張與甲公司各負擔二百五十萬

元。要保人如已向乙公司得五百萬元之賠償者，則甲公司對要保人即無責任。反之，若要保人先向甲公司獲得五百萬元之賠償者，則乙公司亦無責任。

關於甲乙兩公司本身間之攤還問題，如甲乙公司各就金額為保險而總額超過標的價值一倍者，無論有無約定，各應分擔二分之一；如複保險之金額總額未超過標的之價值，而複保險係依比例分保者，則應各依比例負擔，不生分擔之問題。

7.人壽保險　人壽保險皆為定值保險,因人之生命不得估計價值,故無超額保險之可言，於事故發生時，保險人即應按所定保險金額給付，不得查問損失為若何。被保險人若向甲公司保人壽險五百萬後，又向乙丙兩公司各複保五百萬者，甲乙丙三公司各應按五百萬元負全責，不生比例分擔之問題。此乃人壽保險之所以異於財產保險也。

保險法列複保險為總則之第五節(保35、38)，就法之編制言，似於財產保險與人壽保險二者同有其適用，但就作用言，複保險之限制於財產保險，固可收防止超額保險之效，而於人壽保險則不但毫無實益，抑且將引起不必要之糾紛，將來立法宜澄清之。

甲於八十二年十二月十二日向乙人壽保險公司投保人壽意外險一百萬元，復於八十三年六月十一日向丙人壽保險公司投保平安險（傷害保險）一百萬元，而未在丙公司所提供要保書上填明已向乙公司保有壽險之事實，自亦未填明保險種類、保額及投保日期等聲明事項，被保險人死亡，丙保險人拒絕給付，謂其未將複保險事實告知，影響公司對危險之估計。最高法院，援引保險法第三五條，第三六條及第三七條之規定，以被保險人於向丙公司投保時未將向乙公司投保之前情在要保單上填載，係故意隱匿，丙公司之契約無效（最高院六十六臺上字第五七五號判決）。

上開判決見解，與人身不得以客觀估價之原則似有未洽，示例以資

研究。

二、再保險

(一)**再保險意義** 再保險謂保險人以其所承保之危險轉向他保險人爲保險之契約（保39），俗稱「轉保」或「分保」，係保險同業者之間分散危險之方法。任何一種保險皆可爲再保險，故保險法以之列作第一章總則第六節。

再保險應以原保險契約爲基礎。故人壽保險之再保險仍不失爲人壽保險，財產保險之再保險仍不失爲財產保險。再保險，依其性質，由各該專業者辦理，易言之，人壽保險之再保險以人壽保險之同業爲限，財產保險之再保險人以財產保險業之同業爲限。但財政部以行政措施特設之中央再保險公司，兼營財產保險及人身保險之再保險業務。

再保險之功用，在使承保之危險雖在保險業者之間亦有分散消化之途徑。保險人，於承擔某項危險後若覺責任過重，即以其保險之一部或全部，依契約轉移於同業，以輕負擔。通商大埠，價值億萬之財產，由一家保險公司承保後，十九即轉向資力雄厚之保險商一家或數家爲再保險。故再保險在保險業幕後，甚形活躍，收鞏固保險業經濟基礎之宏效，一良制也。

再者，保險事業之經營，有賴於經驗及統計之蒐集利用。一家保險公司，無論其業務如何繁盛，究屬範圍有限，統計資料欠足，無從準確估計其危險並算定其費額，惟有藉再保險之途徑，同業者乃能交換情報及資料，共謀事業之合理發展。小額保險勿論，金額較鉅者，謹愼之保險人未有不以其中百分之若干，分轉於國內外保險同業，以收通力合作之效，故保險契約雖由一保險人出面簽訂，而其內幕實爲多數「共保」。國際間，亦如是。在一國所訂之保險契約，可能在遠方他國之保險公司亦分潤其保費之一部份並分擔其危險之一部份也。

保險業所最忌者厥爲危險及損失之集中。鉅額資金之財產若由一保

險公司承保而不轉分於他保險公司者，則危險與損失集中，殊與保險在
分散危險之旨背馳。例如，價值億萬元之巨船，由一保險公司單獨保險
者，若此船失事，該保險公司即須傾罄以赴，甚至因而破產。又保險事
業之經營全憑統計：夏季印度洋之失事率爲千分之若干，多季北大西洋
之失事率又爲千分之若干，必須聯合世界各國之航商及保險業者之經驗
及資料以爲參證統計，非一家保險公司獨力所能辦到。再保險輔導現代
保險事業，使之趨於科學化，厥功甚偉，非徒重在損失之分擔而已。我
中央再保險公司之設置，其任務如此。

　　㈡**權義關係**　本法第三九條規定：「再保險謂保險人以其所承保之危
險，轉向他保險人爲保險之契約行爲。」申述之，再保險爲再保險人依契
約承擔原保險人所承保危險之一部，雖與原保險不背馳，但原被保險人
於原保險人與再保險人間之契約則非爲當事人，亦非有可得主張之權利。

　　㈢**再保險之特徵**

　　1.再保險在法律關係上，爲脫離原保險契約而獨立之契約（保40、
41）；

　　2.原保險人不得以再保險人不履行再保險給付之義務爲理由，而
拒絕或延遲履行其對（原）被保險人之義務（保42）；

　　3.再保險人之責任以原保險人之責任爲範圍；

　　4.原被保險人對再保險人無可得主張之權利，亦不得以再保險人
對原保險人應支付之保險金額供其保險金額之清償（保40規定，原保險
契約之被保險人對再保險人無賠償請求權）；

　　5.再保險人不得向原要保人請求交付保險費（保41）；

　　6.原保險人未經再保險人同意，而對原保險人和解者，再保險人
得不受其拘束。但經要保人或被保險人通知保險人參與而無正當理由拒
絕或藉故遲延者，不在此限（保93）。

　　再保險雖爲獨立之保險契約，但其實質內容仍以原保險爲基礎。由

是，火災保險，責任保險等之再保險，自亦準用原保險同一之規定，惟
再保險契約之本身，則仍須依保險法之通則及再保險之規定，成立獨立
之保險。

　　㈣**保險利益**　再保險既爲保險之一種，故亦必有保險利益之存在。
但再保險的保險利益，非即原保險之保險利益；所有人以房屋爲火災保
險者，其保險利益爲所有之房屋，而再保險之保險利益，則爲原保險契
約上的利益(保20)，非房屋也。從是，原保險有效期間爲一年者，再保
險期間不得爲二年，逾此，原保險人即無契約上之利益，故亦無保險利
益；原保險金額爲一百萬元者，再保險可低於一百萬元，不得超過一百
萬元，若超過，則對於超過部份無保險利益。再保險範圍，可小於原保
險，不可大於原保險。

　　㈤**說明與遺漏**　再保險爲保險之一種，故原保險人訂立再保險契約
時，應將原被保險人所爲之說明及與危險有關之通知，轉告再保險人(參
照舊保50)。若原保險人因故意或因過失遺漏或爲不實之說明，足以變更
或減少再保險人對於危險之估計者,再保險人得據以解除再保險契約(保
64)。

　　㈥**範圍**　再保險人於原保險人對原被保險人負有賠償責任時，應即
對原保險人負賠償之責，除契約另有訂定外，不以原保險人實際支付保
險金額爲其責任發生之條件。故再保險在性質上仍爲補償損失之契約，
若原保險人對原被保險人負有五十萬之責任，而以三十萬了結者，再保
險人之責任亦以三十萬元比例分攤爲限。

　　再保險人與原被保險人之法律關係，各依契約之所定，分爲下列四
種：

　　　1.再保險若單純爲原保險人與再保險人間之契約(保40、41)，而
原被保險人就再保險契約無可得主張之權利者，則於原保險人破產時，
再保險人債權屬破產財團，原被保險人，除對責任準備金部份外，僅得

以普通無擔保債權人參與分配，如上所述；

　　2.再保險若以契約明定對原被保險人直接負責者，則原被保險人，既得對原保險人主張權利，亦得對再保險人請求賠償，獲有兩重之保障，卻不得有兩重之賠償；但事例極少（違反保40者，依同法54但，仍為有效）；

　　3.原保險人如以其契約上之義務移轉於再保險人者，依債務移轉之規定，非經原被保險人承認不生效力（民301、302）；

　　4.再保險人，若概括承受原保險人之財產或營業及負債，或與原保險人營業合併者，則再保險人對原被保險人直接負其責任。若是，其契約即非為保險法上之所謂再保險。

　　揆諸現行保險法之規定（保40～42），再保險人與原保險人（再保險之被保險人）間及原保險人與原被保險人間，是兩個各不相干的法律關係。原保險人對再保險人之權利，原被保險人不得主張；從而，再保險人付與原保險人之金額亦不得指為係對原被保險人之給付。原保險人如有對第三人代位行使之請求權時（保53），該第三人不得主張，原保險人所付與原被保險人之金額中有一部份係得自再保險人，而遂謂代位請求之數額為超過實際賠償之金額（參照最高院六十八年訴更（一）字第二○○號判決）。

　　舉例闡述之：

　　甲保險公司與乙被保險人成立火災保險契約，就乙之房屋承保一千萬元後，以其承保金額分出五百萬元向丙公司轉保，成立再保險契約。如是，甲與乙間有契約關係，丙與乙間則無契約關係，乙不得向丙請求賠償，丙亦不得向乙請求支付保險費。同是，乙之房屋若被第三者丁侵害而焚燬時，若甲對丁起訴，丁自不得抗辯乙支付之賠償金一千萬元中有五百萬元係再保險人丙所分攤，乙實際只賠五百萬元，故依損失保險之理論，僅就五百萬元部份負責。

　　侵權行為者對被害人，不得以被害人曾就損毀之財產為保險，而抗辯其損失應可取償於保險人而主張減免其賠償責任。同是，亦不得抗辯，原保險人代位行使請求權時，主張再保險之利益歸屬於侵權行為人。果可如此，則天下大亂。要之；侵權之加害人所不得對抗被害人之事由，亦不得以之對抗代位權人，最高法院於王晶生上訴新光產物保險公司一案所持異是之見解，似不無商榷之餘地（參閱最高院六十九年臺上字第一五四九號判決）。

自我評量題

　1.試述保險契約訂立過程的程序？

　2.試扼要述明保險契約記載事項的基本條款？

　3.試簡單扼要說明保險契約上記載事項的特約條款？

　4.特約條款的效力如何？試述明之。

　5.試自保險契約的效力，釋明要保人的義務？

　6.試自保險契約之效力，述明保險人的責任？

　7.試述保險契約的「主體變更」與「內容變更」？

　8.試述保險契約的終止？

　9.試述保險契約之法定解除權與約定解除權？

　10.試釋明複保險與再保險？扼要說明之。

第四章　財產保險

摘　要

　　本章在法典上爲第三章自第七〇條至第一〇〇條的部份。法典上分火災保險、海上保險、陸空保險、責任保險及其他財產保險五節，而本書則多加一節輸出保險——加以介紹及論述。

　　首先說明火災保險是對於由火災所致保險標的物之毀損或滅失，負賠償責任的保險，有定值與不定值保險，動產與不動產保險等種類。火災保險自十八世紀以後方發展，主張起源於德國的火災保險，偏於公營保險，而主張起源於英國的火災保險，即着眼於私營保險。時至今日，火災保險的制度爲各文明國所仿效，並普及於全世界，火災保險的範圍也愈見擴大，日益發展。

　　海上保險，在法典上編在海商法(海 166～193)。我國海商法，將海上保險列爲其中一章(第九章)，所列都是屬於海上保險的規定，該一般性的保險規定，則仍以普通保險法爲準(海 166，保 84)。本章參酌英國海上貨物保險條款分海上保險種類、保險標的、保險利益、保險責任的開始及期間、危險的範圍、單獨海損與共同海損、全部損失及委付、時效，及期限等項分別說述。

　　陸空保險，通常指陸上、內河，及空中的財產保險，分爲運送工具的保險及貨物運送的保險。實際上以貨物運送的保險比較重多，俗稱「陸上運送保險」。而運送工具的保險，則另有船舶保險、航空器保險、汽車

保險等項目。至於有關旅客安全的保險，亦另有責任保險、傷害保險等各以其屬類的契約訂定，其內容與保險的基本原則相符合，並不違背法律強制或禁止的規定，則得自由定其範圍。

航空保險，航空運送保險，通常皆用海上運送保險單而附黏「航空條款」適用，另外也有所謂「航空全險」條款，可見現在國內航空保險，原則上適用陸空保險的規定。

責任保險，屬於財產損失保險，此項所指的「責任」是民事法律上的賠償責任，就是被保險人於經第三人提出請求時，依法有無可諉卸的賠償責任的責任。至於公法上的責任或道義上的責任，除因而發生民事賠償責任以外，不發生「責任保險」的問題。

其他財產保險，爲不屬於火災保險、海上保險、陸空保險及責任保險的範圍，而以財物或無形利益爲保險標的之各種保險。其類別以保險標的及以保險事故爲準可分成數種類。其他財產保險準用保險法規有關的規定。

輸出保險，爲鼓勵發展輸出(出口 export)貿易，保障出口商因輸出貿易所遭受到的信用危險、政治危險，及銀行辦理輸出融資不能回收的危險等，中國輸出入銀行，依據民國六十八年九月二十日財政部號令公布的「輸出保險辦理規則」辦理。除輸出融資保險，託收方式(D/P、D/A)輸出保險，中、長期延付款輸出保險外，還有海外工程的輸出保險等。今後，爲配合實際需要，將可見各種因應時代需要的保險陸續出爐。

第四章　財產保險

第一節　火災保險(Fire Insurance)

一、火災保險的意義及種類

㈠**火災保險的意義**　我國保險法第七○條至第八二條訂有火災保險的規定，但法條上並未規定火災保險的定義。惟一般都認爲火災保險是對於由火災所致保險標的物的毀損或滅失，負賠償責任的保險的一種。亦可分析說明如下：

1.火災保險是保險的一種　是一種最重要的保險。保險一向以水險、火險及壽險爲三大保險。火災保險並可適用本法總則章及保險契約章的各種規定。

2.火災保險是對於保險標的物的毀損滅失，負賠償責任的保險　火災保險的標的物是「物」，而非人身，所以屬於財產保險。「物」是指動產與不動產，故可分爲動產火災保險與不動產火災保險。惟不似海上保險僅限於動產的保險，亦不似人身保險之不以損害賠償爲絕對必要。

3.火災保險是對於由火災所導致的毀損滅失負賠償責任的保險　火災保險特別注意保險事故的特殊性。即火災保險的「保險事故」限於單一的「火災」，與海上保險，以海上的一切事變及災害爲保險事故的情形（海169），大不相同。所以海上保險屬於綜合性的保險，而火災保險則不然。何謂「火災」？說法不一。

㈡**火災保險的種類**

1.動產火災保險、不動產火災保險　火災保險以保險標的物的不同，可分爲：

(1)動產火災保險　動產火險就是以動產爲保險標的的火災保險。動產乃不動產以外之物(民67)。凡屬動產原則上都可以爲火災保險之標的物，但不得爲火災之標的者亦有之。

(2)不動產火災保險　不動產火災保險就是以不動產爲保險標的的火災保險。不動產謂土地及其定著物(民66)，但得爲火災保險之標的者，應以定著物爲限，土地無投保火險之必要。所謂定著物，如家宅、工場、倉庫、橋樑等都是。其詳後述之。

以上兩者區別之實益，在乎動產火災保險之方式爲之，而不動產火災保險則多以個別保險之方式爲之。本法第七一條第一項規定：「就集合之物而總括爲保險者，被保險人家屬、受僱人或同居人之物，亦得爲保險標的，載明於保險契約，在危險發生時，就其損失享受賠償。」這是因一家之中，家屬多人，不免各有財物(動產)，若分別投保，則數額甚微，手續過繁，所以不如由其家長或其他之一人出面訂立集合保險契約，而將其家屬、受僱人或同居人之物，亦作爲保險之標的，於保險契約中載明。於是遇有火災發生時，其家屬、受僱人或同居人亦得獨立的就其損失，享受賠償。如此殊屬便利。此種保險之要保人既爲自己之利益而投保，復兼爲其家屬、受僱人或同居人之利益而投保，所以本法同條第二項規定：「前項保險契約，視同並爲第三人利益而訂立。」可知此種保險契約同時具有「爲自己利益的保險契約」與「爲他人利益的保險契約」之雙重性質。

2.定值火災保險、不定值火災保險　火災保險以其標的物價值，於訂約時是否已約定爲標準，可分爲：

(1)定值火災保險　本法第五〇條第三項規定：「定值保險契約爲契約上載明保險標的一定價值之保險契約」，前已言之。此項契約，如用

之於火災保險，就是定值火災保險。本法第七三條第一項規定：「保險標的，得由要保人，依主管機關核定之費率及條款，作定值之要保。」便是揭明此旨。所謂「主管機關」，於此當指財政部而言（保12），所謂「核定之費率」，指主管機關依本法第一四四條規定所核定之保險費率而言，所謂「條款」，應指本法所定保險契約之基本條款及財政部所訂之「火險保險單基本條款」而言。要保人如依上述之費率及條款，作定值之要保，而經保險人同意時，即可成立定值火災保險契約。

　　　(2)不定值火災保險　　本法第五〇條第二項規定：「不定值保險契約，為契約上載明保險標的之價值，須至危險發生後估計而訂之保險契約。」前已言之。此種保險契約，如用之於火災保險，便是不定值火災保險契約。本法第七三條第一項規定：「保險標的得由要保人依主管機關核定之費率及條款作……不定值之要保」。即係表明此意。火災保險本以不定值者為多（定值者多用於海上保險），此次本法修正，特將定值火災保險與不定值火災保險並列，則要保人自得選擇為之。

　　定值火災保險與不定值火災保險區別之實益，於賠償之計算上見之（保73 II、III）。

　　㈢**火災保險的歷史**　　火災保險的起源如何，向有二說：一說認為起源於德國，一說認為起源於英國。前者主張海上保險起源於羅馬，火災保險則起源於日耳曼，中世紀德國北部就有火災共濟協會(Brandgilde)，一五九一年漢堡有釀造業者百人組織火災救助協會(Feverkontrakt)。此等協會除對於火災之損害，予以填補外，並通融資金。尚非屬於純粹的火災保險。一六七六年漢堡成立總火災金庫，而一七一八年柏林乃有火災保險所之創立，凡此皆為今日火災保險制度之先驅。後者主張火災保險起源英國，英國於一六六六年倫敦大火，次年，醫生尼古拉·巴朋，個人設局辦理火災保險，是為近世火災保險之創始。以上兩說，各有所偏，認為火災保險起源於德國者，乃著眼於公營保險而言，認為

火災保險起源於英國者，係著眼於私營保險而言。

火災保險之發展，乃十八世紀以後之事，一七一〇年，查理斯‧波凡創設倫敦保險公司(Company of London Insurance)，後又改稱永明火險公司(The Sum Fire Office)，具有近代火災保險制度之規模，後爲各國所仿效，於是火災保險制度，乃普及於全世界。時至今日，火災保險之範圍愈見擴大，則火災保險之制度，自更日益發展。

二、火災保險的保險事故

火災保險的特徵之一，在乎以「火災」爲其保險事故，前已言之，然則何謂火災？學者間意見紛歧，有火力說、燃燒說、蔓延說等等，不一而足。通說認爲火災是不依通常用法的燃燒作用，所致之災害。據此可知火災之構成要件有三：

㈠**須有燃燒作用** 火災的第一要件，須有燃燒作用。所謂燃燒作用，係指發生火焰與灼熱而具有破壞力的作用而言。否則如因日曬而變色，發酵而變質，都不能叫做火災。

㈡**須爲不依通常用法的燃燒作用** 火災的第二要件，須爲不依通常用法的燃燒作用。因爲燃燒作用，吾人苟能善於利用，不但不成爲災害，反足以造福人群。所以學者將「火」分爲二種，一爲友火(friendly fire)，一爲敵火(hostile fire)。前者就是吾人依通常用法所利用之火，例如炊爨之火、取暖之火、吸菸之火、信號之火、祭祀之火，以及古人所謂「昨日鄰家乞薪火，曉窗分與讀書燈」之火都是。這些火都是依通常用法供吾人利用，裨益於吾人之生活者甚大，雖亦有燃燒作用，但屬於友善之火；後者，就是不依通常用法而起之燃燒作用，例如上述之火，偶因吾人之不愼，致逸出其用法範圍之外（燃燒之紙菸，夾在指間，爲友火，若抛棄積薪之菸，以致起火，則變爲敵火）者便是。這時候，其火即成爲不依通常用法而燃燒，如因而成災，便是火災。

㈢**須釀成災害** 這是火災的第三個要件，火雖不依通常用法而燃燒，

但並未造成災害時，仍不能叫做火災，例如古人所謂「野火燒不盡，春風吹又生」，像這種燎原之火，雖不依通常用法而燃燒，但對於吾人毫無災害可言，所以不能做爲火災保險的保險事故。那麼做爲保險事故的火災，必須造成災害而後可。所謂災害，就是損害，有直接損害與間接損害之別。前者如焚燬(衣物被焚，化爲灰燼)，煙燻(衣物因煙燻而變色)，燒焦（物體雖未焚燬，但已燒焦而變質）等都是；後者如因救火而毀壞牆壁，或衣物因搶救而破壞，甚至於自火場搶救而出之財物，被人趁火竊去等都是。此等因救火而生之損失，依本法第七○條第二項規定：「因救護保險標的物致保險標的物發生損失者，視同所保危險所生之損失。」無論直接損害或間接損害，一有損害，便成火災，若根本無損害，那就不能成爲火災。

　　具備上列三要件，即足以構成火災。至其發火之原因如何，由於天災（如雷閃），由於人禍（如失火），原則上均非所問，但各有例外。就天災言，如地震、颱風、火山爆發等事故，通常在保險契約裡，都加以除外，而不承保。就人禍言，如戰爭或類似戰爭之行動，通常也都在保險契約裡，加以除外，而不承保。本法第三二條明定：「保險人對因戰爭所致之損害，除契約有相反之訂定外，應負賠償責任」。可見關於戰火，得於契約中，附加除外條款，不予承保。這是因爲關於火災保險事故的範圍，及其所造成損害的範圍，法律上並沒有強行的規定，衹是任意的規定，此點依本法第七○條第一項：「火災保險人，對於由火災所致保險標的物之毀損或滅失，除契約另有訂定外，負賠償之責。」之規定，其中有「除契約另有訂定外」一語，即可知之。

　三、火災保險的保險標的

　　火災保險的保險標的，應以動產及不動產充之，前已言之。然是否任何動產及不動產均得爲火災保險之標的？又除動產及不動產外，尚有其他可充火災保險標的者否？茲分述如下：

㈠**動產** 動產如衣服、傢俱、商品等均得爲火災保險之標的，但下列之物，依慣例保險人均不承保：

　　1.金銀條塊或未經裝鑲之珍珠寶石。

　　2.古玩或藝術作品，其每件數額逾若干元者（此等物品，因屬高價或無價，所以通常不承保，若特予承保時，則以高價品保險稱之）。

　　3.文稿、圖樣、圖畫、圖案、模型。

　　4.股票、證券、各種文件、郵票、印花稅票、錢幣、票據、賬簿或其他商業簿冊。

　　5.爆炸物。

其次動產保險標的物，不以置於屋內者爲限，置於戶外者，如堆煤、積木，亦均得保險。又動產保險多以集合保險之方式爲之。

㈡**不動產** 不動產本包括土地及其定著物，但土地無保險之必要，祇有定著物才得爲保險之標的。定著物以房屋爲主，他若橋樑及其他工作物亦均可投保。房屋不論住宅、商店、工廠、倉庫或戲院等，均無不可。又不限於已完成者，即在建造中之房屋，亦得投保火險。又不動產之部份（民66 II），亦得獨立的爲火災保險之標的，例如樹木或森林是（朝川：五七一頁）。

最後應予說明者，火災保險的保險標的，本以動產及不動產爲限，但近因火災保險範圍的擴大，下列各種也都可以投保火險：

　　1.**房租保險** 就是房主因房屋被焚所致房屋租金之損失，亦得以之爲火災保險之標的。

　　2.**利潤保險** 就是商店或工廠，因火災停止營業或工作，所生之利潤損失，亦得爲火災保險之標的。

　　3.**抵押保險** 就是抵押權人因其抵押物之發生火災，而遭受損失，亦得爲火災保險之標的。

四、火災保險的保險金額與保險價額

㈠**保險金額**　保險金額應載明於保險契約（保 55 ⑤），前已言之。至於保險金額之作用，依本法第七二條上段規定：「保險金額爲保險人在保險期內，所負責任之最高額度。」也就是說保險人之賠償額，最多以保險金額爲限。同時保險費的多寡，也是以保險金額的多寡爲標準而計算。所以保險金額必須約明。至究應約定若干，自得由當事人任意爲之；但亦應在保險標的物之價額，也就是應在保險價額之內，而保險價額通常係依市價估計，所以本法第七二條下段乃有「保險人應於承保前，查明保險標的物之市價，不得超額承保。」之規定，以示注意。

㈡**保險價額**　保險價額(insurance value)就是保險標的物的價額，也就是保險標的物在某特定時期得以金錢估計之價額。保險金額不得超過保險價額，所以保險價額，頗關重要。其估計之時期，有訂約時與損害發生時之別。本法對上述各點兼採之。分述如下：

1.定值火災保險的保險價額　定值火災保險於訂立保險契約時，旣已約定保險價額，並載明於契約（保 50 Ⅲ），那麼這種火災保險的保險價額，便是以訂約時之市價爲準（保 73 Ⅱ），同時依本法第七五條規定：「保險標的物不能以市價估計者，得由當事人約定其價值。賠償時從其約定」。可知保險價額，通常多於不能以市價估計保險標的物之價值時（如以某種古玩爲保險標的物，而此種古玩並無市價）見之。所以在我保險法上定值火災保險，其保險價額之估計方法係採取主觀說，而其估價時期，則以訂約時爲準。

2.不定值火災保險的保險價額　不定值火災保險，其保險價額之旣未定，而僅約明須至危險發生後估計（保 50 Ⅱ），也就是按保險事故發生時實際價值爲標準計算賠償（保 73 Ⅲ參照），那麼這種火災保險的保險價額，其估計方法，便須以市價爲準，所以是採取客觀說；而其估計時期，則以損害發生時爲準；但訂約時，保險人仍應查明保險標的物之市價，不得超額而承保（保 72 下段），自不待言。

㈢**保險金額與保險價額的關係** 保險金額為保險契約的要件，其數額必須約定，而保險價額，則可事先約定，也可以於危險發生後估計。但無論如何保險金額亦不得超過保險價額，所以若認為保險金額屬於契約上的賠償最高限額的話,那保險價額就屬於法律上的賠償最高限額(水口：四八四頁)。那麼兩者的關係如何？言之可得下列三點：

1.全部保險(full insurance) 就是保險金額與保險價額一致的保險，也就是以保險價額全部做為保險金額的保險，所以也叫做全額保險。這種保險既以保險價額全部投保，那麼在定值保險契約，就是以約定的價值為保險金額（保 73 II 參照）；在不定值保險契約，就得查明保險標的物之市價，而參照該市價約定保險金額（注意非約定保險價額）。全部保險於保險事故發生，保險標的物全部損失時(全損)，保險人當然按照保險金額全部賠償，若保險標的物部份損失時(分損)，保險人則按照實際損失為準，計算賠償。

2.超過保險(over insurance) 就是保險金額超過保險價額的保險，所以也叫超額保險。超額保險，法所不許，本法第七二條明定：「保險金額為保險人在保險期間內，所負責任之最高額度。保險人應於承保前，查明保險標的之市價，不得超額保險。」若已構成超過保險時，則其效果如何？這要看超過保險的構成，是否由於當事人的詐欺，而不相同，茲分別說明如下：

⑴超過保險由於詐欺者 本法第七六條第一項上段規定：「保險金額超過保險標的的價值之契約，係由當事人一方之詐欺而訂立者，他方得解除契約。如有損失，並得請求賠償。」所謂保險金額超過保險標的價值之契約，即指超過保險而言，例如保險標的僅一萬元(保險價額)，而約定之保險金額竟為一萬五千元是。所謂由當事人一方之詐欺而訂立者，指超過保險係出於要保人或保險人之惡意而言，例如要保人方面為了取得過分之保險金，或保險人方面為了貪得保險費，而欺騙對方，訂立此

種契約均是。此種由於詐欺而訂立之超過保險契約，易滋流弊（要保人不免毀產易金），所以法律上乃使受詐欺之他方當事人得據以解除契約，如有損失，並得請求賠償(反對解釋，則施詐欺之一方自不得解除契約)。此之規定不論定值火災保險或不定值火災保險，均得適用。

　　⑵超過保險非由詐欺者　超過保險非由於詐欺者，即所謂善意之超過保險是，善意之超過保險來源有二：①訂約時，對於保險標的物之價值誤估，或因過失而未查明市價，致保險金額超過保險價值者，例如保險標的物之市價為一萬元，誤估為一萬一千元，即以此數為保險價額，並同時為保險金額，而訂立定值火災保險契約，或單以此數為保險金額，並約定保險價額至危險發生時再估計，而訂立不定值火災保險契約均是。②訂約後，因保險標的物價值跌落，致形成保險金額超過保險價額者，例如訂約時保險標的物市價為一萬元，保險金額亦為一萬元，尚無超過情事，但訂約後保險標的物價額跌為八千元，致保險金額超過保險價額。以上兩者均屬於無詐欺情事之超過保險，此依本法第七六條第一項下段規定：「無詐欺情事者，除定值保險外，其契約僅於保險標的價值之限度內為有效。」也就是說無詐欺情事之超過保險，其效果因係定值保險抑為不定值保險而不同：①若係不定值保險，其契約僅於保險標的價值之限度內為有效，也就是其超過部份無效，此點與惡意超過保險之得為解除契約之原因者有別。②若為定值保險，則不受影響，仍全部有效。又依本法第七六條第二項規定：「無詐欺情事之保險契約，經當事人一方將超過價值之事實通知他方後，保險金額及保險費，均應按照保險標的之價值比例減少。」因為超過保險既僅於保險標的價值之限度內為有效，所以一經當事人一方將超過價值之事實通知他方後，則保險金額及保險費，均應按照保險標的價值之限度內為有效，所以一經當事人一方將超過價值之事實通知他方後，則保險金額及保險費，均應按照保險標的價值比例減少，以符實際，而昭公允。例如投保火災房屋價值一千

萬元, 保險金額亦爲一千萬元, 而保險費每月一萬元。其後房屋跌價爲五百萬元, 若要保人已將此項事實通知保險人時, 則保險金額應比例減少二分之一爲五百萬元; 而保險費亦應比例減少二分之一爲五千元。惟此項規定, 對不定值火災保險適用, 自無問題, 對於定值火災保險是否亦適用, 頗成疑問。因定值火災保險, 縱已構成超過保險, 若屬善意, 仍全部有效 (保 76 I 下段但), 已如上述, 則此之比例減少保險金額及保險費之規定, 似不能適用 (旣全部有效, 當無比例減少之問題, 故不適用), 但本項 (保 73 II) 又未將定值保險除外, 似又可以適用。法條文義, 殊欠明瞭, 本書認爲如果爲了貫徹定值保險「定值」之意義, 仍應對本項加以縮小解釋爲定值保險不能適用, 亦有謂「定值保險契約中, 如有超過保險之情形, 仍按約定價値爲標準計算賠償一節, 不惟易滋流弊, 恐亦扞格難行。」亦屬的論。所以如爲免除其流弊, 則又應將本項解釋爲定值保險亦包括在內爲宜。可見此一問題, 仍須研究。

此外在複保險時, 亦有保險之情事, 斯時自應依照本法第三八條之規定解決, 前已敍明。

3. 一部保險　一部保險(under insurance)就是以保險價額之一部, 付諸保險的保險。也就是約定之保險金額不及保險標的物價値之保險, 所以也叫不足保險。此種保險之發生, 不外下列兩種情形:

(1)保險契約訂立時, 要保人僅以保險價額之一部投保, 而爲一部保險。要保人所以如此者, 係由於節省保險費, 或由於與保險人約明爲「合力保險」 (保 84)。

(2)保險契約訂立後, 因保險標的物之漲價, 致本爲全部保險, 而變爲一部保險。例如保險價額一萬元, 而保險金額亦爲一萬元之火災保險, 其後保險價額因物價上漲已變爲一萬二千元, 致形成一部保險。

一部保險之效果如何? 依本法第七七條規定:「保險金額不及保險標的物之價値者, 除契約另有訂定外, 保險人之負擔, 以保險金額對於保

險標的物之價值比例定之。」是爲比例分擔主義(principle　of　average)，也叫「比例塡補」，其計算公式爲：

保險價額:保險全額＝損失額:賠償額

設賠償額爲 x，則上開之公式即演變如下：

$$x = \frac{保險金額 \times 損失額}{保險價額}$$

例如保險金額一萬元，保險價額爲二萬元之一部保險，其賠償額若干？尙因標的物係全部損失（全損），抑爲部份損失（分損）而不相同：

　　　①全損　保險標的物全部損失，簡稱全損，則保險價額也就是損失額，此時保險人之賠償額，依上開公式計算爲：

$$x = \frac{10000 \times 20000}{20000} = 10000 \text{ 元}$$

結果其賠償額就是保險金額之全部。於此可見在一部保險，若爲全損時，則保險人，即應按照保險金額賠償，至不足保險價額之部份，則不負賠償責任。

　　　②分損　保險標的物部份損失，簡稱分損，設損失爲五千元，則保險人之賠償額，依上開公式計算爲：

$$x = \frac{10000 \times 5000}{20000} = 2500 \text{ 元}$$

結果保險人祇賠償二千五百元即可，其餘之損失，保險人不負賠償責任。

上列各項賠償額之計算方法，對於保險人應賠還要保人或被保險人爲避免或減輕損害之必要行爲所生之費用，及應負擔證明及估計損失所支出之必要費用之計算，亦適用之（保33 II、79 II）。

又上列各項賠償額之計算方法，如契約另有約定時，則不予適用（保77 但）。所謂契約另有訂定，例如當事人約定，雖屬一部保險，但凡在保險金額範圍內所有之損失，保險人仍應全額賠償。此種保險叫做「第一

次危險保險」(first loss insurance)，也叫「實損塡補契約」(specific policy)，與上述之比例塡補，恰成反對。如上例保險金額一萬元，保險價額二萬元之一部保險，倘爲實損塡補契約，而其損失額爲五千元時，則保險人須照實損額全數賠償(五千元)，而不能依比例賠償。但如係全損時，則賠償額仍以保險金額（一萬元）爲限。

五、火災保險契約的效力

火災保險契約旣爲保險契約之一種，則本法總則及保險契約章有關保險契約之規定，例如要保人的交付保險費義務，危險通知義務，及保險人的賠償責任範圍等問題，對於火災保險契約的特有效力，分項述明之：

㈠保險人的義務

1.損失賠償義務

(1)賠償的計算　本法第七〇條規定：「火災保險人，對於由火災所致保險標的物之毀損或滅失，除契約另有訂定外，負賠償之責。」「因救護保險標的物，致保險標的物發生損失者，視同所保危險所生之損失。」這是關於火災保險人賠償責任範圍的原則規定，至實際賠償時，其賠償額若干，尙須加以計算。計算時，要考慮的重要因素有三：①定值保險契約抑不定值保險契約；②全部保險抑係一部保險；③全部損失抑部份損失。由此三種因素之不同，則其結果自不能無異。茲將上述之因素加以配例，可得八種情形如下表：

定值火災保險
- 全部保險
  - 全部損失（全損）……………………(1)
  - 部份損失（分損）……………………(2)
- 一部保險
  - 全部損失（全損）……………………(3)
  - 部份損失（分損）……………………(4)

$$不定值火災保險 \begin{cases} 全部保險 \begin{cases} 全部損失（全損）……………………(5) \\ 部份損失（分損）……………………(6) \end{cases} \\ 一部保險 \begin{cases} 全部損失（全損）……………………(7) \\ 部份損失（分損）……………………(8) \end{cases} \end{cases}$$

由上表可知賠償額之計算：第一，定值火災保險與不定值火災保險不同；第二，定值火災保險，倘因係全部保險，抑係一部保險而生差異；不定值火災保險亦然；第三，無論全部保險或一部保險，皆因損失係全部損失抑係部份損失而又不相同。茲依表列次序，分別舉例說明如下：

①定值火災保險的全部保險發生全部損失時　本法第七三條第二項規定：「保險標的，以約定價值為保險金額者，發生全部損失……時，按約定價值為標準計算賠償。」例如約定保險價額為一萬元，同時即以此數之全部做為保險金額，若發生全部損失時，保險人即應賠償一萬元是。

惟何種情形，始得謂之全部損失？所謂全部損失，簡稱「全損」，依本法第七四條規定：「第七十三條所稱全部損失，係指保險標的全部滅失或毀損達於不能修復或其修復之費用，超過保險標的物恢復原狀所需者。」這是全損的法定定義，有此規定，以免當事人有所曲解。

②定值火災保險的全部保險發生部份損失時　本法第七三條第二項復規定：「保險標的以約定價值為保險金額者，發生……部份損失時，按約定價值為標準計算賠償。」例如約定保險價額一萬元，並以此數做為保險金額。倘標的物損失五分之一時，則保險人僅賠償二千元即可。

惟何種情形，始得謂之部份損失？所謂部份損失，簡稱「分損」，其定義本法並無規定，解釋上祇有認為凡不構成全部損失者，就是部份損失。

③定值火災保險的一部保險發生全部損失時　此種情形，當依本法第七七條之規定計算之。例如約定保險價額一萬元，而以五千元

做為保險金額之一部保險，倘發生全損時，則保險人應賠償五千元。

④定值火災保險的一部保險發生部份損失時　此種情形，當依本法第七七條之規定計算之。上③所舉之例，若發生分損，而其損失額為三千元時，則保險人之賠償額為：

$$\frac{5000 \times 3000}{10000} = 1500 \text{ 元}$$

⑤不定值火災保險的全部保險發生全部損失時　本法第七三條第三項規定：「保險標的未經約定價值者，發生損失時，按保險事故發生時實際價值為標準，計算賠償，其賠償金額，不得超過保險金額。」例如約明保險金額一萬元，並約明全部保險，但對於保險標的物的價值則約明至危險發生後估計。倘發生全部損失，經估計結果恰亦為一萬元時，則保險人自應照此數賠償。若估價為八千元時，則保險人便該賠償八千元(此時與善意之超過保險同)。若估價為一萬二千元，則保險人就祇賠償一萬元了事（不得超過保險金額，此時與一部保險同）。

⑥不定值火災保險的全部保險發生部份損失時　此種情形，亦應依本法第七三條第三項之規定計算。上⑤所舉之例，如發生部份損失，經估計結果為五千元時，保險人即應按此實際損失額（五千元）賠償之。

⑦不定值火災保險的一部保險發生全部損失時　此種情形，亦應按本法第七七條規定計算。例如就某一標的物為一部保險，約明保險金額為五千元。倘發生全部損失，經估價結果為一萬元(此為損失額，亦為保險價額)，則保險人之賠償額為：

$$\frac{5000 \times 10000}{10000} = 5000 \text{ 元}$$

即應照保險金額全部賠償。可見此種情形，原則上不必估計標的物之價額(除非該標的物之價額，已跌至保險金額之下)，而逕行照保險金額賠

償即可。也就是說不定值火災保險的一部保險與定值火災保險的一部保險(請參照③所述)，若發生全部損失時，其賠償額之計算方法相同，即均賠償保險金額的全部即可。

　　⑧不定值火災保險的一部保險發生部份損失時　此種情形亦應依本法第七七條規定計算。上⑦所舉之例，倘發生部份損失，經估價結果標的物全部價額為一萬元，而該項部份損失實際為三千元時，則保險人之賠償額為：

$$\frac{5000 \times 3000}{10000} = 1500 \text{ 元}$$

可見此種情形亦與定值火災保險的一部保險發生部份損失時相同。

　　(2)賠償的履行　本法第三四條第一項規定：「保險人應於要保人或被保險人交齊證明文件後，於約定期限內給付賠償金額。無約定期限者，應於接到通知後十五日內給付之。」因而關於賠償之履行時期，保險人自應遵照此之規定。申言之，損失無須估計者（如定值保險，發生全部損失時），應於上述期限內給付；損失須估計者（如不定值保險），亦應於上述期限內估竣給付之。然若估計遲延者如何？本法第七八條規定：「損失之估計，因可歸責於保險人之事由而遲延者，應自被保險人交出損失清單一個月後加給利息。損失清單交出兩個月後，損失尚未完全估定者，被保險人得請求先行交付其所應得之最低賠償金額。」此可分兩點述之：①損失之估計，因可歸責於保險人之事由而遲延者，保險人對於賠償金應加給利息，其利率如未經約定，當依法定利率計算。至起息日期應自被保險人交出損失清單一個月後起算。所謂損失清單指火災發生後，被保險人通知保險人時，所附之損失項目表而言。表中應列明受損失之項目，如房屋若干棟，現值若干元，貨物若干件，現值若干元；衣服若干件，現值若干元等。此項清單交出後，保險人應即查勘或另行估計，迅予賠償，若竟拖延不決，則應自交出一個月後，加給利息。②損

失淸單交出兩個月後，損失尙未完全估定者，不僅仍須加給利息，被保險人並得請求先行交付其所應得之最低賠償金額。所謂所應得之最低賠償金額，指業已估計完畢，而保險人方面已無異議之部份，所應得之金額而言。此部份旣無異議，自應先付，至其餘部份，亦應迅速完全估定，早日付淸。

2.*費用償還義務* 保險人對要保人或被保險人所負的費用償還義務有二：

(1)減免損害費用的償還 本法第三三條規定：「保險人對於要保人或被保險人爲避免或減輕損害之必要行爲所生之費用，負償還之責。其償還數額與賠償金額，合計雖超過保險金額，仍應償還」。「保險人對於前項費用之償還，以保險金額對於保險標的之價值比例定之。」此乃關於保險人對於減免損害費用償還之規定，於各種保險均須適用，火災保險尤不例外。本條之解釋已詳見本書，請自行參照，不再贅述。

(2)估證損失費用的償還 本法第七九條第一項規定：「保險人或被保險人爲證明及估計損失所支出之必要費用，除契約另有訂定外，由保險人負擔之。」就是說保險事故發生後，對於標的物損失之證明及估計所生之必要費用，不論由保險人所付出或由被保險人所付出，結果均應由保險人負擔之。因此等費用都屬於保險人業務費用，故應由其負擔。惟此乃原則，倘契約另有訂定者，自應從其訂定。

此等費用旣應由保險人負擔，則保險人自己付出者，自別無問題，若由被保險人所付出者，則保險人自應償還之。其償還數額，在全部保險，原則上自應照其所付出者，如數償還。若爲一部保險，依本法第七九條第二項規定：「保險金額不及保險標的物之價值時，保險人對於前項費用，依第七十七條規定比例負擔之。」例如標的物價値爲一萬元，而保險金額五千元，此項證明估計損失之費用共支出三百元時，則保險人應負擔者爲：

$$\frac{5000 \times 300}{10000} = 150 \text{ 元}$$

因此保險人即應償還被保險人一百五十元。

㈡**要保人的義務**　要保人除有保險費交付義務（保22 I）及危險通知義務（保58、59）以外，在火災保險，尚有不得變更保險標的物之義務。依本法第八〇條規定：「損失未估定前，要保人或被保險人除爲公共利益或避免擴大損失外，非經保險人同意，對於保險標的物不得加以變更。」這是因爲保險事故發生後，保險人須赴現場查勘估價，以爲賠償之標準。所以在損失未估定前不容要保人或被保險人任意變更標的物的現場，以免妨害估計工作之進行，並免去發生湮滅證據等流弊。但此乃原則，尚有三點例外：①經保險人同意者；②爲公共利益者，如房屋被焚，瓦礫塞途，非加以掃除，則有礙公共交通；③爲避免擴大損失者，如房屋一部被焚，半折之樑高懸，如不及早拆除，恐累及其他部份，或墜地傷人，損害擴大。有上述三種情形，要保人或被保險人對於標的物之現場，仍得變更之。

六、火災保險契約的終止

㈠**因全部損失的終止**　保險標的物如全部損失，則火災保險即當然終止。全部損失有由於保險事故（火災）之發生者，亦有由於保險事故以外之事由者(如水患，或房屋因地震倒塌)，由於前者保險契約當然終止，變爲賠償之問題；由於後者保險契約亦當然終止，本法第八一條明定：「保險標的物非因保險契約所載之保險事故而完全滅失時，保險契約即爲終止。」此種終止，保險人雖無賠償問題，但終止後之保險費，除不以時間爲計算基礎者外，已交付者應返還之（保24 III）。

㈡**因部分損失的終止**　保險標的物僅受部份損失時，保險契約雖不當然終止，但保險人或要保人卻有終止契約之權，本法第八二條第一項規定：「保險標的物受部份之損失者，保險人與要保人均有終止契約之權。

終止後，已交付未損失部份之保險費應返還之。」例如房屋被火焚去一部份，保險人自應就此部份先爲賠償，至其餘部份，其契約是否繼續，保險人與要保人均得藉機考慮，倘不願繼續時，則雙方均有終止之權。不過終止後已交付未損失部份之保險費卻應返還。此項終止權須及時行使，因同條第二項規定：「前項終止契約權，於賠償金額給付後，經過一個月不行使而消滅。」此項期間爲除斥期間，不能延長。又同條第三項規定：「保險人終止契約時，應於十五日前通知要保人。」俾要保人考慮另向他保險人投保，但反對解釋，要保人如欲終止契約時，則不受此限制，僅須於上述之除斥期間內爲之即可。

其次雙方當事人如不欲終止契約時，其契約自仍應繼續，此際依同條第四項規定：「要保人與保險人均不終止契約時，除契約另有訂定外，保險人對於以後保險事故所致之損失，其責任以賠償保險金額之餘額爲限。」例如保險金額一萬元，第一次發生部份損失時，已賠償七千元，則第二次發生損失時，最多祇能再賠償三千元爲止。

而第八二條之一修訂：「第七三條至第八一條之規定，於海上保險、陸空保險、責任保險、保證保險及其他財產保險準用之。第一二三條及第一二四條之規定於超過一年之財產保險準用之。」

第二節　海上保險

海上保險，在法律之編制上，列入海商法（海 166～193）。

我國海商法於民國十八年十二月三十日公布，二十年一月一日施行，又於民國五十一年七月二十五日修正公布，同日施行。海上保險爲其中之一章（第九章），所列都是專屬於海上保險之規定，其一般性之規定，仍以普通保險法爲準（海 166，保 84）。

海上保險最早發生在英國。勞易保險會社(Lloyd's Institute)所訂

之海上保險單，爲世界各國所採用。

我國現行海上保險單，以英國勞易保險單爲藍本（如中國產物保險公司之海上保險單），且以英文作成，故於權利義務之確定，除適用海商法及保險法外，尚可參酌英美之海事法例。

海上保險，顧名思義，應屬海洋危險之承擔。本法第八三條規定：「海上保險人對於保險標的物，除契約另有規定外，因海上一切事變及災害所生之毀損、滅失及費用，負賠償之責。」（海 169）可見其範圍初僅限於海上之事變及災害，不屬海洋者不算。惟近世交通發達，國際貿易繁盛，保險範圍亦越益擴大。就我海商法第一條之規定，海及與海相通能供海船航行之水面或水中皆爲海，其意義已與一般人的觀念不同，然此猶指狹義之海而言。現代海上保險所指之「海」，其範圍頗廣，不但與海相接之碼頭、海岸，或貨棧得在其列，即陸上亦往往包括及之。

一、英國海上貨物保險條款

英國海上保險業，採用勞易 S. G.(Ship Goods)保險單已歷多年。一八八二年英人歐溫爵士著「海上保險條款彙編」，經倫敦保險協會增訂，採爲統一之條款，與原始之勞易保險單參用，稱爲協會條款(institute clause)，時代進步，舊有之條款文字晦澀、不適用。一九八一年，英國在國際海事立法作業部(UNCTAD)提出修正「協會貨物保險條款」，自一九八一年一月一日起使用，並自一九八三年四月一日始，以新條款取代舊條款。茲舉形式上一二改進之點如下：

㈠原保險單文字開首"In the name of God, Amen"現改爲"Whereas"

㈡原保險單所用「戰艦」("men of war")，「拿捕許可狀及報復許可狀」("letter of mart and counter mart")等條款，文字古老，廢棄不用。

㈢原「已喪失或未喪失」條款(lost or not lost)、「追索保全」條款

(sue and labor clause)及「放棄」條款(waiver clause)，現均歸併於有關之新條款中。

新條款與舊條款比較，其實質內容，固無重大變更，但新條款簡明扼要，頗能一新耳目。

　　二、海上保險的種類

我國海商法規定海上保險的主要項目有下列四種：

　　㈠船舶（海176）；

　　㈡貨物（海177）；

　　㈢運費（海179）；

　　㈣利得（海178）。

海上保險，得約定標的之一部份，應由要保人自行負擔由危險而生之損失。有此約定時，要保人不得將未經保險部份，另向他保險人訂立保險契約（海171）。但一般海上保險單鮮見有此規定者。

　　三、保險標的

保險標的，為保險契約必要之客體；若無背於法律強制或禁止之規定，凡得以貨幣估價之物或權益，而在航海中可能發生危險者，皆得為海上保險之標的（海167）。

契約如用空泛之詞語，如「船舶」、「貨物」、「運費」、「利得」等者，其實際內容為何，應依保險慣例，予以確定。茲舉其重要者如次：

　　㈠船身（或稱船體）保險(hull policy)　稱「船」者，不但謂「船身」，凡於航行上及營業上必須之一切設備及屬具，除給養品外，皆視為船舶之一部。絞轆、鐵錨、器具、機器，盡包括之（海7、167）。

依英國勞易保險單之記載，「船」之內容為「船身、絞轆、器具、武器、大礮及彈藥、小艇及其他家具(包括給養)」(body, tackle, apparel, ordance, munition, artillery, boats and other furniture)。我國現行船舶保險單亦有同樣之訂定（見臺灣產物保險公司船舶保險單）。

依美國保險單之所載，「船」之內容為「船身、絞轤、船上之器具及家具。」(the body, tackle, apparel, and other furniture of the good ship)，往往包括機器、鍋爐、燃料等。

上述兩種，皆為印成之保險單之內容，仍得由訂約人任意為之增減，美國慣例，凡捕鯨船之捕鯨配備，除另有訂定外，不包括在「船身、索具及器具」以內(Vance Ins, 3rd ed., p. 912)（參照中國航聯產物保險公司漁船船體保險單）。

關於船舶之保險，以保險人責任開始時之船舶價額為保險價額（海176）。

㈡**貨物保險**(cargo policy)　稱「貨物商品」(goods and merchandise)者，指貿易上之物品(即商品)，非屬貿易者，不在其內。船員之衣物，及客船上之行李、糧食及票據，皆非為貨品，但錢幣、金銀、寶石如作貨物運送者，亦得視為貨品。牲口及其飼料，須經特別訂明，始得視為貨品，但其船為專供裝運牲口之用者，則牲口自亦為貨品(Vance, 3rd ed., p. 912)。稱「裝載之貨品」(goods and merchandise laded on the vessel)者，指裝載於艙內之貨物。一九〇六年英國海上保險法解釋規則第十七條規定：「除另有習慣外，凡裝載於甲板之貨物及牲口，須有特別約定，否則不包括於通常「貨品」(goods)以內。」（海27、156）但自貨櫃運送盛行以來，此規定已不受重視。關於貨物之保險，以裝載地裝載時之貨物價額、裝載費、稅捐、應付之運費、保險費及可期待之利得為保險價額（海177）。

㈢**運費保險**(freight)　運費保險，以運送契約所載明之運費額及保險費為保險價額，運送契約未載明時，以卸載時卸載港認為相當之運費額為保險價額。以淨運費為保險標的而其總額未經約定者，以總運費百分之六十為淨運費(海179)。按慣例，運費保險之範圍不僅限於「運費」，凡船舶所有人因特定航行之所得亦屬之。易言之，凡以利用船舶之所得

皆得視爲運費，約言之，有下列各種：

    1.船舶於航程完畢時，所得之運費；

    2.船舶之租金；

    3.船舶所有人利用船舶自載貨物之利得。

    ㈣利得保險(profits)　稱「利得」者，謂貨物到達目的地時可得期待之利益，有定值保險與不定值保險之別。英國法例，凡屬利得保險，均須證明於船舶如期完成航程時，有可期待得之之利益，蓋利得之保險利益在訂約之始尚未存在，不能預爲確定也(Eyre v. Grover, 1808, 3 Camp, 276; Hodgson v. Grover, 1805, 6 East 316)。但美國法例，如爲定值保險，推定貨物於安全到目的地時必有若干可獲之利，故不待證明(Vance, 3rd ed., p. 914)。關於「利得」，我海商法規定，如其保險價額未經契約訂定者，以保險金額視爲保險價額(海 178)。依此規定，若就貨物之利得保險十萬元時，即以十萬元爲保險價額；易言之，若貨物全部損失時，即賠償十萬元。

    四、保險利益

    海上保險，與其他財產保險無異，要保人對於保險標的，須有合法之保險利益，若對之絕無保險利益者，則契約無效 (保 171)。一九〇六年英國海上保險法明定海上保險以保障被保險人實際之利益者爲限，始爲有效(Marine Insurance Act 1906)。故凡憑保險單以證明保險利益者（P.P.I. ＝policy proof of Interest），若不能更進而證明其實際保險利益之存在，均爲無效。茲錄一九〇六年英國海上保險法第四節條文如下：

    ㈠海上保險契約之有賭博性者無效。

    ㈡海上保險契約有下列情形之一者，爲賭博契約：

    1.被保險人無本法所定之保險利益而依保險之本旨亦不期待此項利益之取得者；

　　2.保險單載有「無論利益之有無」，或「除以保險單爲證明外，無需更證明保險利益之有無」，或「保險人不得享有撈救之利益」，或文義相同之條款者；但按情形，無撈救之可能性者，不在此限。

　　又一九〇九年英國海上保險法第一節（關於賭博契約部份）之規定云：

　　㈠訂立海上保險契約，而於標的無直接或間接之眞實保險利益，或於船舶之安全到達無利益，或於標的之安全無利益，或並是項利益之期待亦無之者；

　　㈡船舶所有人所僱用之人而非爲共有人者，關於船舶訂立海上保險契約，載有「無論利益之有無」，或「除以保險單爲證明外，無需更證明保險利益之有無」，或「保險人不得享有撈救之利益」，或文義相同之條款者；

　　其契約應均視爲以海上危險所生之損失爲賭博之契約，違者依簡易刑事審判程序科處六個月以下有期徒刑，得併科勞役，或科一百鎊以下之罰金，其契約上所得之金額沒收。

　　保險契約必有一定之標的，若無標的，則利益及危險皆無所附屬；但標的不必限於訂約當時爲存在，即訂約以後取得者亦無不可；以船舶爲保險標的者，若於訂約之時雙方皆知其船業已滅失者，其契約不成立，但於行將購進之船舶或貨物，先行訂立保險契約者，則於標的取得時，其保險效力即依之而發生，故仍不失爲有保險利益。關於貨物，如「總括保險」及「船名不確定」之保險等類皆是(floating policy)（海 174）。

　　就危險之有無而爲保險者，謂雙方約定，無論船或貨是否滅失(lost or not lost)，保險均應保有其效力；如是，則嗣後縱證明船或貨於訂約之際早已滅失，或早已安全到達者，若要保人確不知其滅失，或保險人確不知其安全到達（保 51 Ⅰ），契約皆不失效；前者，保險人仍應依約給付保險金額，後者，要保人亦仍負支付保險費之義務。反之，如經證

明要保人知危險已發生或船貨已滅失者，要保人即喪失其求償權，而保險人仍取得其保險費；如經證明保險人知危險已消滅，船貨皆無恙者，則保險人應返還其受領之保險費（保51 I）。此條款於一九八三年實施之「協會條款」已予刪併。

海上保險契約如為無記名或指示式者，則於初為無利益，而嗣後取得之者，仍為有利益；初為有利益，而嗣後失之者，仍為無利益。海上貿易，貨物轉手頻仍，習慣上凡以貨出售者，保險契約亦隨之移轉。故除保險契約另有訂定外，保險人雖未同意保險契約之移轉，亦仍對受讓人負保險責任，但對要保人所得主張之抗辯亦得以之抗對受讓人（保18）(Pickersgill v. London Marine Ins. Co., 1912, 3 K.B. 614, 82, L. J.K.B. 130)。

五、保險責任的開始及期間

保險責任（危險負擔）之開始及保險期間，於契約訂明之，英國新協會條款(Institute Cargo Clauses A)有保險期間(duration)之統一規定，英美舊有法律及判例，仍有其適用。契約若未訂定，依下列之規定：

㈠船舶及其設備屬具，自船舶起錨或解纜之時起，至其在目的港，投錨或繫纜之時止；

㈡貨物，自離岸之時始，至其在目的港起岸之時止。

海上保險效力起迄之時間，正如其他保險同，每多爭執，審認時，應依慣例並探求當事人之真意，如有疑義，則作有利於要保人之解釋，並闡述之：

1. 始期　保險契約常訂定，「在某地並自某地開始」(begin at and from)。如「在基隆並自基隆始至橫濱止」。若僅載「自……始」者應自船舶起程（即起錨解纜）時開始；若載「在……並自……始」者，則在起程以前即已開始。

(1)契約載有「在……並自……始」(at and from)者，若其船自他處開來，將再開往他處者，則於其船進港口時，保險效力即開始，但其船於進港時已破壞，非經修理不堪行駛者，不在此限。有某船於進港時已破壞進水，賴抽水以使勿沈，英國愛倫保法官(Lord Ellenborough)判決云：其船實未嘗安然「在港」，故保險效力迄未發生(Parmeter v. Cousins, 1809, 2 Camp, 235)但船雖破壞，而非致命者，則於其進港時，保險效力應即開始。

(2)限程保險(voyage policy)，船舶在其船籍港(home part)而契約載有「在……並自……始」者，若其船停泊於其船籍港爲時已甚久，則保險效力應自其在港內實際作航海之準備時開始。

(3)貨物之保險若訂明「自裝載之時始」者，保險效力自貨物實際裝上船之時開始，由岸上船之間所生之危險，除另有訂定外，不在其內。故由船上之吊鈎起升上船者，在吊鈎上之損失包括之，由岸上之吊鈎起升上船者，在未著船前之損失不包括之。關於貨物之保險，如未確定裝運之船舶者，要保人或被保險人於知其貨已裝載於船舶時，應即將該船舶之名稱及國籍通知於保險人，不爲通知者，契約失其效力（海174），所以使危險與標的定著，俾保險人知其危險承擔責任之開始。依英國慣例，通知不必爲書面。錯誤亦非不可改正，惟須於損失發生以前爲之(Arnould on Marine Insurance, 14th ed., §§ 187-8)。

2.終期 經保險之船或貨在航海中應始終受保險契約之保障，中途因船舶之修理、冰阻、擱淺，或貨物之轉船、入棧，以致耽擱時日者，保險效力，仍予保持，但有特約者，應作別論。

海上保險契約通常訂定，船舶於安全到達(in good safety)目的港二十四小時後效力終止，所謂「安全」，不特指實質上之安全，且亦指政治上之安全而言。有一英國船於到達法國港口二十四小時內，因法國政府命令禁航，被阻逾二十四小時，致受損失，英國法院認爲仍在保險有

效期內。至實質上之安全，亦非謂船舶於投錨繫纜時爲全無傷害，倘其船尚能支持以俟卸貨竣事，並仍能浮起以待修理者，即可謂爲安全到達，但如船已受有致命之傷害，於進港後雖掙扎圖存逾二十四小時，卒至沈沒者，仍非爲安全到達。所定二十四小時應自能投錨繫纜時起算，故如船已在其通常停泊處投錨繫纜逾二十四小時者，雖貨物未能於二十四小時內卸載，亦可謂爲安全到達(Vance, on Insurance, 3rd ed., pp. 916-917)。

關於貨物之限程保險(voyage policy)往往特別約定，其有效期間應自起運地出貨棧時始，迄目的地入貨棧時止(warehouse to warehouse clause)。如是，則保險效力應於被保險之貨物，離去託運人或廠商之貨棧時開始，包括中途通常之起落，以迄於貨物安全進入目的地之貨棧爲止，或自卸載完畢日之午夜起算，滿十五日爲止，若在目的地無特定之卸載港者；則自卸載完畢日午夜起算，滿三十日爲止（見中國產物保險公司海上保險單附加之協會條款，現改用新條款）。

六、危險的範圍

㈠**舊有條款**　保險人對於保險標的物，因海上一切事變及災害所生之毀損、滅失及費用負其責任(海169，保83)，戰爭之危險，除有反對之訂定外，亦包括之（海170）。此爲原則，若無背於法律強制或禁止之規定者，得由當事人任意限制或增廣其範圍。

按勞易英國海上保險單之所定，保險人通常所負之危險責任如下(括弧內所列爲我國標準保險單用語)：

1.海洋之危險(perils of the seas)（海上固有危難）；

2.戰艦（戰爭）(men of war)；

3.火災(fire)；

4.敵人(enemies)；

5.海盜(pirates)；

6.海賊(rovers)（刼匪）；

7.竊盜(thieves)（海賊）；

8.海難投棄(jettisons)；

9.商船執行逮捕令(letters of mart (marque) and counter-mart)（或報復令，指非軍艦間之作戰行爲）（拘捕令及報復拘捕令）；

10.突擊逮捕(surprisals)（與下列一一同）（突擊）；

11.國家之君主、人民，或任何情況或種類之海上奪取(takings at sea)，逮捕(arrests)，禁制(restraints)，扣留(detainments)（扣留）；

12.船長及船員之損害船舶行爲（統稱毀損船舶）(barratry)（在英美法爲犯罪行爲；參照我刑353）（船長及海員違職責行爲）；

13.其他一切之危險、損失，及災難(all other perils, losses, and misfortunes)（及其類似之海難）。

此勞易保險單，英美法官百勒等(Buller, Mansfield, Lawrence)均指爲荒謬而乖理。細按之，其文字實嫌含糊重複，徒以歷史悠久，舉世採用，故其重要性未可忽視。茲就其較顯著之項目，按其確定之意義，闡述如次（一九○六年，英國海上保險法解釋規則 Rules for Construction of Policy）：

(1)海洋之危險(perils of the seas)　所謂海洋之危險，指自海發生，非常且劇烈之危險，或其他與航海有關之特殊危險而言，通常之風浪及自然之消耗，不包括在內。船舶因使用而生之消耗或因船舶年齡衰老而生之虧損，皆非特殊意外之危險；帆蓬破舊，蟲蛀銹爛等損失亦然，保險人皆不負責。

「海洋之危險」(perils of the seas)爲自海發生之危險(of the sea)非謂尋常「海上之危險」(perils at the sea)按諸英美判例，若一船因他船駛過，激動巨大波浪以致覆沒者，爲海面尋常之危險(perils on the sea)。某港於低潮時，船隻常被擱淺，亦爲尋常之危險；但船於靠岸時與

碼頭碰撞致破損沈沒者，爲航行中意外之危險。因非常風浪之激盪，船身顛簸，致所載之牲口互觸致死者，亦爲意外之危險(Vance, 3rd., p. 927)。

　　(2)船長船員之損害行爲(barratry)　船長船員因非法之企圖，未經所有人知情，而爲侵害所有人之行爲者，英美法稱爲 barratry，犯者應受刑事處分，其條件如下：

　　　　①行爲人須爲船長或船員；

　　　　②須有非法之企圖；

　　　　③須爲故意損害所有人之行爲；

　　　　④須爲所有人所不知情；

　　　　⑤須所有人實際受其損害。

　　若不具備前列條件，縱行爲人有重大過失，並應負其他刑事責任，亦非保險契約上之所謂「船員損害行爲」(barratry)。行爲人若與船舶所有人通謀者，非爲「船員損害行爲」，但若行爲人在船上之共有人，而其目的在損害不在船之他共有人者，仍爲損害行爲(Wilson v. General Mutual Co. 1853, 59 Am. Dec. 188)。再者，損害行爲雖不必以蓄意損害船舶所有人爲要件，但其結果則必損及所有人，而爲行爲人所明知而故犯者。若船長違反海港或關稅法規，致船舶被拘捕，所有人被科罰金者，雖意在便利所有人，然其結果損及所有人，故仍爲「損害行爲」。至如挾船私逃、縱火焚燒、鑿孔、私賣船貨、侵占捲逃、或將應裝載於艙內之貨物故意裝載於甲板等行爲，皆可目爲「船員損害行爲」(Vance, 3rd ed., p. 929)。一九八三年新協會條款改稱爲「故意不法行爲」(wilful misconduct)，而涵義同。

　　(3)竊盜(thieves)　英國法例，海上保險之所謂「竊盜」指船外人之強盜行爲而言；但美國法例，船員及旅客之偷竊行爲亦屬之(Atlantic Ins. Co. v. Storrows 1835, 5 P. 285)，外來的強盜則稱爲(as-

sailing thieves)。海盜(pirates)，除眞正之海盜行爲外，尚包括船員旅
客之「譁變」(mutiny)，及岸上暴徒之襲擊。

(4)商船執行拘捕令或報復令(letters of mart and counter-
mart) 此爲政府授權商船，逮捕他國船舶，或爲報復(reprisal)之行爲，
現無此事例。新訂協會條款已予刪除。

(5)捕獲、拘捕、及禁制 (強制停泊) (captures, arrests,
restraints) 凡是種種，均爲戰時或平時國際間有非常之變故時，主權者
(sovereignty)，或執政者命令執行之處分，保險單上通稱「君主或人民
之海上奪取、拘捕、禁制、及扣押」。(takings at sea, arrests, restraints
and detainment of all kings, princes, and people) (參照航聯保險
公司漁船船體險保險條款 10)，換言之，即國家或握有政權者所爲之行爲
是也。船舶在海上航行時，遇國際風雲緊急，或戰爭爆發，猝不及防，
每易遭受交戰團體之干擾，或以違背封鎖或禁航命令，運輸違禁物等事
由，依國際法被逮捕；海上保險，若未經明文除外，應包括此項危險。
惟所謂拘捕係指有上述非常情勢存在之處置而言，若船舶在外國負債或
有不法行爲，經其他地方官署依正常法律途徑而予以拘捕或扣留者，不
在此限。

保險單常以「附加條款」訂明「本保險不保凡因戰爭或類似戰爭之
危險」。所謂「類似戰爭之危險」，在解釋上，應爲直接因類似作戰行動
而發生之危險，如因海洋之危險同時亦因類似戰爭之行動而加重損害者，
尚不能遽指爲即因「類似戰爭之危險」而生之損害。故因戰事關係，船
舶在暗中航行，以致碰撞受損者，非即爲「類似戰爭行動」之結果(Queen
Ins. Co. v. Globe & Butgers Fire Ins. Co. 1924, 263 U.S. 487)。
反之，因船舶之過失，而觸及「類似戰爭行動」之危險，致生損害者，
爲類似戰爭之危險(Vance, 3rd ed., p. 932)。

(6)海難投棄(jettisons) 航海遇危險時，爲減輕載重量而以貨

物或船具之一部份投棄海中，以保全其餘部份者，謂海難投棄，屬共同海損(general average)，在保險法爲所保險之一種，保險人應負賠償之責；故於危急之際，破壞或投棄船上之桅桿、纜索、器材，以及所載之貨物者，雖出諸故意，保險人亦應負責。依外國判例，海難投棄不以有自然不可抗力之危險存在爲條件，即因敵艦駛近，畏其搜索，將所載之特種貨幣投棄海中，免被逮捕者，亦仍可認爲海難投棄(Butler v. Wildman 1820, 3 Barn. & Ald. 398)。海難投棄之損失，若經保險人賠償者，則共同海損之分配償還權，應移轉於保險人，由其代位行使。

(7)其他海洋危險(all other perils) 此項危險係指與上述列舉，各種危險相類似之其他危險而言。要之，亦即「海洋之危險」。所謂「其他危險」應包括與航海有關之一切外來危險及因意外情事所致之損害，與航海無關者不屬。自然之消耗及因滯留或被保險人之行爲所致者皆不在內(Lord Bram well in Thames & Mersey Ins. Co. v. Hamilton〔1887〕17 Q.B.D. 195, 12 App. Cas. 484-492)。現代船舶保險單多以所謂「英其瑪利」條款(Inchmaree Clause)特約就船舶自身發生之意外事故及船員疏忽所致之危險，亦包括及之。(亦稱全損)

㈡**新協會條款** 自一九八三年新協會條款施行，前述釋例自須有大幅之變更，但英國一九〇六年之海上保險法則屹然未動，舊判例尚不失其效力，而於類似之情形下，仍有變通援用之必要。茲列舉新協會條款參照之；

新協會條款貨物保險A式所包括之危險，列舉如下：

1.包括的危險：

(1)本保險承保標的物所遭受之一切滅失或損毀之危險，但下列(4)、(5)、(6)、(7)各款之危險不在其內。

(2)本保險承保按運送契約之訂定及慣例而算定之共同海損額及海難救助費，而其發生係由於避免任何原因所致之危險者或其發生與此

項危險有關者，但其原因爲下列(4)、(5)、(6)、(7)各款所除外或本契約另有訂定者，不在此限。

　　(3)本保險亦包括被保險人依運送契約「海上碰撞互有過失條款」(both-to-blame clause)，應分攤之負擔。如船舶所有人依此項條款提出請求時，被保險人同意對保險人通知，而保險人有權以其費用爲被保險人作抗辯。

　2.不包括之危險：

　　(4)本保險於下列損失概不承擔：

　　　①滅失、毀損、或費用係由於被保險人故意不法之行爲(wilful misconduct)所致者，

　　　②正常之滲漏、重量或容積之正常消失或標的物正常之消耗，

　　　③因包裝不良或準備不當所致之滅失、毀損或費用(所指包裝包括貨櫃或堆裝車，但以其裝貨係在本保險生效前，由被保險人或其僱用人爲之者爲限)，

　　　④固有瑕疵或標的物本質所自致之滅失、毀損、或費用，

　　　⑤因遲延所致之滅失、毀損、或費用，其因所保危險所致者亦同(上列包括之危險第二款之費用不在本款不包括之列)，

　　　⑥因船舶所有人或經理人、傭船人、或營運人財產不足清償債務(破產)或無力支付而生之滅失、毀損、或費用，

　　　⑦任何人以不法行爲故意造成保險標的物或其一部份之損害或毀失，

　　　⑧使用原子或核子或任何類似輻射線之作戰武器所致之滅失、毀損或費用。

　　(5)本保險對於因下列事故所致之滅失、毀損、或費用，概不承擔：

　　　①船舶無航行力，船舶、小艇、貨櫃、起送車之不適合於保

險標的物之運送，

　　而上述情況爲被保險人或其僱用之人於裝載時所知情者，

　　　　②保險人同意放棄關於船舶無航行力及不適於裝載之默示擔保之主張，但被保險人或其僱用之人知情者，不在此限。

　　　　(6)本保險於下列事故所致之滅失、毀損、或費用概不負擔：

　　　　　①內戰、革命、反叛、叛亂或由而發生之內爭或任何敵對行爲，或由交戰團體主動或被動之任何敵對行爲，

　　　　　②因逮捕、扣押、管收（海盜除外）或由於此種事故而生之結果或因此種之脅迫，

　　　　　③散失之水雷、魚雷、炸彈或遺棄之作戰武器。

　　　　(7)本保險於下列事故所致之滅失、毀損概不承擔：

　　　　　①因罷工、停工、工潮、騷動、或民變所致者，

　　　　　②由於罷工、停工、工潮、騷動、民變之結果者，

　　　　　③由於恐怖份子或政治活動者之行爲者。

　　以上就新舊條款作比較，略示其特色之一斑。此種保險單以英國文字作成而適用英國法例。學者宜就原文研究之。

七、單獨海損與共同海損

　　海上貨物保險通常包括「共同海損分攤之損失」，是即所謂「平安險」(F.P.A.)，其包括單獨海損者爲「水漬險」(W.A.)。現爲有英國新協會條款爲準。單獨海損(particular average losses)，謂無關全體利益而應由利害關係人個別承擔之海上損失。共同海損(general average losses)，謂在海難中，船長爲避免船舶及貨載之共同危險所爲處分而直接發生之損失及費用(海 150～165)。有船自菲律賓裝載椰子，又自中國裝載生絲，開往舊金山。中途椰子起火燃燒，灌水施救，致生絲受水漬損壞。椰子著火爲單獨海損，生絲著水則爲共同海損。蓋前者爲業已注定之損失，而後者爲救護全部船貨而受之損害(Lownds & Rudolf,

Law of General Average, 8th ed., pp. 77-86)。

共同海損，由利害關係人，比例分擔，其計算方法通常約定依「約克安特衛普共同海損理算規則」(The York-Antwerp Rules)定之。此規則歷年有修正。

共同海損之條件如下：

㈠須有於船、貨等全體利益為共同之緊急危險，若非犧牲一部份利益，即無法保全其餘利益之情形；

㈡須為共同利益之計算而自動作一部份之犧牲，或自動以共同之危險移屬於一部份利益（財產）承擔；

㈢須為船長代表全體利益而為之處分；

㈣須其處分為適當、必要，且有效果；

㈤須受有實際之損失。

要之，共同海損為依船長之命令，為保全全體利益，而作必要而有效的局部犧牲。船舶在中途受傷，為保全船貨全部之利益計，而進港為必要之修繕，或於危險中將貨物重行裝載或調整，及海難投棄等皆屬之（海150～165）。

船舶於遇有無法避免之海難時，開上淺灘者，依英國法例，船舶之損害不得視為共同海損，因其未必故意為全體利益作計算也。但美國法例則反是：若於船舶遇難時，船長為救護船貨，自動將船開上淺灘，裝載之貨物終因是而獲救全者，船舶所受之損害，得作為共同海損，向貨物託運人請求攤償(Vance, 3rd ed., p.934)。

船舶自動擱淺之情形有三：㈠船舶已有不能逃避擱淺之勢，船長擇一損害最小之處自行擱淺；㈡船舶遇緊急之危險（如下沈、火災、被追逐），若不自行擱淺，即不免全部利益皆受喪失；㈢船舶在危險中，但損失尚未注定。第一種情形，不認為有犧牲，以其船不因駛上較平穩之淺灘而便處於更惡劣之情勢而可視為犧牲也。第二及第三種情形，則視為

爲全體而犧牲，應准予分攤(Lowndes and Rudolf, General Average p. 166 et seq, Arnould, 14th ed. p. 866)。

保險契約所包括之共同海損分爲二種：㈠因所保船舶或貨物被犧牲而受之直接損失，㈡分攤共同海損之責任。凡是均由保險人依約予以賠償。於第一種情形，保險人於賠償後，依代位權(right of subrogation)取得被保險人之參加分配權。

八、全部損失及委付

㈠**全部損失**　全部損失，有實際的全部損失(actual total loss)與視同全部損失(constructive total loss)之別。凡船舶焚燬、觸礁、沈沒、被捕、沒收，致毫無所剩者，皆爲實際的全部損失；貨物全部損毀或破壞至全無價值之程度者，亦爲實際的全部損失。

全部損失，又有所謂「局部的全部損失」（指數量）及「全部的局部損失」（指本質）之分。船載之牛其中一部份損壞者，爲「局部損失」(Biays v. Ins. Co., 1813, 7 cranch (U.S.) 415, L. Ed. Wheat (U.S.)219, 4L. ed. 75)；但機器一部份損失，致所剩部份無特定之效果者，爲「全部損失」(Great Western Ins. Co. v. Fogarty, 1874, 19 Wall. 640, 22 L. ed. 216)。

「視同全部損失」英美兩國有不同之見解。

依英國法例，船舶雖尙存在，但若在一未保險之局外人觀察，認爲已無修復之價值，而必將逕行委棄者，視同全部損失；或其修理或保全之費用超過全船之價值者，亦視同全部損失。依美國法例，凡標的損壞至所需修理，或保全費用超過其價值百分之五十以上者(50%Rule)，視同全部損失(Vance, 3rd ed., p. 936-937)。我海商法規定，船舶因海損所致之修繕費總額達於保險金額四分之三時，或貨物之毀損或腐壞已失其全價值四分之三時得爲委付(海183～184)；必至此程度，始得視同全部損失。

㈡**委付**　委付(abandonment)謂要保人或被保險人以保險標的物上之一切權利移轉於保險人，而請求給付全部保險金額之權利。標的物如為實際的全部損失者，保險人即應依約賠償，原無委付之可言；惟標的物如為視同全部損失者，要保人或被保險人於知悉所保之危險發生後，得對保險人通知，而以保險標的物委付之(海 182)。有關委付之條文「委付」即「委棄而交付之」之謂。依我國海商法之規定，其條件如下：

第一百八十三條　被保險船舶之委付，得於有下列各款情形之一時為之：

1.船舶被捕獲或沉沒或破壞時；

2.船舶因海損所致之修繕費總額達於保險金額四分之三時；

3.船舶不能為修繕時；

4.船舶行蹤不明，或被扣押(非指通常司法程序之扣押)，已逾四個月仍未放行時。

第一百八十四條　被保險貨物之委付，得於有下列各款情形之一時為之：

1.船舶因遭難，或其他事變不能航行，已逾四個月，而貨物尚未交付於受貨人、要保人或被保險人時；

2.裝運貨物之船舶，行蹤不明，已逾四個月時；

3.因應由保險人負保險責任之損害，於航行中變賣貨物，達於其全價值四分之三時；

4.貨物之毀損或腐壞，已失其全價值四分之三時。

茲析述之：

(1)時間　船舶、貨物，或運費之委付，得於船舶行蹤不明或被扣已逾四個月時為之(海 183～185)。專就戰事危險為保險者，被保險之船舶、貨物，或運費之委付，得在被捕獲或被扣留時為之 (海 186)。

(2)全部及局部損失　委付應以視同全部損失為條件。前列第一

八三條第一款，船舶被捕獲或沈沒或破壞之情形，皆係實際的全部損失，保險人應即負全部賠償之責，不生委付之問題。我海商法所指之委付，似係兼指實際及視同全部損失兩種而言，不無含混（海 182）。委付在原則上應於標的物可視同全部損失時始得為之，但保險單上僅有其中一種標的物發生委付原因時，得就該一種標的物為之（海 187）。此係指可分部份之全部而言。

(3)通知　要保人或被保險人因「視同全部損失」而為委付者，應於知危險發生後，逕即通知保險人(海 190)，不得附有條件(海 187)，俾能為其利益作保全救護之處置。但如保險人已知悉船貨之損失或被變賣者，則依英美慣例，雖不為通知，亦無礙於委付之效力(Boux　v. Salvador 1836, 3 Bing. N. C. 266；　Vance, 3rd ed., p. 939)。保險人受委付之通知後，得為委付之承諾或拒絕；若經承諾，則應於三十日內給付保險金額（海 191），若經拒絕，被保險人得於知悉委付原因發生後四個月內訴求委付（海 193）。

(4)效力　委付之請求，經保險人承諾，或判決有效時，則自發生委付之原因之日起，保險標的物即視為屬保險人所有（海 188），其確定之權義關係，除瑕疵擔保外，與買賣相同。嗣後保險人得任意處分其物，若對第三人有損害賠償請求權者，雖超過其給付之保險金額，亦得主張之。倘行蹤不明或被扣押之船舶於委付後，又安全歸來者，其已委付之船或貨亦仍歸保險人所有（海 189）。任何一方不得藉口船之歸來而撤銷委付，縱其時保險金額尚未給付者，亦同。但雙方另有同意者，可當別論。

(5)給付　保險人應依保險法及海商法一般之規定，就要保人或保險人實際所受之損害，或按定值，負賠償之責。保險金額之給付，應於得為委付之時，由要保人為委付之表示，經保險人承諾或經判決有效，於收到證明文件後三十日內為之（海 188、191）。

㈢「視同」與「推定」　委付須以有可「視同全部損失」之情形存在為條件。「視同全部損失」一語源於西文 constructive total loss，直譯之，為「解釋上的全部損失」或稱之為「視同全部損失」，或「以全部損失論」，蓋於此項情形，雖實際上並非全部損失或並不能證明其為全部損失，但在功用上或價值上已與全部損失無異，若許保險人以其非為實際全部損失而拒絕或減少給付，即有悖乎保險之本旨。

1.推定與視同之區別　「視同全部損失」與「推定全部損失」，法效不同。「推定」是立證問題，「視同」是擬制問題。推定通常皆依法律之規定，如二人以上同時遇難不能證明其死亡之先後時，法律推定其為同時死亡(民 11)；法律上推定之事實，無反證者，無庸舉證(民訴 281)。於有可視同全部損失之情形時，我們只問此情形是否存在，不問其他；如有此情形之存在（例如失蹤滿四個月）即以全部損失論，保險人不得拒卻其契約之履行。但對於法律上「視同全部損失」之情形之是否存在（見海 183、184）則自可爭議。

2.委付之效力　法律規定「委付經承諾或經判決為有效後，自發生委付之日起，保險標的即視為保險人所有」。此規定重在定標的物之權利及危險移轉之日期（海 188）。此船舶失蹤事件為例，委付確定後，其船歸來，雖保險金尚未給付，保險人仍取得其船，被保險人亦仍得要求給付保險金，如非雙方同意，依法不回復原狀。申述之，若於委付後，船舶歸來而又沈沒者，其損失屬保險人。

3.委付之期限　海上保險，於得為委付之時而不為委付者，被保險人僅喪失其法律特別賦予之「委付權」，其契約上之權利義務關係，則屹然不動，被保險人仍得於時效期間，舉證證明實際全部損失而請求保險金。於船舶失蹤事件，如未為委付或因逾四個月的委付期而不得復為委付時，則經過若干時而仍未尋獲時，應推定其為「實際全部損失」，正如自然人之失蹤，以死亡宣告而推定其為死亡。此為「推定的實際全部

損失」(presumed actual total loss)亦即實際損失之推定。「推定」之期間，法國法律規定，於通常航行中失蹤者，爲六個月；於遠程航行中失蹤者，爲一年，英國未規定期間；未定期間者，以相當期間爲期間。船舶從 North Carolina 駛往 London 失蹤經過四年者，法院得認爲推定之時間已足夠而有餘(Green v. Browne (1744)，2 Stronge 1199)。船舶自 Havannah 駛往 Flanders，通常航期爲七個星期，失蹤滿九個月者，已足推定其爲沉沒(Arnould or Marine Insurance, 14th ed., Secs. 813-814)，所謂因失蹤而推定全部損失，推定其船爲沉沒或不存在。推定云者，主張此事實者，不必再舉證，而否定此事實者，則須提反證，不能提反證者，應認其事實爲已證明（民訴 281）。

4.船舶登記法之類推適用　船之失蹤與人之失蹤，事類相同。我國法律對於人之失蹤定有得爲死亡宣告之期間（民 8），而對於船之失蹤則無。但船舶登記法第五十四條第三款規定「船舶失蹤歷六個月或沈沒不能打撈修復時，應申請註銷登記」。船舶經註銷登記，即失其爲「船舶」的法律地位，其爲全部損失應可由是而推定。

5.委付權之喪失　船舶因失蹤而請求「委付」與船舶因失蹤而「請求賠償」，是兩回事，不可併爲一談。前者是本於法定的原因而行使的特別權利，其權利之存續期爲自得爲委付之日起四個月；後者是本於契約的請求權，其時效期爲自得爲請求之日起二年(保 65)。委付之權利喪失時，請求權不消滅。但委付權如經行使而臻確定時，請求權即隨同消滅，自不待言。

船舶失蹤滿四個月後，如其船經保險者，得向保險人請求委付，是爲「解釋上視同全部損失」，若「失蹤」之事實已屬無可推翻者，保險人不得無故而不予承諾，而重信用之保險人亦絕不出此。委付後，失蹤之船歸來時，其船即屬保險人所有，不得以其歸來而翻案。若於得爲委付時起又經過四個月而不爲委付者，則不得再爲委付，此後被保險人只可

以「推定實際全部損失」而請求保險人依契約履行其給付之義務，自得為請求之日起其時效為二年。若嗣後失蹤之船舶歸來，保險人仍可於二年時效完成前請求返還保險金，此與「解釋上視同全部損失」者，法效不同。

九、時效及期限

關於海上保險之一般時效為二年(民65)。保險人對於證明損失之文件有疑義，經要保人或被保險人提供擔保而給付全部保險金額者，若嗣後請求要保人或被保險人返還此項金額時，應自給付後一年內主張之，經過一年其請求權消滅(海191 II、III)。此為特別時效。委付之權利於知委付之原因發生後，自得為委付之日起（如船舶失蹤經過四個月）四個月內行使之（前後八個月，前四個月為「原因期間」，後四個月為「委付期間」。）逾此時間，委付權即告消滅(海192)。此為除斥期間。貨物保險之要保人或被保險人主張貨物受有損害者，應自接到貨物之日起一個月內，將所受損害通知保險人或其代理人，逾期不為通知，視為無損害(海192)。「視為無損害」者即謂無損害，雖嗣後查有損害，亦不得再行主張，此與民法第六四八條之法意相類，可參照印證。

第三節　陸空保險

陸空保險，泛指陸上、內河，及空中之財產保險而言，分為運送工具之保險及貨物運送之保險二類。實際上，此項保險以貨物運送為大宗，統名為「陸上運送保險」(Transport Insurance)。至於運送工具之保險，則另有船舶保險、航空器保險、汽車保險等項目；關於旅客安全之保險，亦另有責任保險、傷害保險等等；各依其類，以契約為之，若其內容與保險之基本原則相合，而又無背於法律強制或禁止之規定者，得自由定其範圍。

一、陸空保險的意義

法文上並無直接規定其定義，但參照本法第八五條以下之規定，認為：陸空保險係保險人對於保險標的物，因陸上、內河及航空一切事變及災害所致之毀損滅失及費用，負賠償責任的一種財產保險。可分為三點說明：

㈠**陸空保險是一種財產保險**　陸空保險之標的是物，而不是人身，所以它是一種財產保險。

㈡**陸空保險是陸上內河及航空運送的保險**　陸空保險是一種運送保險(transport insurance)。此由於本法除第八五條未有運送字樣外，其餘第八六至第八九條或有「交運」，或有「運送」，或有「運費」等字樣，即可知之。不過陸空保險雖屬運送保險的一種，卻與海上保險（也是運送保險的一種）有別，那就是陸空保險，係指陸上運送、內河運送，及航空運送而言，其領域不涉及海上，而海上保險乃以「海上」為範圍，原則上不涉及陸空，所以本法對陸空保險乃特設規定，以資適用。

㈢**陸空保險是一種綜合保險**　陸空保險係對於陸上、內河及航空一切事變及災害所致之毀損滅失及費用，負賠償責任的保險。其保險事故包括甚多(後述)，所以屬於綜合性的保險。此點與海上保險相同，與火災保險相異(火災保險事故限於單一之火災)。不過陸空保險的保險事故，當事人也得以契約加以限制（保85但），斯時自應從其契約之所定。

二、陸空保險的種類

陸空保險依其領域可分為下列三種：

㈠**陸上運送保險**　陸上運送保險指陸地運送之保險而言，如對於火車、汽車所運送之貨物，付諸保險即其一例。陸上貨物運送保險其被保險人常為託運人或貨物所有人，因而與運送人以其運送貨物之責任所為之保險，有所不同。後者屬於責任保險（廣義的）之一種，應不包括於陸上運送保險之內（袁著：一九〇頁意見不同）。

其次，陸上運送保險與陸上保險(non-marine insurance)一語，不可混爲一談，陸上保險乃對海上保險而言，包括陸地上一切保險（如火災保險，人身保險等等）在內，其範圍頗廣，與陸上運送保險僅限於運送方面之保險者，相差甚多。

㈡**內河運送保險** 內河運送保險係指航行內河的船舶、運費及裝載貨物之保險而言。此種保險之領域，因其限於水上，大體言之，與海上保險並無多大差異，所以本法第八九條乃規定：「航行內河船舶運費及裝載貨物之保險，除本節另有規定外，準用海上保險有關條件之規定」。例如關於船舶保險，其保險價額，得準用海商法第一七六條之規定，運費保險之保險價額，得準用海商法第一七九條之規定，貨物保險之保險價額，則得準用海商法第一七七條之規定都是。又海上保險委付之規定，在其他保險雖不準用，但在內河運送保險卻得準用之。

㈢**航空運送保險** 航空運送保險係指航空機運送之保險而言，其領域並不限於空中，即起落時之危險也包括在內，航空保險乃指對航空機之事故所致損害之一切保險而言。其範圍甚廣，航空責任保險及航空傷害保險等等都包括在內。而此之航空運送保險，則不包括斯二者在內，所以較航空保險之範圍爲小。以上三者區別之實益，在乎內河運送保險，可以準用海上保險之規定，餘二者則否。但三者既均屬保險，對於本法第一章總則，第二章保險契約之規定，均適用之，自不待言。

三、陸空保險的保險標的

陸空保險的保險標的物之範圍，本法並無直接規定。而陸空保險既屬一種運送保險，運送保險就其標的物言之，本有廣狹二義。廣義的運送保險，其標的物不但運送的貨物，即運送工具(車、船)、運費及貨物應有利得，都包括在內，我海商法上之海上保險，即採廣義(海176、179參照)，其標的物包括上述四者；狹義的運送保險，其標的物則以所運送之貨物及其應有利得爲限，餘者如運送工具等則不在其內。日商法上運

送保險(669 以下)，即採狹義。又德保險契約法上運送契約(129 以下)，原則上亦採狹義，但關於內河運送保險，則包括運送工具（船舶）之保險在內 (129 II)。同時，由本法第八九條規定分析即內河運送保險標的物之範圍則包括船舶、運費及裝載貨物三者無疑；而由第八六條專就貨物保險，設一特別規定觀之，則陸上運送保險及航空運送保險兩者，其標的物之範圍亦不以貨物為限可知。因此本書認為本法上之陸空保險，就其標的物之範圍言之應採廣義，即與海上保險同其範圍，應包括①貨物及其應有利得之保險，②運送工具（車、船、飛機）之保險，③運費之保險。不過一般情形，究以貨物保險居多。

四、陸空保險的保險事故

陸空保險屬於綜合性保險，其保險事故包括甚多，本法第八五條僅以「陸上內河及航空一切事變及災害」一語概之，並未列舉其種類，在解釋上應有以下各種：

㈠車輛之碰撞、脫軌、傾覆；船舶之碰撞、沈沒、擱淺。

㈡火災、暴風雨、雷閃。

㈢強盜及其他偶然事故。

至於戰爭所致之損害，除契約有相反之訂定外，保險人亦應負賠償責任(保32)，但一般情形保險人對於戰爭之危險，未有不除外者。又地震之危險，通常保險人也不承保，斯應注意。陸空保險雖屬綜合性保險，但當事人不妨以契約訂定，將其保險事故限為一種或二種，斯時仍不失為陸空保險。

五、陸空保險的保險期間

保險期間是保險人責任的存續期間，必須記明於保險契約（保55④），陸空保險也不例外。陸空保險的保險期間，其長短如何，起迄如何，自應由當事人加以約定，但本法就貨物保險之保險期間設有原則性規定，那就是本法第八六條規定：「關於貨物之保險，除契約另有訂定外，自交

運之時以迄於其目的地收貨之時為其期間」。申言之，此期間之起點為交運之時，其迄點為於其目的地收貨之時。所謂交運之時，指託運人將貨物點交於運送人之時而言，至已否裝載，則非所問。所謂於其目的地收貨之時，指貨物到達目的地，由託運人交與受貨人之時而言。在此期間內如發生保險事故，保險人始負責任。惟此項保險期間之規定，並非強行規定，當事人自得以契約另定之。

以上係本法就貨物保險保險期間特設之規定，其餘運送工具之保險，運費之保險，及應有利得之保險，其保險期間如何？法無規定，自得由當事人任意定之，或準用海商法之規定。

六、陸空保險契約的記載事項

保險契約的記載事項，其基本條款本法第五五條設有規定，陸空保險契約除亦應記載各該事項外，尚有其特有之記載事項。依本法第八七條規定：「保險契約除記載第五十五條規定事項外，並應載明左列事項」。所謂左列事項，計分四款，茲分別說明如下：

㈠**運送路線及方法**　運送路線及方法是測度危險程度的重要因素，所以無論陸上運送，內河運送或航空運送都必須載明，運送路線之記載，例如記明由基隆到高雄火車經由山線是；運送方法之記載，例如記明以特快車運送或普通車運送；客貨混合船舶運送，或專以貨船運送是。運送路線及方法，即特關重要，如有變更，將構成危險之變更，此在一般保險契約，保險人本得據為終止契約之原因（保60Ⅰ），但在陸空保險契約，本法設有特別規定，就是第八八條：「因運送上之必要，暫時停止或變更運送路線或方法時，保險契約除另有訂定外，仍繼續有效。」可知運送路線或方法，縱有停止或變更，保險契約仍繼續有效，保險人不得據以終止契約。但其停止或變更應以運送上之必要，而且暫時者為限，否則不能適用本條。又本條非強行規定，如當事人另有約定者，自應從其約定。

㈡**運送人姓名或商號名稱** 個人運送，應記明其姓名；商號運送，則應記明其商號的名稱。至運送人所以必須記明者，是因爲運送人職司運送，與運送之危險有密切之關係，加以依民法第六三四條及第六三六條之規定，運送人對於運送物之喪失、毀損或遲到等情事，原則上應負責任。所以如果因運送人應負責之事由，致發生損失時，保險人對於被保險人爲賠償後，亦可代位向運送人請求賠償（保 53 Ⅰ）。所以必須載明運送人之姓名或商號之名稱，以資依據。

㈢**交運及取貨地點** 交運地點與保險期間之起點有關，取貨地點與保險期間之訖點有關，所以兩者均須記明。

㈣**運送有期限，其期限** 運送期限不獨爲判別運送物是否遲到之標準，而且有時即以其期限爲保險期間（這叫限時保險），所以必須記載於保險契約，以資依據，但運送未有期限者，那就不必記載。

七、陸空保險保險人的責任

本法第八五條規定：「陸上、內河及航空保險人，對於保險標的物，除契約另有訂定外，因陸上、內河及航空一切事變及災害所生之毀損、滅失及費用，負賠償之責。」這是關於陸空保險保險人責任的規定。所謂毀損，指毀壞損傷之情形而言，如貨物因雨淋而變質是；所謂滅失，指全部不存在之情形而言，如貨物被火焚燬，化爲灰燼是；所謂費用，指因保險事故所爲之支出而言，如救護標的物之報酬是。以上三者，除契約另有訂定外，保險人均應負賠償責任。

八、航空保險

航空運送保險，通常皆用海上運送保險單而附黏「航空條款」(air clause)，文曰：

「本保險自航空公司出給收據之時始生效，包括在航空公司內火災之危險，及在用飛機運送中因火災，碰撞或失事墜落所致之滅失或毀損。

貨物破漏之損失不包括之，但因前項原因而致者，不在此限。

　　承保危險於航空公司交付貨物時終止，但無論在何情形，於到達目的地後至遲不超過四十八小時。

　　因遲延或物之固有瑕疵而致之任何喪失或毀損不包括之。」

AIR CLAUSE

This insurance commences from the time the receipt of the Aviation Company is issued, and includes fire risk in their premises and risk of loss or damage occasioned by fire, collision or crash whilst being conveyed by aeroplane.

Excluding risk of breakage unless occasioned by accident as above.

Risk to cease on delivery of the goods by the Aviation Company but in any case not later than forty eight hours after arrival at destination.

Excluding any loss or damage arising from delay or inherent vices.

　　另有所謂「航空全險」條款者(air clause-all risks)，文曰：

　　「本保險承保因任何外來原因所致保險標的上任何實質之滅失及／或毀損，無論滅失及毀損之百分率爲若干，概負其責。

　　承保危險於航空公司在其營業所收到保險標的之時始生效，繼續至航空公司交付該標的時終止，但無論在何情形，於到達目的地後，至遲不超過四十八小時。

　　遇有滅失時，應即作成經公證之賠償申請書對航空公司提出，凡對保險人提出之任何賠償申請應附具上述申請書之副本暨復函。

　　因遲延及物之固有瑕疵所致之任何滅失或毀損，不包括之。

因氣候或氣壓之變化所致滅失或毀損，不包括之。」

AIR CLAUSE (All Risks)

This insurance is against all risks of physical loss &/or damage to the interest insured from any external cause irrepective of percentage.

Risk to commence from time of the interest hereby insured is received at the office of the Aviation Company and to continue until delivery of the said interest by the Aviation Company but in any case not to later than forty eight (48) hours after arrival at destination.

In case of loss, claim in the form of an affidavit must be immediately filed against the Aviation Company and a copy thereof and the reply thereto must accompany any claim presented under this Policy.

Excluding any loss or damage arising from delay or inherent vices.

Excluding loss due to changes of atmospheric temperature or pressure.

由以上觀，國內航空保險，原則上適用陸空保險之規定。但若用海上保險單者，則以海上保險之條款爲基礎，而以航空保險條款爲補充。航空條款之內容概述如下：

㈠**危險範圍** 火災、飛機碰撞、飛機失事，暨除不適於航空保險者外，其他海上保險所包括之一切危險。

㈡**除外危險** 因運送遲延，貨物固有瑕疵，及氣候變化所致之滅失

或毀損，暨除不適於航空保險者外，其他通常海上保險所除外之危險，如戰爭之危險。

　　㈢**一般效力**　自保險標的交與運送人時始，至到達目的地交付時止，至多維持至自到達目的地後四十八小時。

　　㈣**賠償**　賠償之請求應依一般保險之程序，但須先對運送人（航空公司）提出請求，並將此項申請書之副本及復函交與保險人查核，所以保全保險人之代位權也（保53）。

第四節　責任保險

一、責任保險的意義

　　責任保險，為保險人約定於被保險人對於第三人，依法應負賠償責任而受賠償之請求時，負賠償之責的保險契約（保90）。此項保險以被保險人因其行為、過失，或特定法律關係而發生之法律上賠償責任為標的，屬財產損失保險的一種。所謂責任係指民事法律上之賠償責任而言，即被保險人於經第三人提出請求時依法有無可諉卸之賠償責任是，公法上之責任或道義上之責任，除因而發生民事賠償者外，不發生責任保險的問題。因此其意義可分析如下：

　　㈠**責任保險是一種財產保險**　責任保險的保險標的是一種賠償責任，而不是人身，所以不屬於人身保險，而為財產保險的一種。既屬財產保險，則關於財產保險特有之規定，例如本法第五三條關於代位之規定，自得適用。

　　㈡**責任保險是以被保險人對於第三人依法應負之賠償責任為標的的保險**　責任保險的標的，既不是人身，也不是有形的動產或不動產，乃是被保險人對於第三人依法應負之賠償責任。例如汽車發生車禍，撞傷行人，車主對於該被害人應負侵權行為之損害賠償責任。賠償後則車主

之全體財產必形減少，而遭受損失，於是為塡補此種損失，得事先以此種對於第三人（被害人）之賠償責任為標的，而投保責任保險是。此種對於第三人之賠償責任，如不發生，則被保險人固無何種積極的利益，然若發生，則被保險人之全體財產即必減少。可見此種保險，實等於以被保險人的全體財產為標的（火災保險或運送保險則以被保險人的個別的具體的財產為標的），所以也屬於財產保險。學者間嘗將財產保險分為三類，就是①對於特定物的滅失毀損之保險，②對於將來可取得之利益的喪失之保險，③對於發生事故，而須由其財產中為支出之保險。責任保險即具有③之性質。

　㈢責任保險是被保險人受賠償請求時保險人始負賠償責任的保險
責任保險雖以被保險人對於第三人之賠償責任為標的，但若該項賠償責任縱已發生，而第三人不向被保險人請求時，則被保險人仍無損害之可言，從而保險人自不必對之負賠償責任。所以責任保險之保險人於被保險人受第三人之賠償請求時，始對被保險人負其責任。

　以上係責任保險的意義，至於此種保險的效用，乃因社會經濟進步，不僅個人與個人間，因交往的頻繁，而每有對他人負損害賠償責任之事發生(如醫生誤診，致病人死亡，應負責任)；尤其交通機關及其他企業之發達，且因無過失責任主義之倡行，極易釀成損害賠償之事件（如飛機失事，造成傷亡，航空公司縱無過失，亦應負責任），因而為使此等危險分散，俾不致集中於該個人或企業，藉以維持其事業起見，責任保險制度乃感必要。因此種保險乃透過保險業將其危險轉嫁於公眾之最好的方式，所以於今各國無不盛行。

二、責任保險的種類

責任保險依各種不同之標準，可分類如下：

　㈠**個人責任保險、事業責任保險**　責任保險依其保險標的之性質，可分為：

1.個人責任保險　個人責任保險就是以被保險人個人行為所發生之賠償責任為標的的保險，例如：醫師之責任保險，藥劑師之責任保險，汽車司機個人之責任保險等都是。

2.事業責任保險　事業責任保險就是以被保險人事業上所發生之賠償責任為標的的保險，例如：運送人對於運送物所負責任之保險，倉庫營業人對於寄託物所負責任之保險，以及僱主責任之保險，旅店主人責任之保險等都是。

以上兩者區別之實益，在乎後者每關乎公益，因而法律上強制其訂立保險契約者有之。如民用航空法第八二條規定：「航空器所有人應於依本法第十九條聲請登記前，民航業應於依本法第六十一條呈請許可前，依交通部所指定之金額加入責任保險。」即其適例。又本法第九二條亦限於事業責任保險適用，個人責任保險，則不適用。

㈡為自己利益的責任保險、為他人利益的責任保險、為自己兼為他人利益的責任保險　責任保險依其利益之歸屬，可分為：

1.為自己利益的責任保險　為自己利益的責任保險就是要保人為自己利益所訂立的責任保險契約，此種保險契約要保人與被保險人為同一人，發生事故時，賠償金由其自己受領。例如：運送人以其自己對於運送物之責任，訂立責任保險契約是。

2.為他人利益的責任保險　為他人利益的責任保險就是要保人為他人利益所訂立的責任保險契約。此種保險契約，要保人與被保險人非為同一人，發生事故時，賠償金由被保險人受領，要保人不能享受其利益。例如父因其子為藥劑師，而即以其子職業上之責任，訂立責任保險契約是。

3.為自己兼為他人利益的責任保險　為自己兼為他人利益的責任保險，就是同一責任保險契約，要保人為自己利益亦兼為他人利益而訂立。此種契約除當事人自行明定外，本法上尚設有擬制的規定，那是第

九二條規定:「保險契約係爲被保險人所營事業之損失賠償責任而訂立者,被保險人之代理人、管理人或監督人所負之損失賠償責任,亦享受保險之利益,其契約視同並爲第三人之利益而訂立。」適用本條須具備下列之要件:①保險契約須爲被保險人所營事業之損失賠償責任而訂立者,也就是須屬於事業責任保險,若爲個人責任保險,則無本條之適用。②須爲被保險人之代理人、管理人或監督人,例如被保險人爲某公司,則某公司之董事或經理人便是。③須此等人負損失賠償責任,例如依民法第二八條董事應負賠償責任,或依公司法第三〇條公司負責人應負賠償責任便是。合乎上列要件,則其責任保險契約雖爲被保險人自己之利益而訂立,但其代理人、管理人或監督人亦得享受保險利益。例如某運輸公司自爲被保險人而訂立責任保險契約,倘其經理人因執行運送業務而加損害於他人,而他人(受害人)如向公司請求賠償時,公司得向保險公司請求給付保險金;但他人如向經理人請求賠償時,經理人亦得向保險公司請求給付保險金,也就是經理人亦得享受其保險利益。經理人就此責任保險契約,本居第三人地位,所以此種契約,法律上視同並第三人之利益而訂立。

三、責任保險的保險標的

責任保險的保險標的,既不是特定的動產與不動產,也不是人身,而是被保險人對於第三人應負的賠償責任。此種賠償責任須具備下列要件:

㈠**須被保險人對第三人應負之賠償責任** 做爲責任保險標的的「賠償責任」,須爲被保險人對於第三人所應負的賠償責任。此第三人指被保險人以外之任何人而言,惟不包括被保險人自己在內。因而被保險人縱投有汽車責任保險,若該車闖禍,致被保險人自己受傷時,保險人不負賠償責任。

㈡**須屬民事責任** 責任保險標的的賠償責任,須屬民事責任,若被

保險人所應負之責任爲刑事責任，則不得爲責任保險之標的。不過民事
責任與刑事責任，每有競合之情形，斯時其民事責任之部份，仍非不得
爲責任保險之標的。

　　㈢**須爲依法應負之責任** 民事責任本有「依約而生之責任」與「依
法而生之責任」之別，本法上責任保險標的之責任，須屬依法而生之責
任，依約而生之責任，不包括在內。惟「依約而生之責任」與「契約上
之責任」，兩者尚有分別。就是契約上之責任，可分爲：①純粹依當事人
意思而生之契約責任，這才是依約而生之責任，例如依保險契約保險人
對被保險人所負之賠償責任是。②因法律上賦予契約效果而生之契約責
任，此種責任與當事人之意思無關，所以不是依約而生之責任，仍屬依
法而生之責任，例如債務不履行責任，出賣人之瑕疵擔保責任均是。上
述兩種契約上之責任，僅①不得爲責任保險之標的（保險人對被保險人
所負之責任如以之投保，在本法上另設有再保險之規定，即因此之故），
至於②仍得爲責任保險之標的。由此觀之，得爲責任保險標的之責任，
除侵權行爲責任外，尚有債務不履行責任（如運送人對於運送物之責任，
倉庫營業人對於寄託物之責任），及其他依法而生之責任（如瑕疵擔保責
任），其範圍頗爲廣泛。

　　㈣**須爲過失責任** 此責任之發生，須因被保險人之過失始可（其履
行輔助人之過失與自己之過失同視，民224），若因故意，則不在此限。
此點法無明文，但對於被保險人故意造成之損失，則不予賠償，乃保險
法上之大原則，於茲仍應適用。惟既曰過失責任，則過失之種類（重大
過失抑輕過失）如何，在所不問，此點與海上保險對於被保險人重大過
失所生之危險，保險人亦不負責者（海173），有所不同。又過失責任既
須負責，則無過失責任，更應負責，所以無過失責任當然也包括在內。

　　四、責任保險的保險事故

　　責任保險的保險事故，與一般財產保險的保險事故有所不同，一般

財產的保險事故，例如火災保險的保險事故就是火災；海上保險的保險
事故，則爲海上一切事變及災害，這都是直截了當，無何問題，但責任
保險的保險事故則不然，例如被保險人甲，以其對於託運人丙之運送責
任，向保險人乙訂立責任保險契約。結果運送物因運送人甲之過失，致
發生車禍而滅失。於是甲應對丙（在此責任保險契約上觀之，則爲第三
人）負損害賠償責任，當丙向甲請求賠償時，甲即得向乙請求保險金之
給付。在此一連串事實中，究竟何者爲責任保險之保險事故，學說上有
四種見解如下：

㈠**損害事故說**　認爲發生損害之事故，就是保險事故，前例之車禍
便是。其實發生損害之事故，乃第三人（丙）發生損害之事故，並非被
保險人（甲）發生損害之事故，第三人（丙）雖因車禍而發生損害，但
被保險人是否即當然負責，尙成問題，縱令當然負責，而第三人（丙）
是否提出請求，亦成問題，所以吾人不得逕以損害事故爲保險事故。

㈡**被保險人責任發生說**　認爲損失事故發生後，如被保險人依法應
負賠償責任，即爲保險事故之發生，所以被保險人責任之發生，便是保
險事故，前例車禍發生後，查明確係被保險人（甲）過失所致。而被保
險人（甲）依法應負責任，則爲保險事故之發生。反對言之，若雖已發
生損害事故，但被保險人依法不應負責時，則非保險事故之發生。此說
爲日學者之通說，惟在我保險法上有被保險人因受第三人之請求而爲抗
辯，所支出之訴訟上或訴訟外之必要費用，應由保險人負擔之規定（保
91），此不論被保險人勝訴抑敗訴，其費用均應保險人負擔。被保險人敗
訴時無任何問題，被保險人勝訴時，就是被保險人不應負賠償責任，那
麼依上開學說，保險事故不算發生，於是仍使保險人負擔費用一節，便
很難說明。

㈢**被保險人受請求說**　認爲被保險人受第三人之賠償請求時，始爲
保險事故之發生，也就是「被保險人受請求」才是責任保險的保險事故。

至於第三人之請求之是否正當，在所不問。如屬正當，則被保險人應予賠償，保險人自亦應賠償；如屬不正當，被保險人雖勿須賠償，但所支出之訴訟上或訴訟外之必要費用（訴訟上費用，被保險人既已勝訴，本不負擔，但如不可能由敗訴人收回時），保險人亦應負擔，因此種費用，亦屬因保險事故發生而受之損失之故。此說對於由保險人負擔訴訟費用之法理，雖能說明，惟依此見解，則被保險人受第三人之請求，縱其請求之理由並不正當，但被保險人因與之對抗所支出之費用，亦當然由保險人負擔，結果，對於保險人未免苛刻，所以本法乃有第九三條之設，就是許可保險人約定，被保險人對於第三人就其責任所為之承認和解或賠償，未經其參與者不受拘束。但經要保人或被保險人通知保險人參與而保險人無正當理由拒絕或藉故遲延者，不在此限（第九三條但書）。藉資調劑，以期持平。

㈣**賠償義務履行說**　認為被保險人受第三人之請求，乃非保險事故之發生，必須被保險人已對第三人履行其賠償義務時，始為保險事故之發生，斯時始能向保險人請求給付保險金。此說不合實際，因多數立法例，多允許第三人直接向保險人請求，也就是保險人得直接對第三人為賠償金額之給付（保 95 亦然）。可見並不以被保險人先履行賠償義務為保險事故之發生。

以上四說，在我保險法係兼採㈡㈢兩說，就是被保險人依法應負賠償責任，而受賠償之請求，便是保險事故之發生（參照保 90），斯時保險人即應負其責任。不過如何向被保險人給付保險金時，則應受第九四條之限制，這又寓有㈣說之見解。

五、責任保險契約的效力

責任保險契約也是保險契約之一種，其當事人雙方的權利義務，除應適用保險契約一般之規定外，本法就責任保險保險人的權利義務，設有特別規定如下：

㈠保險人的義務

1.賠償責任的負擔　本法第九○條規定:「責任保險人於被保險人對於第三人，依法應負賠償責任，而受賠償之請求時，負賠償之責。」本條明定保險人負賠償責任之時期，至於賠償責任之範圍如何，則未設明文，當事人自得依契約定之。惟責任保險並非以被保險人的特定的具體的財產爲標的，因而此種保險契約原則上無所謂保險價額之問題，保險人祇在所約定的保險金額限度內，免賠償責任而已，因之關於超過保險或一部保險之法則，原則上自亦不能適用，此亦責任保險之特點，應予注意。

2.必要費用的負擔　本法第九一條第一項規定:「被保險人因受第三人之請求而爲抗辯，所支出之訴訟上或訴訟外之必要費用，除契約另有訂定外，由保險人負擔之。」所謂被保險人因第三人之請求而爲抗辯，指被保險人對於因損害事故發生而受害之人的請求，所爲之對抗行爲而言，如應訴是。所謂訴訟上之必要費用，如訴訟費及證人到庭費是。所謂訴訟外之必要費用，如損失估計費用是。此等費用除契約另有訂定外，原則上由保險人負擔。所以如此者，因被保險人對第三人抗辯，實間接爲保險人爭取利益,亦即同於一般保險之避免或減輕損失之必要行爲(保33 參照)，所以因此所支出之必要費用，應由保險人負擔。

上述之必要費用旣應由保險人負擔，故本法第九一條第二項乃又規定:「被保險人得請求保險人墊給前項費用。」是爲被保險人之費用墊給請求權，在保險人方面，則有墊給義務，惟此項費用之墊給，當然以保險人應負擔其費用者爲限，若契約另定，保險人不負擔該項費用時，則被保險人亦不得請求墊給，自不待言。

3.保險金額的給付　保險人旣應負擔賠償責任,自應給付保險金額。其給付之對象，當然須向被保險人爲之，但有時亦得逕向第三人（被保險人對之負損害賠償責任之人）爲之。茲分述如下:

　　⑴向被保險人給付　保險人向被保險人給付保險金,事屬當然,但本法設有限制,即第九四條規定:「保險人於第三人由被保險人應負責事故所致之損失,未受賠償以前,不得以賠償金額之全部或一部給付被保險人」。如前舉運送物滅失之例,當託運人(第三人)丙向運送人甲(被保險人) 請求賠償,運送人甲,固可向保險人乙請求,但乙在甲未對丙履行其賠償義務時(在丙方面觀之,就是未賠償前),即不得給付保險金額之全部或一部。如此庶不致發生被保險人領受保險金後,反不向第三人賠償之情事,藉以保護受損害之第三人,俾其所受之損害,確實得到填補。

　　⑵向第三人給付　保險人可否不向被保險人給付,而直接向被保險人對之負賠償責任之第三人給付,也就是第三人有無直接向保險人請求之權? 學說上意見不一,本法第九五條規定:「保險人得經被保險人通知,直接對第三人為賠償金額之給付。」就是說保險人不當然得直接對第三人給付,而第三人亦不當然對保險人有給付請求權,必須經被保險人之通知而後可。因而被保險人為謀手續之便利,避免收支之勞費,自可通知保險人直接向第三人給付,於是第三人即對保險人有直接請求之權。此點與再保險中,原保險契約之被保險人對於再保險人無賠償請求權者 (保 40 參照),有所不同。

　　㈡**保險人的權利**　本法第九三條規定:「保險人得約定被保險人對於第三人就其責任所為之承認和解或賠償,未經其參預者,不受拘束。但經要保人或被保險人通知保險人而無正當理由拒絕或藉故遲延者,不在此限。」是為保險人之參預權。因被保險人對於第三人就其責任所為之承認、和解或賠償,應否為之,或其數額之多寡,在在與保險人之利益攸關,所以本條明定如未經保險人之參預,則保險人不受拘束。所謂不受拘束者,即其承認、和解或賠償,對於保險人不生效力,保險人不必依其所決定之責任範圍,負賠償之義務。不過此亦以事先約定者為限,若

事先並不約定如此，則保險人對於第三人就其責任所為之承認、和解或賠償，縱未經保險人之參與，保險人仍應受其拘束。

第五節　經主管機關核准之其他財產保險

一、其他財產保險的定義

其他財產保險為不屬於火災保險、海上保險、陸空保險、責任保險及保證保險之範圍，而以財產或無形利益為保險標的之各種保險（保96），惟須主管機關核准者為限（保13）。茲分兩點說明如下：

㈠**其他財產保險係以財物或無形利益為標的**　其他財產保險之標的，須以財物或無形利益充之，人身不在其內，此點與所謂「意外保險」有所不同，因意外保險，其標的除財物及無形利益外，尚包括人身在內。所以其他財產保險祇屬於意外保險的一部份（本法此次修訂，經濟部原提案設有意外保險之規定，惟以主管機關核准為要件，概括規定）。

㈡**其他財產保險係不屬於火災保險、海上保險、陸空保險、責任保險及保證保險範圍之各種保險**　火災保險、海上保險、陸空保險、責任保險及保證保險五者，本法或海商法已分別設有專節，或專章之規定，其他財產保險係不屬於此五種保險範圍之保險，否則若屬各該保險範圍之一時，便不屬於其他財產保險。又其他財產保險乃一概括性用語，並非專指某種保險，乃指上列五種保險外之各種財產保險而言。蓋於現今社會，財產種類繁多，意外事件亦夥，因之保險之種類自亦層出不窮，法律上無法一一規定，於是乃就其他財產保險設有概括性規定，俾上述五種保險外之各種財產保險，均得適用。又其他財產保險亦均屬保險之一種，本法上所設之關係保險通則性規定，均得適用。

二、其他財產保險的種類

其他財產保險，種類繁多，不勝枚舉，茲依下列標準，將其重要者，

分別列舉數種如下：

　　㈠以保險標的爲標準，其他財產保險有如下列：

　　1.玻璃保險　玻璃保險(plate glass insurance)主要以商店櫥窗之玻璃或大建築物之門窗牆壁間彩色玻璃爲保險標的,而因偶然事故(如爆炸、火災)，致發生損壞時，由保險人負現物塡補（換新），或賠償金錢之責任。此種保險之特點，以現物塡補時爲多，以金錢賠償時甚少。又每塊玻璃稍有裂痕，即須全塊換新，所以此種保險無「分損」及「比例塡補」之問題。

　　2.機械保險　機械保險(machinery insurance)有廣義與狹義之別。狹義的機械保險，指就各種機械在開動中，因突發的事故而遭受損害時，由保險人負賠償責任之保險而言。此種保險的保險事故，限於機械本身所生者，其原因由於從業員或第三人之處置不當或其他過失，均非所問。惟不包括火災、地震、戰爭、暴風雨等在內。廣義的機械保險，除狹義者外，尚包括鍋爐(boiler)及其附屬設備的保險在內，例如鍋爐因破裂、壓潰等所生之損害，保險人均予賠償是。

　　3.汽車保險　汽車保險(automobile insurance)乃就汽車車身因碰撞、火災、竊盜及其他行駛中之一切危險所生之損害，由保險人負賠償責任的保險。其保險事故不限於一種，所以屬於綜合性保險。惟汽車保險與汽車責任保險不可混爲一談，後者指汽車行駛中，使他人之身體或財產受損害，而車主對之應負賠償責任而受請求時，由保險人負責賠償之保險，屬於責任保險之一種，與此之汽車保險有別（財政部四十五年核定汽車保險條款）。

　　4.財產壽命保險　財產壽命保險(property life insurance)係就財產之自然消耗所生之減價，予以賠償的保險。例如就房屋、汽車、船舶的折舊，訂立保險契約是。此種保險，因其保險事故欠缺偶然性之一要件，所以是否爲眞正之保險，尚成問題。此種保險，自廿世紀起源於

德國，後乃傳入美國，日本及我國現尚無此種保險。

5.信用保險　信用保險(credit insurance)係以債務人不能履行債務，而受損失爲標的之保險，如商店因恐顧客賒欠貨款，到期不能收回，而以之投保便是。惟信用保險與「信用壽命保險」不同，信用壽命保險(credit life insurance)也就是消費者壽命保險，就是以債務人的壽命爲保險標的，而以債務之償還期間爲保險期間，債務人在此期間內死亡，其所應得之保險金，即以償還其未履行之債務。此種保險應屬於人壽保險，而在分期付價之買賣上，多採用之，盛行於美國，與茲所述之信用保險，不可混合。

除上述五種外，尚有利益保險(profit insurance)、權利保險(title insurance)、保證保險(bond insurance)、農業保險(agricultural insurance)、水管保險(water damage insurance)等等，不一而足。

(二)以保險事故爲標準，其他財產保險尚有下列：

1.原子保險　原子保險(nuclear energy insurance)乃以賠償由原子力危險所造成之損害爲目的之保險，通常以陸上原子爐爲對象，其廣義者尚包括原子力船及原子力航空機之保險。惟此之原子力危險以和平利用時所生者爲限，不包括戰爭時原子力之損害在內。

2.竊盜保險　竊盜保險(burglary insurance)係就盜賊（強盜、竊盜）所致財物之損失（被盜取、毀損或污損），負賠償責任之保險。例如住宅竊盜保險、營業所竊盜保險、銀行竊盜保險等屬之（財政部五十六年核定竊盜損失保險條款）。

3.天候保險　天候保險(weather insurance)係以異常的落雨或日光不足等天候事情，致顧客減少，而營業上發生損失，由保險人負塡補責任的保險，如觀光業者因天候不佳，觀光客減少，致生損失，而以之投保是，此種保險，歐美頗爲盛行。

4.風害保險　風害保險(windstorm insurance)係以塡補因暴

風、颶風、旋風等所造成的財產損害為目的的保險，在歐洲及北美諸國頗盛行，將來我國或有颱風保險出現，也未可知。

　　5.洪水保險　洪水保險(flood insurance)係以賠償因河川湖沼汜濫所致之損害為目的的保險。此種保險每多包括於家宅綜合保險之中，而不另為獨立的保險，但近來已有成為獨立的保險之趨勢。美國現正從事以洪水保險，付諸國營之計劃，其實施或不在遠。除上述者外，尚有戰爭保險(war risks insurance)、地震保險(earthquake insurance)。此兩種通常保險契約，多予除外，若獨立為之，且以財產為標的時，亦應屬於其他財產保險之一種。

　　三、其他財產保險契約的效力

　　㈠保險人的權利

　　1.標的查勘權　本法第九七條上段規定:「保險人有隨時查勘保險標的物之權。」例如汽車保險，保險人得隨時查勘該汽車之引擎及其他機件，並查詢其使用之情形；又如竊盜保險，保險人得隨時查看標的物保管之情形均是。保險人查勘後，如發現全部或一部處於不正常狀態（如汽車引擎故障有危險增加之情形是），並得建議要保人或被保險人修復後，再行使用（同條中段），以免發生事故。

　　2.契約終止權　上述建議，如為要保人或被保險人所採納實行，自無問題。如要保人或被保險人不接受其建議時，則保險人得以書面通知終止契約或有關部份(同條下段)。所謂終止契約指終止全部契約而言；所謂終止有關部份，指標的一部處於不正常狀態，經建議而未接受，即僅終止該部份之契約而言，例如竊盜保險，保險標的物一部份置於無人看守之屋內，保險人發現後建議改善，而竟未被接受，於是保險人自得終止該部份財物之承保。

　　㈡要保人的責任　本法第九八條第一項規定：「要保人或被保險人，對於保險標的物未盡約定保護責任所致之損失，保險人不負賠償之責。」

可見保險契約中，得約定要保人或被保險人對於保險標的物，應盡相當的保護責任，例如竊盜保險約定被保護人應將貴重物品鎖入鐵櫃，且每週檢查一次是。既約定此種責任，則被保險人自應照辦，否則如因未盡約定保護責任所致之損失，保險人不負賠償責任。又同條第二項規定：「危險事故發生後，經鑑定係因要保人或被保險人未盡合理方法保護標的物，因而增加之損失，保險人不負賠償之責。」因危險事故發生後，損失亦告發生，但對於標的物如不盡合理方法加以保護（汽車碰撞，前部雖毀，但車身尚可利用，車主恃有保險之故，竟全部委棄於途，而不派人看守），致增加損失（汽車零件被盜一空），則保險人對此部份亦不負賠償責任。惟此之損失，是否因要保人或被保險人未盡合理保護方法之所致，須經鑑定而後可。所以如此者，係爲避免糾紛的緣故。

四、其他財產保險契約的變動

本法第九九條本文規定：「保險標的物受部份之損失，經賠償或回復原狀後，保險契約繼續有效。」可見在其他財產保險，如僅發生分損時，則其契約之效力以不變動爲原則（火災保險發生分損時，保險人與要保人均有終止契約之權，保 82 Ⅰ，與此不同）。適用本條須具備以下之要件：①須保險標的物受部份之損失，例如竊盜保險，僅一部衣物被竊是，否則如發生全損，其契約當然終止。②須經賠償或回復原狀，例如被竊之衣物，已由保險人如數照製或照購，業已回復原狀是。③須尚在保險期間，若回復原狀後，已逾保險期間，則不在此限。具備上開三要件，則其保險契約繼續有效。蓋旣已回復原狀，尚可視同原物，於是其保險契約自應繼續有效爲宜。所謂繼續有效，當然指一切條件均不變動，而照舊維持其契約之效力而言，惟依同條但書規定：「與原保險情況有異時，得增減其保險費。」上例如保險人未予回復原狀，僅以金錢賠償時，則保險標的之內容，即與原有情況不同，設原約訂定，對於金錢不予承保（實際上竊盜保險，對於現金多予除外），則此後標的物之範圍即形縮小，因

此要保人自得請求減少保險費；反之若對於金錢亦予承保，則一部份衣物變爲金錢，其危險增加，保險人亦得請求增加保險費。保險費既有增減，則保險契約之效力雖屬依舊，而其內容卻已變動了。

第六節　輸出保險

中國輸出入銀行，根據六十八年九月二十日財政部（68）臺財錢第二○九○二號令公布之輸出保險辦理規則辦理輸出保險，鼓勵發展輸出貿易，保障出口商因輸出貿易所遭遇之政治危險、信用危險、及銀行辦理輸出融資不能收回之危險（輸保2）：

一、承保的危險及保險的種類

㈠承保危險

1.政治危險　「政治危險」，係指因下列事故致使被保險人遭受損失者：

(1)輸出目的地政府變更法令而禁止或限制匯兌或貨物進口。

(2)輸出目的地國家或地區發生戰爭、革命、內亂或天災，以致中止匯兌或貨物進口。

(3)輸出目的地國家或地區以外，與本保險所承保之交易有關之政府變更法令而禁止或限制匯兌。

(4)輸出目的地國家或地區以外，與本保險所承保之交易有關之國家或地區發生戰爭、革命、內亂或天災，以致中止匯兌。

(5)輸出目的地國家或地區以外，與本保險所承保之交易有關之國家或地區發生戰爭、革命、內亂或天災，以致輸出貨物中止運輸至目的地。

輸出入銀行承保前項政治危險之責任範圍，得依交易付款條件增減之，並載明於保險契約（輸保5）。

2.信用危險 「信用危險」，係指國外進口商違背其與出口廠商簽訂之買賣契約，不履行義務致使出口廠商遭受損失之危險（輸保 6）。

3.融資不能收回之危險 「融資不能收回之危險」，係指銀行依第十八條規定（手續規定從略）給予出口廠商融資後，出口廠商未能於融資契約規定期限內償還本息所致損失之危險（輸保 7）。

㈡**保險種類** 爲適應輸出貿易之需要，輸出保險之種類，定爲下列四種：

1.輸出融資保險。

2.託收方式(D／P、D／A)輸出保險。

3.中長期延付輸出保險。

4.海外工程輸出保險。

前項保險，輸出入銀行基於經營上之需要，得訂立綜合保險契約(輸保 8)。

二、輸出融資保險

本保險以銀行（中央銀行指定辦理外匯業務之銀行）爲要保人及被保險人，亦得以出口廠商（並與國外進口商訂立買賣契約者）爲要保人，以銀行爲被保險人（輸保 18）。

㈠**承保範圍** 銀行依前條規定辦理輸出融資後，發生輸出融資不能收回之事故時，輸出入銀行依保險契約之規定，負賠償損失責任（輸保 19）。

㈡**除外責任** 因下列情事之一所致之損失，輸出入銀行不負賠償責任：

1.銀行之輸出融資未依第十八條規定辦理者。

2.銀行之故意或重大過失所致者。

3.銀行違反保險契約之規定者（輸保 20）。

㈢**保險價額與保險金額** 保險價額依下列規定訂定之：

　　1.憑信用狀融資者，以每件輸出融資金額為保險價額。

　　2.憑託收方式(D／P、D／A)輸出保險證明書融資者，以該保險證明書所記載保險金額為保險價額。但其輸出融資金額低於輸出保險證明書所記載保險金額者，以輸出融資金額為保險價額。

　　保險金額依下列規定訂定之：

　　　⑴適用前項第一款者，以其保險價額百分之九十為保險金額。

　　　⑵適用前項第二款者，以其保險價額為保險金額（輸保21）。

　三、託收方式(D／P、D／A)輸出保險

　㈠**承保對象**　本保險以一年期以下付款交單(D／P)方式或承兌交單（D／A）方式輸出貨物，並有輸出許可證明文件者為承保對象（輸保22）。

　㈡**承保範圍**　本保險以出口廠商為要保人及被保險人。被保險人以付款交單(D／P)方式或承兌交單(D／A)方式輸出貨物，並依買賣契約規定裝船後，因政治危險或下列信用危險所致之損失，輸出入銀行負賠償責任。

　　1.進口商於本保險成立後宣告破產者。

　　2.國外受託銀行為付款之通知，或提示承兌或通知付款時，進口商行蹤不明，經當地政府機關證明屬實者。

　　3.進口商不依約付款者。

　　4.進口商不依約承兌者（輸保23）。

　㈢**除外責任**　因下列情事之一所致之損失，輸出入銀行不負賠償責任：

　　1.被保險人故意或過失所致者。

　　2.因輸出貨物發生毀損滅失，以致進口商不依約付款，或不承兌，或承兌後不付款所致者。

　　3.依買賣契約或代理契約等有關契約規定，被保險人應承擔責任

所致者。

4.進口商付款後，當地受託銀行不將貨款匯付被保險人所致者。

5.被保險人與進口商之間，具有總分支機構關係，或爲母子公司，或其任何一方（包括出資人、股東及其負責人）之投資比率合計達百分之五十以上者，或具有效控制者，因信用危險所致者。

6.因進口商未能取得輸入許可或必須之外匯所致者。但因保險契約規定之政治危險所致者，不在此限。

7.以付款交單(D／P)方式交易者，在付款前，以承兌交單(D／A)方式交易者，在承兌前，將貨運單證或輸出貨物交付進口商或受貨人者。

8.輸出匯票開出後，變更匯票內容時，被保險人未立即通知輸出入銀行者（輸保24）。

㈣保險價額與保險金額　本保險以輸出匯票金額爲保險價額，保險金額以保險價額百分之八十五爲限（輸保25）。

四、中長期延付款的輸出保險

㈠承保範圍　本保險以出口廠商爲要保人及被保險人。被保險人依輸出契約或技術及勞務提供契約，輸出貨物或提供技術及勞務後，因政治危險或下列信用危險致不能收回貨款或提供技術及勞務之價款，而遭受之損失，輸出入銀行負賠償責任。

1.簽訂契約之對方於本保險成立後宣告破產者。

2.簽訂契約之對方遲延履行其債務在六個月以上者。但以不可歸責於被保險人之情事者爲限（輸保26）。

㈡除外責任　因下列情事之一所致之損失，輸出入銀行不負賠償責任:

1.要保人、被保險人或受讓人，或其代理人或使用人之故意或過失所致者。

2.輸出貨物發生毀損滅失所致者。

3.要保人或被保險人違反保險契約之規定者（輸保 27）。

㈢**保險價額與保險金額**　本保險以輸出貨物總價或提供技術及勞務價款總額為準，於扣除預付款或裝船時可收取貨款後，以其分期償付部份之金額為保險價額（輸保 28）。保險金額以保險價額百分之九十為限。

五、海外工程的輸出保險

㈠**承保對象**　本保險所承保之海外工程應具備下列條件：

1.海外工程之承包單位係經主管機關核准有案者。

2.工程之期間自開始提供技術或其勞務時起算，在一年以上者。

3.承建工程，應簽訂技術及勞務提供契約為依據，契約上應訂明下列事項：

　⑴仲裁條款或同類條款，用以約定工程施工有關問題或技術及勞務提供契約之解釋等發生紛爭時，委請國際上具有權威之第三者仲裁之，並以其裁定得為最終之解決。

　⑵戰爭條款或同類條款，用以約定技術及勞務提供者，因戰爭、革命、內亂、暴動、騷亂或天災等不可抗力之事故所致之損害或損失，應由簽訂技術及勞務提供契約之對方負擔之（輸保 29）。

㈡**承保範圍**　本保險以承包海外工程之承包機構為要保人及被保險人。被保險人承包海外工程，提供技術及其勞務後，因政治危險或下列信用危險，致不能收回其價款所致之損失，輸出入銀行負賠償責任：

1.簽訂契約之對方於本保險成立後宣告破產者。

2.簽訂契約之對方遲延履行其債務在六個月以上者。但以不可歸責於被保險人之情事者為限（輸保 30）。

㈢**保險價額與保險金額**　本保險以承包工程所提供技術及勞務之總價款為準，於扣除預付款或開始提供技術及勞務時可收取之價款後，以其餘額為保險價額。

保險金額以保險價額百分之九十為限。但保險價額如因技術及勞務

提供契約在中途全部或一部解約、無效、失效而減少時，保險金額應按其比例減少之。

輸出保險所承擔之風險極大，商業保險公司尚未准許輕予嘗試，故初由外貿會委託中央信託局代辦，繼由中國產物保險公司辦理，最後由中國輸出入銀行辦理，按其性質亦不失爲損失保險的一種，除上述各點外，一般保險公司的規定，仍有其適用（輸保31）。

第七節　保證保險

保證保險，在本保險法法典上屬於第三章財產保險，於民國八十一年二月二十六日修正時所增加，第四節之一「保證保險」，自第九五條之一至九五條之三。

一、保證保險人之義務

保證保險人於被保險人，因其受僱人之不誠實行爲或其債務人之不履行債務所致損失，負賠償之責（保95之一）。由此可類推解釋，述說保證保險之定義。即所謂保證保險，似爲既保險又保證，但須被保險人之受僱人不誠實行爲所致損失，或被保險人之債務人，不履行其債務所致損失，保證保險人始負賠償之責的一種財產保險。

二、保證保險契約應載事項

保證保險契約，爲財產保險契約之一種，以受僱人之不誠實行爲爲保險事故之一種財產保險契約（保95之二）。除記載本法第五五條（即基本條款之內容）規定事項外，並應載明下列事項：

㈠被保險人之姓名及住所。

㈡受僱人之姓名、職稱或其他得以認定爲受僱人之方式（保95之二）。

保證保險契約之另一對象爲被保險人之債務人，因此，本法又規定：

以債務人之不履行債務爲保險事故之保證保險契約，除記載本法第五五條基本條款之八款外，並應載明下列事項：

  1.被保險人之姓名及住所。

  2.債務人之姓名或其他得以認定爲債務人之方式（保95之三）。

自我評量題

 1.何謂火災保險？試說明火災保險的意義及其種類？

 2.試述火災保險發生的歷史？

 3.試述火災保險的保險事故？

 4.試述火災保險的保險標的？

 5.試述火災保險的保險金額與保險價額有什麼異同？

 6.試分別述明超過保險及一部保險？

 7.試自火災保險契約的效力述明保險人的義務與要保人的義務？

 8.試述火災保險契約的終止？

 9.試述海上保險發生的歷史過程？及我國法規上海上保險的概況？

10.試述海上保險契約的「保險標的」？

11.試述海上保險之保險責任的開始及其期間？

12.試述海上保險所指的「單獨海損」及「共同海損」？

13.何謂委付？其效力與期限又如何？試分別釋明。

14.試述陸空保險的意義？

15.試述陸空保險的保險標的與保險事故？

16.試述航空保險？我國的國內航空保險，原則上如何處理？

17.試述責任保險的意義？並舉例說明之。

18.試述責任保險的種類？

19.試述責任保險之保險標的與保險事故？

20.試自責任保險契約的效力，說明保險人的義務及權利？

21.試述其他財產保險的意義及其種類？

22.試自其他財產保險契約的效力，說明保險人的權利與要保人的責任？

23.試述輸出保險所承保的危險及其保險的種類？

24.何謂輸出融資保險？其內容如何？

25.試說明託收方式(D／P、D／A)之輸出保險？

26.試述海外工程之輸出保險所承保的對象及其承保範圍？

第五章　人身保險

摘　要

　　本章在六法全書的法典上，編爲第四章自第一〇一條至第一三五條止分人壽保險、健康保險及傷害保險三節，而本書編入第五章。人身保險以人壽保險爲主流，除保險法已有規定以外，還有政府舉辦的簡易人壽保險、軍人保險、公敎人員保險，及勞工保險等，各以特別法爲依據。這些特別法的保險，雖有不屬於普通法，普通保險法的範圍，但特別法另無規定時，仍可適用普通保險法之規定（保174，勞保1）。

　　人壽保險是以一特定人的生命爲保險標的，以被保險人在一定期內死亡或屆滿一定期限而仍生存爲保險金給付的條件之一種保險契約。亦即當事人約定，一方交付保險費給他方，他方對於被保險人在契約規定年限內死亡，或屆契約規定年限而仍生存時，依照契約，負給付保險金額之責之契約（保1、101）。人壽保險，通常分爲死亡保險、生存保險及生死兩合保險(又稱生死混合保險)。人壽保險包括自然死亡及意外死亡，但爲限制危險計，保險契約常常定有種種例外，如自殺，犯罪致死及被執行死刑，還有戰爭致死爲例外，保險人（保險公司）不負賠償之責。

　　健康保險，俗稱疾病保險或醫療保險，內容兼及疾病與傷害，即保險人於被保險人疾病、分娩及其所致殘廢死亡時，負給付保險金責任的一種人身保險（參酌保125）。健康保險以保險事故，可分爲疾病及生育

保險。按其性質，有屬於人身保險及損失保險。依其目的及方法，有屬社會保險及商業保險，相當繁雜。

　　傷害保險以被保險人遭遇意外傷害及其所致殘廢或死亡爲範圍，保險人於被保險人遭受時，負給付保險金額之責的一種人身保險（保131，公保13、18，勞保33）。此處所指「意外傷害」是因不可預料或不可抗力之事故所致人身之傷害（保1、29）。所謂「人身」是指人體天然的部份。因此假眼、假牙、假手、假腿等，雖幾乎不能與人身脫離，然而均非其天然之部份，受有損壞時，皆非人身的傷害。傷害保險契約，內容廣狹不一，而保險爲任意契約，法律多不加干涉，故傷害保險，每提出若干種特定之危險，未明白列舉或未明白除外者，原則上應包括任何意外之傷害，但事實上廣泛的保險可能性不大。因此外國通例，對於航空、服毒，及煤氣等危險均多以明文，加予除外不賠。還有許多規定不保的危險，可是凡屬於不保的危險，事實上仍可另議契約，予以包括在可保的範圍內，以確保個人經濟安全而增益其福利。

第五章　人身保險

　　我國因保險法規定，人身保險業以經營人身保險爲限，財產保險業以經營財產保險爲限，同一保險業不得兼營兩項。但法律另有規定者，不在此限（保 138）。

　　人身保險與財產保險二者之界限，在若干特種保險或綜合保險，往往難於劃分，故法律復規定，責任保險及傷害保險得視保險事業發展情況，經主管機關核准，獨立經營，其業務得因責任保險而兼及於傷害保險，或因傷害保險而兼及於人壽保險以外之其他保險。

　　人身保險以人壽保險爲主流，除保險法已有規定者外，尚有政府舉辦之簡易人壽保險、軍人保險、公敎人員保險、暨勞工保險等，各以特別法爲依據。社會保險不屬普通保險法之範圍，但特別法另無規定者，仍有此法之適用（保 174，勞保 1）。

第一節　人壽保險

一、人壽保險的定義

　　人壽保險契約爲當事人約定，一方交付保險費於他方，他方對於被保險人在契約規定年限內死亡，或屆契約規定年限而仍生存時，依照契約，負給付保險金額之責之契約（保 1、101）。人壽保險者，爲以被保險人在一定期內死亡或屆滿一定期限而仍生存爲保險金給付之條件之契約，均係以一特定人之生命爲保險標的。可分析說明如下：

　　㈠**人壽保險是一種人身保險**　我保險法上的保險大別爲二，就是財

產保險和人身保險。人身保險又細分為三，就是人壽保險、健康保險及
傷害保險。所以說人壽保險是人身保險的一種。

　　㈡**人壽保險是以被保險人之生命為保險標的而以死生為保險事故的
人身保險**　這是人壽保險與其他二種人身保險的差異處。其他二種人身
保險雖均以人身為標的，但或以疾病為保險事故(健康保險)，或以傷害
為保險事故(傷害保險)，與人壽保險之專以人之生死為保險事故者，有
所不同。所謂「死」，指死亡而言 (包括死亡宣告)，至死亡之原因如何，
原則上在所不問 (自殺或犯罪處死等僅為保險人之免責事由，詳後述)；
所謂「生」，指生存而言，並非出生之意，因而胎兒出生之問題，不在人
壽保險範圍之內。

　　㈢**人壽保險是依約給付一定保險金額的人身保險**　人壽保險的保險
金額與財產保險的保險金額性質不同，財產保險的保險金額僅為一種賠
償最高限額，至實際之給付額若干，須視實際之損害如何而定；但人壽
保險則不然，人壽保險的保險人於保險事故發生時，即須按照約定的保
險金額給付，別無所謂實際損害之問題。所以人壽保險屬於「定額保險」。
至其保險金額之多寡，得由當事人任意約定之 (保 102)。

　二、人壽保險的種類及其內容

　　人壽保險項目繁多，大別之，不外死亡(life policy)及生存(endow-
ments)兩種 (保 101，簡壽 4)。

　　㈠**死亡保險與生存保險**

　　　1.依契約之所定，於一定時間，或不定時間，被保險人死亡時，
保險人給付保險金額者，為死亡保險。

　　　2.依契約之所定，於一定期間，或達一定年齡，被保險人生存時，
保險人給付保險金額者，為生存保險。

　　前者以死亡為條件，後者以生存為條件。二者固同須有保險利益之
存在，然輕重有別；以第三人為被保險人而訂立死亡保險契約者，若對

之為無保險利益，則其人之生命有受危害之虞，故於解釋上務須從嚴；以第三人為被保險人而訂立生存保險契約者，縱對之無深切之保險利益，亦於其人之生命無害，故於解釋上毋妨從寬。但無論以生存或以死亡為條件，凡以第三人為被保險人而訂立之保險契約，總不可無相信之保險利益，否則，即係以他人之生命為賭博，法所不許。

揆諸情理，以第三人之生存為條件之保險契約，要保人必須對之有若干保險利益，否則不為。生身父母，對於子女，舐犢情深，自樂為之保險；非生身父母而為他人之子女保生存者，事實上不多見，但誠有以他人之子女為被保險人並為其（子女）利益而訂立此項保險契約者，果有道義或情感上之理由存在，縱法律上之保險利益有欠完備，亦宜斟酌情形，曲予維持，不容保險人藉詞推翻。蓋此項幼年保險實為一種儲蓄，亦無異為要保人對受益人之贈與，尚非可與通常之人壽保險同視。

死亡保險附生存保險，或生存保險附死亡保險，稱為綜合人壽保險。但同法第一三五條雖已修正為「第一○二條至第一○五條、第一一○條至第一一六條、第一二三條至第一二四條於傷害保險準用之。」

單純傷害保險，如屬短期性者，例如旅行保險或從事一種特殊活動而為意外傷害保險者，自可不受年齡之限制，但如屬長期性而附死亡條款之保險，雖名為生存保險，但揆諸立法精神，則仍應受保險法前第一○七條之限制，以保障幼弱，但此次修改已將第一○七條刪除，值得商榷。

㈡單純生存保險與單純死亡保險

1.單純生存保險(pure endowment)要保人按期或一次支付保險費於保險人，保險人於被保險人到達一定期限而仍生存時，即一次或分期給付約定之保險金額於被保險人或受益人（如年金）。

2.單純死亡保險契約(pure life insurance)要保人按期或一次支付保險費於保險人，保險人於被保險人死亡時，即一次給付約定之保

險金額於其受益人或遺囑。

單純生存保險，係以先死者分擔生存者之保險金額；定期單純死亡保險，係以後死者分擔先死者之保險金額；於此二者，原則上保險人皆無返還保險費之義務。惟生存保險寓有儲蓄之意，若期前死亡，人財兩空，自為人情所不甘，故不受人歡迎，現所行者大都為生死兩合之儲蓄保險，蓋已非為單純之生存保險矣。

單純死亡保險大都為小額「工業保險」(industrial insurance)或團體保險(group life insurance)，費率較低，僅求保險金攤派之平衡，而不作儲金之計算，故對於保險人無請求返還保險費之權利。

現行人壽保險，其定有期限者，多數為生存死亡兩合保險(endowment insurance)。

(三)**一般人壽保險** 人壽保險分為1.死亡保險，2.生存保險，3.生死兩合保險三種，茲分別說明如下：

1. 死亡保險：

(1)定期保險 定期死亡保險而不附生存條件者，往往為期甚短，於期內發生死亡之事故時，給付一定之金額；其期間為一年、五年、十年不等，可由當事人任意訂定之，但超過二十年之定期死亡保險則不多見。大凡定期在十年以上者，要保人總喜附有生存條件之保險，以其寓有儲蓄之意味也。至定期一年或不足一年之短期死亡保險，類係保障被保險人於期內擔任危險工作時可能遭受之生命危險，或於期內對被保險人之生命有契約上特殊之利益，而保障其利益之喪失，如工程師赴遠地擔任開山造橋工程，投保為期一年之死亡保險，或戲院延聘名伶演唱，付有鉅額聘金，並有營業上之期待利益，以該伶人為被保險人，訂立三個月期之死亡保險契約。

(2)終身保險 終身保險為不定期之死亡保險，亦為不附生存條件之死亡保險，保險人非至被保險人死亡時，不負給付保險金額之義務，

但此項不定期保險，亦必寓有儲蓄之意，故如被保險人付足保險費二年以上而中途停止時，保險人僅得減少保險金額，保險效力不喪失(保117、118)。

終身保險按其支付保險費之方法可分爲三種：

　　①無定期支付保險費之終身保險(ordinary life policy)此種保險，其保險費率較低，但須繼續按期支付，至死亡時爲止。

　　②定期支付保險費之終身保險(limited payment life policy)　此種保險，其保險費之支付定有十年或二十年爲最普通，期滿不須再付費，但保險金額仍須至被保險人死亡時給付。

　　③一次支付保險費之終身保險(single premium life policy)　此種保險，其保險費一次付足，而保險則就被保險人終身有其效力，至其死亡時給付保險金額。

　　2.生存保險　生存保險，有附死亡條件者，有不附死亡條件者。生存保險之附有死亡條件者，亦猶如死亡保險之附有生存條件。

　　單純生存保險之保險費，有一次付足者，有分期繳付者，其保險金額亦有定爲屆期時一次給付者，或屆期後分次給付者：

　　⑴一次給付保險金額之生存保險　此類保險大都爲儲備子女敎育婚嫁費用之保險，故保險人於其屆期時應一次給付保險金額；被保險人在屆期前死亡者，保險人僅返還所繳納之保險費本金，通常皆不給利息，但亦有加給若干利息者。

　　⑵分期給付保險金額之生存保險　此類保險亦稱年金或定期金(annuities)，大都爲一次繳足保險費後，或分次連續繳付保險費滿若干時候，自一定之期日起，由保險人按年、按季，或按月給付一定金額，至一定期日，或至被保險人死亡時爲止。上述兩種皆與銀行儲蓄存款相似(如零存整付、整存零付)；所不同者，保險係以特定人之生存或死亡爲條件，而儲蓄則否。

民法規定，稱終身定期金契約者，謂當事人約定，一方於自己或他方或第三人生存期內，定期以金錢給付他方或第三人之契約（民729）；終身定期金契約，關於期間有疑義時，推定其為於債權人生存期內按期給付（民731）；除契約另有訂定外，定期金應按季預行支付（民732）。從是，終身定期金之給付以終身為原則，但若有給付期限之約定，如定期十年、二十年者，則依其約定。惟須注意者，民法規定之終身定期金，不必皆為有償契約，若為有償，亦不限於所出對價之必為金錢，且所謂生存期者，復不必以債權人之生存期為限，亦可以債務人之生存期為條件。故生存保險之以定期金形式為之者，可為終身定期金契約之一種，而終身定期金契約，則不必盡屬生存保險契約。

要之，生存保險給付之條件可分下列三種：①以被保險人一定期間生存，為被保險人給付義務之停止條件，②以被保險人之死亡，為保險人給付義務之解除條件，③以被保險人一定期間生存，為保險人給付義務之停止條件，而以被保險人之死亡為保險人給付義務之解除條件。第一種屬幼年保險之類，第二種為養老金，贍養費保險，第三種則屬定有始期之終身定期金的生存保險契約之類。

3. 生死混合保險　生死混合保險，為目前最盛行的「儲蓄保險」，原則上，以死亡保險為基礎，而附以生存條件，但若以生存保險為基礎而附以死亡條件者，其效果相同，性質亦類似。此項保險，大都定有五年、十年，或二十年之期限，分期交付保險費，於所定期限屆滿前，被保險人死亡者，保險人即按約定保險金額為給付，若於所定期限屆滿時，其人仍生存者，保險人亦給付約定金額並加給利息，寓儲蓄於保險。

三、人壽保險的歷史

生老病死既為人所不免，則如何養生送死，實為吾人之一大切要問題。在我國古昔，養生送死無憾，孟子曾謂為王道之始；在西洋，羅馬帝政時代早已有埋葬黃金庫（collegis）之制度，而中世紀基爾特（guild）

對其會員之疾病、死亡有給付之制度，說者認爲斯乃人壽保險之先聲。其後英國有友愛社(friendly society)之成立，而十七世紀末，學者哈利(Halley)有生命表之作成，至一七六二年倫敦有公平保險社(Equitable Society)之出現，始奠定近代人壽保險企業之基礎，自十九世紀起，各國之人壽保險事業，均見進展。迨至今日，人壽保險的種類已層出不窮，影響所及，對於吾人所關切之養生送死問題，實因之而解決不少。我國人壽保險事業雖尙在發端時期，但近年來保險公司之設立，有如雨後春筍，行見此一部份業務，亦必獲得大力推動，造福社會，當可預卜。

四、人壽保險契約的訂定

㈠當事人及關係人

1.保險人　人壽保險的保險人以人身保險業者爲限，財產保險業不得爲之（保138），就是人壽保險的保險人，須爲經營人身保險的保險公司或保險合作社。惟此乃指普通人壽保險而言，若簡易人壽保險則以郵政儲金匯業局爲保險人（簡壽3）則又另當別論。

2.要保人　要保人的資格無何限制，祇要對被保險人具有保險利益即可。

3.被保險人　在人壽保險，被保險人旣爲關係人，同時又居於保險標的之地位，頗關重要。因而乃有下列之問題：

⑴被保險人須爲自然人，法人不得充之　因人壽保險係以人之死生爲保險事故，而法人則無死生之問題，所以法人不得爲人壽保險的被保險人。

⑵人壽保險的被保險人可與要保人爲同一人，亦可爲各別之二人　前者其保險契約係由被保險人本人訂立，後者則由被保險人以外之第三人訂立，二者均有效力。本法第一〇四條規定：「人壽保險契約，得由本人或第三人訂立之。」即揭明斯旨。所謂本人指被保險人而言；所謂第三人指要保人而言（與被保險人自爲要保人，而由第三人代理訂約之

情形不同，應注意）。由被保險人本人爲要保人訂之保險契約爲「自己人壽保險契約」，由第三人爲要保人而訂之人壽保險契約爲「他人人壽保險契約」。「他人人壽保險契約」在訂立上及權利之移轉或出質上，均受限制。

　　㈡**契約的成效條件**　人壽保險契約，即得由被保險人本人或第三人訂立之（保104）。訂立保險契約與爲其他法律行爲無異，當事人應有行爲能力：故若要保人爲一無行爲能力人時，其契約無效（民75）；若爲一限制行爲能力人時，無論其係爲自己之利益或爲他人之利益而訂約，均應經其法定代理人之允許或承認，方爲有效（民79）。惟簡易人壽保險法規定，無行爲能力人及限制行爲能力人所爲之行爲，以對保險人爲限，視爲有行爲能力之人，故於簡易人壽保險，未成年人所爲訂約行爲，縱未經其法定代理人允許亦爲有效（簡壽31）；但未成年人所爲指定受益人或轉讓之行爲，有關本人利益之得失，且涉及第三人，雖在人壽簡易保險，仍非經其法定代理人之允許不可。至無行爲能力或限制行爲能力人被指定爲受益人者，於權利能力旣無欠缺（民77但），自屬有效。【註】

　　人壽保險契約，若由要保人以自己爲被保險人而訂立者，不必問其保險利益爲何如。但若以第三人爲被保險人者，則應查究其於被保險人之生存有無合法之利益；無之，契約失其效力（保17）。

　　要保人以第三人爲被保險人而訂立死亡保險契約者，除應對之有保險利益且無上述消極條件之存在外（保107），更須取得該第三人之書面同意並約定保險金額，否則，契約無效（保105）。保險契約上權利之移轉或出質，亦須取得被保險人之書面承認，若無此項書證，其移轉或出

【註】按無行爲能力之意思表示無效，爲民法之基本規定，似不可另以法律予以變更。爲貫徹簡易人壽保險之目的，以限制行爲能力人視爲有行爲能力人已可；若以完全無行爲能力亦視若有行爲能力，則不但與民事基本法之規定背馳，或亦爲事實上所罕見。例如，有三、五齡之幼孩，或精神病者向郵滙局投保簡易人壽險，豈亦可予以接受？

質不生效力（保106）。

㈢**權利與義務**　保險人於保險契約成立時，有取得保險費之權利，而於承保險事故發生時，有依其契約負擔保險金給付之義務。

保險人之權利義務可分爲下列各項：

1.權利　取得保險費

⑴一般保險：

①保險費爲本於契約而發生之債權。

②保險費原則上得以訴訟請求交付。

⑵人壽保險：

①人壽保險費不得以訴訟請求交付（保117）。

②第一期保險費爲保險契約之停止條件，若要保人不爲交付，契約之效力不開始（保21）。

③嗣後到期之保險費爲保險契約之解除條件，若要保人不爲交付，契約之效力，經催告後逾三十日停止或自最後一次應繳保險費之日起經過二年恢復效力期限後失效（保116，保施32）。

2.義務　給付保險金額之義務（要保人、被保險人、或受益人有請求給付保險金額之權利）。

⑴保險人給付保險金額之義務基於一個停止條件，非至特定條件到來，責任不開始。

⑵危險事故之發生爲保險人賠償責任開始之條件。此項條件統稱爲「危險事故」，在人壽保險，其主要之內容規定於保險法第一條、第二九條及第一○一條。所謂「危險事故」兼指「危險」與「事故」兩項而言，若干「事故」其性質原非爲世俗所稱之危險也（如生存，分娩）。

五、人壽保險的受益人

㈠**人壽保險受益人的權利**　人壽保險的要保人，以自己爲被保險人，並以自己爲受益人，則契約上的利益，於其生前爲其資產；死後屬其遺

產（保110、113，簡壽11），法律關係單純，無何爭執。若受益人非爲要保人或被保險人時，旣經明確指定，並通知保險人者，則契約上的利益，於被保險人死後即歸屬於該受益人，不得列作被保險人之遺產（保112）。要保人於指定受益人後有保留處分權者，亦有不保留處分權者，其未聲明抛棄者，爲保留處分權，要保人仍得於爲指定後另以法律行爲或遺囑變更受益人；其聲明抛棄者，處分權即屬喪失（保111）。若處分權雖未抛棄，而於被保險人死亡前未爲變更受益人之處分者，則於其死亡後，即成爲受益人之旣得權利，不得由他人爲變更受益人之處分。

　　㈡**以類標明的受益人**　受益人的姓名及身分如經標明於保險單者，在法律上自無再解釋之需要，但如以「稱謂」指定或指定不淸或前後歧異，或姓名與身分不符合時，仍足以發生糾紛，茲按保險慣例說明如下：

　　1.配偶　保險契約標明受益人爲「妻」，自係指正式結婚的妻；如標明「妻某某」而某某實非其妻時，以姓名某某爲準，「妻」字視同點綴詞；如無姓名可供辨別時，稱「太太」者，係指妻，稱「二太太」而另有其人者，非指妻；如要保人原意指妻以外之人而泛稱爲「太太」者，應進而推求要保人的眞意，不可拘泥於所用的詞句（民98）；反之，若要保人標明受益人爲「某太太」，而無從辨別其係指妻或非妻者，自應以妻爲受益人（Vance 3rd, p. 553）。

　　依美國保險法例，所謂「妻」，指即使在離婚另嫁後，仍得以受益人享有保險契約上之利益，如保險費係由該離婚之妻所支付者，尤其不得剝奪其權利。依我國民法第一〇五六條第一項規定，夫妻之一方因判決離婚，而受損害者，得向有過失之他方請求賠償。民法第一〇五七條規定，夫妻無過失之一方，因判決離婚而陷於生活困難，他方縱無過失亦應給與相當之贍養費。因此，離婚時，若存有標明以妻爲受益人的保險契約時，即視爲其生活費之保障，若別無明顯相反之約定者，應仍保留，以作妻之贍養費。但如受益人意圖殺害其配偶而判決離婚者，則依保險

法第一二一條所規定，其受益人的資格自可認爲因離婚而消滅；再如妻
與人通姦，經判決離婚後，與相姦者結婚時，無論其後的婚姻是否撤銷
（民 986、993），亦應認其爲喪失保險契約上之利益。美國紐約州民事法
庭規定：「受益人與人通姦而判決離婚者，喪失其對配偶保險契約上之利
益，但受益人所自付之保險費，應返還之。」(New York Civil Practice
Act Section 1160)。

　　2.子女　保險契約泛稱受益人爲「子女」者，應由現在生存及未
出生之子女（民 7）共同享有其利益。若列「妻及子女」者，由妻及現存
與未出生之子女共同享有。如指明妻爲第一順位，子女爲第二順位，應
依其所定順位順序，先由妻享有，妻死，歸子女共同享有；若標明子女
而未列其姓名者，養子女亦在內；若經列名者，則未被列名者不包括在
內。所謂子女，並不包括孫；故若子女中之一人，先於被保險人死亡時，
其利益歸現在生存之子女分享，不適用代位之法則(民 1140)。惟如要保
人或被保險人未指定受益人，而保險金額爲其遺產者，則應依繼承法，
定其分配，孫及外孫得代位繼承父或母之應繼分。

　　㈢**法定受益人**　保險係屬任意契約，故指定受益人，爲要保人的權
利，但若未爲指定時，其利益始歸屬其遺產，而依繼承順序，定其分配；
惟於強制性之社會保險，往往由法律規定其受益人順序。勞工保險條例
第六五條規定，被保險人死亡時，受領遺屬津貼者之順序爲：

　　1.配偶及子女。

　　2.父母。

　　3.祖父母。

　　4.孫子女。

　　5.兄弟、姊妹（勞保 65）。

　　依此項規定，配偶僅限於正式結婚之夫妻，子女包括養子女，父母
亦包括養父母；兄弟、姊妹包括異父同母或異母同父之兄弟姊妹，但繼

父母與子女相互間則無受益權。

公務人員保險法第七條規定：「被保險人之受益人爲其本人或法定繼承人；如無法定繼承人時，得指定受益人。」準此，原則上以法定繼承人爲法定受益人。被保險人是否仍得在法定繼承人中指定特定人一人或數人爲受益人，即難免引發疑義。

六、附加傷害及殘廢條款

㈠**傷害** 死亡保險包括因病及因傷所致之死亡。故除有特別訂定外，凡被保險人因任何原因致死時，保險人均應負給付保險金額之義務。惟「意外傷害」，爲保險法上一獨立的營業項目，可與生命保險並存。以此，保險業者常常於人壽保險契約內附加「傷害條款」，約定於被保險人，因傷害致死時，除給付普通（因疾病）死亡保險金額外，另給付按原定額加倍之傷害保險金額，稱謂雙重給付。如原保人壽險金額爲五百萬元者，於被保險人因傷死亡時，給付一千萬元，亦有加至一千五百萬元者，謂爲三重給付。此加給部份，須另加保險費，特以與死亡保險合併，其費率往往較單獨傷害保險爲廉，故爲一般人所樂予接受。倘發生關於傷害或死亡事故之爭執時，則此兩項保險可以劃分爲二，並分別解決。人壽保險之附加傷害死亡給付者，其傷害部分屬傷害保險之部門。

保險法關於傷害部份，不準用「禁止以未滿十四歲未成年人爲被保險人」之規定，因其所指者爲單純而短期的意外傷害保險。例如旅行保險，參加一項運動或競賽的保險，或從事於特定而不尋常的活動（但須合法），且爲期短暫，並有一定的起訖點之保險。

外國人壽保險（死亡保險）所以常附有意外傷害，加倍給付之條款者，因意外死亡，多未能預作身後之安排，經濟上難免受較重大之損失，故予以加倍給付，以資彌補。惟此項條款僅可附加於基本上以死亡爲條件之保險。

㈡**殘廢** 人壽保險之被保險人，因病或因傷而致殘廢者（保125、

131)，常常喪失謀生能力，殘廢達嚴重程度時，其痛苦或比死亡更甚。此時，若因其遲延支付保險費而停止契約之效力，則於將來死亡時，連死亡給付亦得不到時，不特令人失望，而且亦足以影響保險營業；爲補救此種弊端計，外國現行人壽保險契約常附載有「殘廢條款」(Disability Clause)，其要旨如下：

1.被保險人如永久完全殘廢者，於其殘廢期間，保險人得拋棄保險費之權利，仍保持契約之效力。

2.被保險人殘廢至毫無謀生能力時，經若干日（常爲六十日、九十日或一百二十日）後，保險人按月給予生活津貼，至其恢復謀生能力或死亡之日爲止，死亡給付仍予保留。

3.被保險人全部殘廢經確定時，保險人即依契約一次給付殘廢保險金而終止人壽保險契約。(第一人壽保險公司益壽終身保險單第 12、13 條訂定，於此情形由公司給付殘廢保險金而終止契約。)

殘廢保險，雖亦屬另一保險項目，但常附列於人壽保險，以彌補其缺點。要保人所加保險費甚微，然所得保障則更週密，故爲一般要保人所歡迎。

依外國慣例，殘廢給付定有條件，可分述如下：

(1)年齡　殘廢利益，常常限於六十歲以下之人（亦有定爲六十五歲或七十歲者），逾此年齡，不負給付之責，因六十歲以上之人已屆退休年齡，且殘廢常爲意中之事。

(2)範圍　殘廢利益，不包括因服兵役及因航空受傷導致殘廢，亦不包括自己之戕害及訂約前之殘廢原因。

(3)通知及證明　殘廢事故發生後，應立即提出證明，通知保險人，否則其責任自通知之日開始，所謂「立即通知」爲按情形爲相當之短期，大概不逾五日（保 58）。

殘廢條款，亦如其他保險條款，應作有利於被保險人之解釋。所謂

「殘廢致無謀生能力」者，指被保險人不能從事任何生產之工作而言，非必至生活行動全賴他人扶持之程度。

七、不包括的危險

人壽保險的範圍，包括自然及意外之死亡，但爲限制危險計，保險契約常定有種種例外，比較重要的例外有自殺，犯罪致死及被執行死刑，與戰爭致死。茲分別說明如下：

㈠**自殺** 人壽保險原則上包括自殺，但各國現行法律，大都予以除外，因而成爲當然不包括的危險。過去美國有一判例：

有某甲爲圖得保險金而故意自殺，美國聯邦最高法院判決云：「⑴自殺除以明文列入契約者外，爲當然不包括之危險，⑵若明文列入契約者，則以違背公共政策（public policy）（獎勵自殺），亦非爲法之所應許。」（Ritter v. Mutual Life Ins. Co., 1898, 169 U.S. 139, 18.S. Ct. 300, 42, L. ed. 693）。

本法第一〇九條規定：「被保險人故意自殺者，保險人不負給付保險金額之責任……保險契約載有被保險人故意自殺，保險人仍應給付保險金額之條款者，其條款於訂約二年後始生效力……。」由此可見，自殺除經約定列入者外，當然不包括在內。但依簡易人壽保險法第二三條第一款規定之反面解釋，保險契約發生效力或回復效力後逾一年自殺者，亦包括之，毋須更以契約訂明。

所謂「自殺」，是指故意自殺而言。若非出於故意，仍非當然除外。玩弄手鎗，誤服毒藥，自致於死，皆非故意自殺。因精神失常，不知自殺而自殺，亦非故意自殺。

現行保險契約，類皆訂明「投保或恢復保單效力後，一定期間內（通常定爲二年），被保險人自殺，無論其神志是否清醒，或因其他任何原因，保險人均不負賠償之責。」（參閱財政部核定人壽保險單標準條款第13條）。外國人壽保險單亦常有如此訂定。

　　所謂「無論神志是否淸醒」（sane or insane）是指精神上是否健全而言，美國法院有認夜間爲夢魘侵擾，半睡眠中驚懼逃避，自七樓跳下致死者，爲旣非在淸醒中，亦非在不淸醒中意外致死，保險人仍應負責（Christensen v. New England Mutual Life Ins. Co., 1944, 197 Ga. 807）。

　　通常好生惡死，人之常情，故法律認爲，以自己之行爲而致死亡，皆認爲意外之死亡；若保險人主張自殺者，應由其負舉證之責（Vance 3rd ed., p. 571）。

　　㈡**犯罪致死**　犯罪致死爲人壽保險除外危險之一。本法第一○九條第三項規定：「被保險人因犯罪處死或拒捕或越獄致死者，保險人不負給付保險金額之責任。」公務員保險法第一九條「犯罪被執行死刑者。」及勞工保險條例第二六條均有同樣規定。簡易人壽保險法，雖無明文規定，然而解釋上亦應如此。

　　犯罪致死有種種不同情形，有被執行死刑者，有因犯罪與警察格鬥致死者，有因他人防止其犯罪而被擊斃者，均屬被保險人自己招致之死亡。犯罪者必有如此之後果，應屬被保險人預料所可及，此事與故意自殺相同，而此風亦不可長。財政部核定的人壽保險單標準條款規定：「被保險人在契約訂立或生效之日起二年內，因犯罪處死或拒捕越獄致死者」，保險人不負給付保險金之責任 (13)。反之，二年後，雖因犯罪、拒捕與越獄而致死者，亦包括在內。保險人原則上仍應負其責任。

　　㈢**戰爭致死**　人壽保險應包括任何原因之死亡，因戰爭而致死亡者，若未經契約明文予以除外，即應包括在內(保32)，財政部核定之人壽保險單標準條款規定：「因戰爭（不論宣戰與否）或其他變亂致死者」，保險人不負給付保險金的責任 (13)。

　　關於戰爭的危險，有兩種主義：1.結果主義(result)，2.身分主義(status)。結果主義，訂定「因戰爭致死者不保在內」；而身分主義，則

訂定「在以軍人身分而服兵役時期所致死亡不保在內」。依結果主義，死亡是否由於戰爭之原因，往往發生爭執。依身分主義，則在服兵役中無論因戰爭或因普通疾病而死亡者，均不保在內。

公務人員保險法規定，凡因執行公務或服兵役致死亡或殘廢者，均予給付保險金額(公保 15、17)。但因戰爭、災害致死亡或殘廢者，不予給付 (公保 19)。

勞工保險條例規定：「因故意犯罪行為或戰爭變亂以致發生保險事故者，概不給與保險給付」(勞保 26)，即因戰爭變亂或因被保險人或其父母、子女、配偶故意犯罪行為，以致發生保險事故者，概不給與保險給付。而對於服兵役，則別無規定。所謂「戰爭變亂」，顯亦兼指服兵役之危險而言。以兵役義務與犯罪同視，實屬欠當，而又規定「應徵召入伍者……仍得繳納保險費繼續參加保險」(勞保 9)，亦待斟酌研究。勞工生活的最大威脅為死亡及殘廢，而所待保障者亦在此，如今保險費既不減少，而因戰爭的危險除外，'保險人承擔的危險則大大減輕，亦殊欠公允。依法律合理之解釋，勞工服兵役者，得退出保險；若繼續保險者，保險人於承保後，對於未服兵役時期所不包括之戰爭變亂危險，在服兵役期間，應即一律包括在內。解釋上，似應將勞工服兵役與非服兵役分為兩段：(1)非在服兵役中，「戰爭變亂」做通常解釋，即凡有戰爭或叛亂狀態存在中，因武裝部隊的攻擊防禦行為致成死傷者，無論在戰區或非在戰區，均為因戰爭所致之死傷；(2)在服兵役中，取其最狹義的解釋，即在實際戰爭中，前有敵人，直接因炮火或武器而致死傷者，始能稱為因戰爭所致之死傷；其因戰爭間接之原因致成死傷者，仍應一律包括之。於「戰爭」一語而有兩種不同見解，原非妥善，但該條例第九條與第二六條，在保險理論上有矛盾處，若非如此不足以獲致協調。

八、被保險人失蹤與同時死亡之問題

㈠**被保險人失蹤** 人壽保險，應於被保險人死亡時，給付保險金額。

被保險人如失蹤時，保險契約是否繼續，若繼續者，應於何時給付保險金額，爲法律上有待解決的問題。勞工保險，對於漁民、航空、航海人員及礦場坑內工作，有失蹤津貼之規定(勞保 19)，以失蹤之事實，爲給付之原因。

依英美法例，凡失蹤滿七年者，推定爲死亡，失蹤未滿七年者推定爲生存。故保險效力須繼續至可爲推定死亡之日，保險人始負給付之義務。因此，若被保險人失蹤者，本於生存之推定，應由其家屬或受益人代爲支付保險費，至失蹤滿七年後，可爲死亡之推定時，乃可請求保險人給付保險金額。

我國民法總則第八條規定：「失蹤人失蹤滿七年後，法院得因利害關係人或檢察官之聲請爲死亡之宣告；失蹤人爲八十歲以上者，得於失蹤滿三年後爲死亡之宣告；失蹤人爲遭遇特別災難者，得於失蹤滿一年後，爲死亡之宣告」。同時民法第九條又規定：「受死亡宣告者，以判決內所確定死亡之時，推定其爲死亡；前項死亡之時，應爲前條各項所定期間最後日終止之時。但有反證者，不在此限。」

㈡**同時死亡**　被保險人與受益人死亡之先後，攸關保險契約上利益之歸屬，意義極大。依保險法規定，受益人應於得請求保險金額時爲一生存者，否則其利益即歸屬於被保險人(保 110 II)。外國保險法例，亦多作如此之規定 (Vance, 3rd ed., pp. 710-714)。因此，如被保險人與受益人同時遇難，而不能確定其死亡之先後者，即不免發生爭執。依羅馬法所定，凡父子同時遇難，子女未成年者，推定子女先死，子女已成年者，推定父先死。但現代羅馬法系的法律，皆多規定，凡同時遇難者，推定爲同時死亡。我國民法第一一條亦規定：「二人以上同時遇難，不能證明其死亡之先後時，推定其爲同時死亡。」美國一九四〇年制定「統一同時死亡法」(Uniform Simultaneous Death Act)，業經多州採用，其規定云：「人壽或傷害保險之被保險人及受益人皆死亡而不能反證非爲

同時死亡者，推定被保險人為後於受益人死亡，以定保險金額之歸屬」。依我國民法第一一條及保險法第一一○條所規定，被保險人及受益人同時遇難，而不能確定其死亡之前後者，似應認「受益人於被保險人死亡時非為生存」，而以保險金額歸屬於被保險人之遺產。

九、保險金額與記載事項

㈠**保險金額** 人壽保險的保險金額與財產保險的保險金額不同，財產保險的保險金額，乃當事人所約定之保險人賠償的最高限額，至保險事故發生時，實際上賠償額若干，尚應視實際的損害情形而定，惟不得超過保險金額而已。但人壽保險的保險金額，乃當事人約定將來保險事故發生時，所應支付之一定金額，並不受實際之損害情形所左右，所以人壽保險，亦稱「定額保險」。至此項金額究屬若干，得由當事人自由約定，而載明於保險契約，法律上別無限制，本法第一○二條規定：「人壽保險之保險金額，依保險契約之所定。」即揭明此旨。人壽保險之標的係屬人身，而人身無價，故人壽保險亦無所謂保險價額，從而所約定之保險金額無論多寡，總不發生超過保險，一部保險的問題。

㈡**記載事項** 本法第一○八條規定：人壽保險契約，除記載第五五條規定事項外，並應載明下列事項，因人壽保險契約亦為保險契約的一種，除關於保險契約一般記載事項(保55所列者)，原則上亦應記載外，尚應記明下列事項：

1.被保險人之姓名、年齡及住所 被保險人在此為保險之標的，故應記載，尤其被保險人年齡一項特別重要，更應據實記載，不得虛報或誤報（保122年齡不實之效果有關）。

2.受益人姓名及與被保險人之關係或確定受益人之方法 受益人已確定者應記載受益人之姓名及與被保險之關係；如還沒有確定，應記載確定的方法，例如有待調查的受益人，則記明其調查的方法等。

3.請求保險金額之保險事故及時期 可分兩點說明：(1)請求保險

金額之保險事故，如死亡保險之死亡，生存保險之生存（有此記載，則保 55 不必記載）。(2)請求保險金額之時期，如記明保險事故發生後即時請求，或若干日後請求等，應注意「時期」與第五五條第四款所列「保險責任開始之日時及保險期間」，不可混爲一談。此一「時期」乃與本法第三四條第一項中：「……保險人應於約定期限內給付之……」之「約定期限」相等。因此記載此項期限後，仍應爲本法第五五條第四款之記載，兩者不算重複。

　　4.依第一一八條（減少保險金額或年金之辦法）之規定，有減少保險金額之條件者，其條件　所謂減少保險金額之條件，如本法第一一七條第二項下段「保險費如有未能依約交付時，……或依保險契約所載條件減少保險金額或……」，此項條件有則記載，無則不記。

　　5.依第一一九條（償付解約金）之規定：「要保人終止保險契約，而保險費已付足一年以上者，保險人應於接到通知後一個月內償付解約金；其金額不得少於要保人應得責任準備金之四分之三。償付解約金之條件及金額，應載明於保險契約。」此次修改自保險費已付足二年以上，改爲一年以上，以利要保人終止保險契約時所償還之解約金。

　　6.依第一二〇條（款項之質借）之規定：「保險費付足一年以上者，要保人得以保險契約爲質，向保險人借款。保險人於接到要保人之借款通知後，得於一個月以內之期間，貸給可得質借之金額。」仍於八十六年五月修改時，自二年改爲一年，即保險費付足一年以上者，要保人得以保險契約爲質，向保險人借款。但其利率如何，亦理應定明，似較有利於要保人。

　　此外人壽保險契約不得爲指示式或無記名式（保 49 Ⅰ），故要保人之姓名（保 55 Ⅰ）亦必須載明。又當事人倘有其他約定事項（如利益分配，或解約金之償付條件）亦得記載。

　　茲將保險法第五五條各款事項及人壽保險契約應記載事項，列一對

照表，以供參考(見下頁)。

十、責任準備金

㈠**責任準備金的性質**　保險給付的來源出自保險費，故任何保險無不以支付保險費爲契約成立的條件；保險若無相當代價，則效力不發生。原則上，保險費一經支付即屬保險人所取得，至保險人積聚一項基金，以作賠償之準備，或準備不足時（如在初開業時）以資本爲賠貼，此事屬於業務經營的問題，被保險人無權過問。惟長期人壽保險寓有儲蓄之意義，保險費之收入，必須累積成數，建立準備金(保11)，最後仍須歸還於被保險人或受益人，保險人僅爲之保管運用，作有利的投資；結算時，須除去依精密計算確定之充分準備金後，始足以言盈餘。實際上，準備金爲全體被保險人存款之累積，尙非屬於保險人所有。故保險業視爲特種金融業，受政府的監督，其性質與儲蓄銀行相似。

人壽保險，皆以被保險人之死亡爲給付保險金之條件，雖其死亡之時日未能預行確定，但必有到來之一日，保險人爲準備將來債務之履行，並鞏固其信用計，必就所收之保險費，提去營業開支，支付當年之保險金額後，將剩餘款項充作準備金(reserved fund)。

本法第五五條各款	本法第一〇八條各款	人壽保險契約應記載事項
一、當事人之姓名及住所		1 當事人之姓名及住所
二、保險之標的物	一、被保險人之姓名、性別年齡及住所	2 被保險人之姓名、性別年齡及住所
	二、受益人之姓名及與被保險人之關係或確定受益人之方法	3 受益人之姓名及與被保險人之關係或確定受益人之方法
三、保險事故之種類	三、請求保險金額之保險事故及時期	4 請求保險金額之保險事故及時期
四、保險責任開始之日時及保險期間		5 保險責任開始之日期及保險期間
五、保險金額		6 保險金額
	四、依第一百十八條之規定有減少保險金額之條件者，其條件	7 依第一百十八條之規定，有減少保險金額之條件者，其條件
六、保險費		8 保險費
七、無效及失權原因		9 無效及失權原因
八、訂約年月日		10 訂約年月日

　　人壽保險的保險費以年齡、死亡率、金額、保險期間，及利息五項為計算的根據。在保險實務上屬於「精算」的範圍。茲以美國保險法學者范士(William R. Vance)所舉之例說明如下：

　　假定有四十五歲的人十名投保為期十年的人壽保險，金額各為一萬一千元，每年保險費各為二千元，再假定此十人每年死一人，十人全部

可收之保險費爲五十五次，其計算方式如附表：

附　　表

年份	收費人數	負債總額	每年收入保險費總額	全部資產	每年支出保險金額	準備金	每人現金額
1	10	$110,000	$20,000	$20,000	$11,000	—	—
2	9	99,000	18,000	27,000	11,000	$9,000	$1,000
3	8	88,000	16,000	32,000	11,000	16,000	2,000
4	7	77,000	14,000	35,000	11,000	21,000	3,000
5	6	66,000	12,000	36,000	11,000	24,000	4,000
6	5	55,000	10,000	35,000	11,000	25,000	5,000
7	4	44,000	8,000	32,000	11,000	24,000	6,000
8	3	33,000	6,000	27,000	11,000	21,000	7,000
9	2	22,000	4,000	20,000	11,000	16,000	8,000
10	1	11,000	2,000	11,000	11,000	9,000	9,000

第一年初，每人預付保險費各二千元，十人共二萬元，此時保險人資產總額爲二萬元，負債總額爲十一萬元。

第一年終，死一人，付出保險金額一萬一千元，資產總額二萬元內扣除一萬一千元，尙餘九千元，作爲生存者九人的準備金，以九人平分，每一人的現金額（準備金）爲一千元。

第二年初，每人預付保險費各二千元，九人（一人已死）共收一萬八千元，加上年積存未分的準備金九千元，資產額合計爲二萬七千元(每人一萬一千元，九人共有九萬九千元)。

第二年終，又死一人，付出保險金額一萬一千元，資產總額二萬七千元內扣除一萬一千元，尙餘一萬六千元，作爲生存者八人的準備金，以八人平分，每人之現金額爲二千元。

第三年初，每人預付保險費二千元，八人（二人已死）共有一萬六

千元, 加上年積存未分的準備金一萬六千元, 共有累積資產總額爲三萬二千元。

第三年終, 又死一人, 支付保險金額一萬一千元, 資產總額三萬二千元內扣除一萬一千元, 尚餘二萬一千元, 作爲生存者七人的準備金, 以七人平分, 每一人的現金額爲三千元。依此類推計算, 到第十年初, 生存者僅有一人, 累積的準備金爲九千元, 加續收的保險費二千元, 合計一萬一千元, 倘其人於該年死亡, 即以所餘的數額全部支付。

依上記實例, 第一年死者支付的保險費爲二千元, 而收入保險金額爲一萬一千元, 其差額九千元由生存者九人各分攤一千元。

第六年開始時, 生存的五人各已付足一萬二千元; 以後每人支付的保險費, 其中一部份即係分擔第五年以前死亡者所得之金額: 計在第六年死亡者多付一千元, 在第七年死亡者即多付三千元, 在第八年死亡者多付五千元, 在第九年死亡者多付七千元, 在第十年死亡者多付九千元。

上舉之例, 僅說明其原理, 事實上, 必無以十人爲一組, 以十年爲期, 每年必死一人的實例。

茲再循此一原則, 具體說明: 設有年四十五歲的人一千名投保壽險, 金額各爲一萬一千元, 按美國人壽保險會(Institute of Life Insurance)舊死亡率表所列, 每年每千人的死亡率如下表:

年齡	45	46	47	48	49	50	51	52	53	54
死亡率	5.35	5.83	6.36	6.95	7.60	8.32	9.11	9.96	10.89	11.90

假定十年間千人中共死亡八十二人, 除逐年死亡者外, 共收費九千六百九十三次, 共付出保險金額九十萬二千元 (零數以下採四捨五入), 算式可如下列:

$$\frac{\$902000}{9693} = \$93.06 \text{ (每期保險費)}$$

此例爲不附生存條件的十年期死亡保險，每人每年分擔的保險費爲九十三元零六分，十年內死亡者，可得保險金額一萬一千元，十年期滿生存者，因已無準備金之剩餘，故生存者各無可得收回之現金。此一計劃主要目的在於以有幸者救濟不幸者，多數人分擔少數人的損失，生存的人所獲得者，爲十年間萬一不幸之準備，以及心境的安寧，其無形之利益不可限量。

㈡**責任準備金的運用及檢查**　人壽保險的準備金，分責任準備金及特別準備金二項。責任準備金爲被保險人在保險契約上應得的累積總金額。而特別準備金爲依統計而算定的賠償準備(保 11)。保險業者在營業年度屆滿時，應分別保險種類，計算其應提存的各種責任準備金，記載於特設之賬簿；各種準備金比率，由主管機關（財政部）定之（保 145，保施 12、15、17）。

　1.**安定基金之運用及其限制**　保險業資金之運用，除存款或法律另有規定者外，以下列各款爲限（保 146~147）：

　　(1)購買有價證券。

　　(2)購買不動產。

　　(3)放款。

　　(4)辦理經主管機關核准之專案運用及公共投資。

　　(5)國外投資。

前項所稱資金，包括業主權益及各種責任準備金。第一項所稱之存款，存放於每一金融機構之金額，不得超過該保險業資金百分之十（保 146）。

　2.**保險業資金得購買下列有價證券**

　　(1)公債、庫券、儲蓄券。

　　(2)金融債券、可轉讓定期存單、銀行承兌匯票、銀行保證商業本票及其他經主管機關核准保險業購買之有價證券；其總額不得超過該

保險業資金百分之三十五（35%）。

　　　　(3)經依法核准公開發行之公司股票及公司債，且該發行公司最近三年課稅後之淨利率，平均在百分之六以上者。但每一保險業購入之公司股票及公司債總額，不得超過該保險業資金百分之三十五；其購買每一公司之股票及公司債總額，不得超過該保險業資金百分之五及該發行股票或公司債之公司資本額百分之五。

　　　　(4)經依法核准公開發行之證券投資信託基金受益憑證；其投資總額不得超過該保險業資金百分之五及每一基金已發行之受益憑證總額百分之五（保146之一）。

　　3.保險業投資不動產之限制　保險業對不動產之投資，以所投資之不動產即時利用並有收益者為限；其投資總額，除自用不動產外，不得超過其資金百分之十九。但購買自用不動產總額不得超過其業主權益之總額。本法修正施行（民國八十一年二月二十六日）前，保險業對不動產之投資超過前項規定比例者，主管機關應命其於二年內限期調整。

　　保險業不動產之取得及處分，應經合法之不動產鑑價機構評價（保146之二）。

　　4.保險業辦理放款之限制　保險業辦理放款，以下列各款為限：

　　(1)銀行保證之放款。

　　(2)以不動產為抵押之放款。

　　(3)以合於第一百四十六條之一之有價證券為質之放款。

　　(4)人壽保險業以各該保險業所簽發之人壽保險單為質之放款。

　　前項第一款至第三款放款，每一單位放款金額不得超過資金百分之五，其放款總額，不得超過資金百分之三十五（35%）。

　　保險業依第一項第一款及第三款對其負責人或職員，或對與其負責人或辦理授信之職員有利害關係者，所為之擔保放款，準用銀行法，第三三條、第三三條之一規定。

保險業依本法第一四六條之一第三款對每一公司股票及公司債之投資與依本條以該公司發行之股票及公司債爲質之放款，合併計算不得超過其資金百分之十及該發行股票及公司債之公司資本額百分之十（保146之三）。

5.保險業資金辦理國外投資之限制　保險業之資金得辦理國外投資；其範圍及內容，由主管機關定之。此限國外投資總額不得超過該保險業資金百分之五(5%)。但主管機關視其經營情況，得逐年予以適度調整。此項調整亦不得超過該保險業資金百分之二十（保146之四）。

6.保險業資金之專案運用與公共投資　保險業之資金，經主管機關核准，得辦理專案運用及公共投資。

保險業對於每一危險單位之保險金額扣除再保險金額後，不得超過資本金或基金、公積金、特別準備金及未分配盈餘總和之十分之一（保147）。

主管機關得隨時派員檢查保險業之營業及資產負債，或令保險業於限期內報告營業狀況（保148）。如查有違背法令或其資產不足清償債務並返還責任準備金或保險費時，主管機關得令於一定期間內依法改正，或變更執行業務方法，並爲保護要保人、被保險人或受益人之權利計，得令其停業或一定期間之停業或解散。

7.主管機關對保險業經營業務違背法令之處分　保險業經營業務，有違背法令之情事者，主管機關應依其情節，分別爲下列處分：

(1)限期改正。

(2)限制其營業範圍或新契約額。

(3)命其補足資本或增資。

保險業不遵行此項處分或不依第一四三條「保險業認許資產減除負債之餘額，未達第一四一條之規定保證金額三倍時，主管機關應命其於限期內，以現金增資補足之。

　　保險業認許資產之標準及評價準則，由主管機關定之。保險業非因
給付鉅額保險金之週轉需要，不得向外借款，非經主管機關核准，不得
以其財產提供爲債務之擔保；其因週轉需要所生之債務，應於五個月內
清償。」（命爲現金增補及向外擔保借款之限制）增資補足者，主管機關
應依情節，分別爲下列處分：

　　　　①派員監理。

　　　　②撤換其負責人或其他有關人員。

　　　　③限期改組。

　　　　④命其停業或解散。

　　依此項規定監理、停業或解散者，其監理人或清算人由主管機關選
派（保 149）。

　　保險業經營業務違背法令，致資產不足清償債務時，除處罰，若違
反本法強制規定時，得處負責人各新臺幣壹百萬元以上五百萬元以下罰
鍰（保 170）外，公司負責決定該項業務之董事長、常務董事、總經理或
經理應負連帶無限清償責任（保 153），保險合作社之理監事，則依合作
社法負責。

　　㈢**要保人對責任準備金的權利**　依人壽保險通例，要保人付足保險
費滿若干年後，對責任準備金有分配的權利，故如非保險效力中途停止，
其保險單仍有相當的現金價值。

　　1.收回或質借　保險法規定，要保人終止保險契約，而保險費已
付足二年以上者，要保人得收回應得責任準備金中至少四分之三，作爲
解約金；保險人應於接到通知後一個月內償付，其條件及金額應載明於
保險契約（保 119）。又保險費付足二年以上者，要保人得以保險契約（即
保險單）爲質，向保險人借款；保險人得於一個月以內之期間，貸給可
得質借之金額（保 120）。所謂「可得質借之金額」，通常均訂明於保險單
（第一人壽保險公司福樂壽險保險單 27，華僑萬壽升值保險單 9）。保險

人對於質借之申請，定有一個月之期間，此為要保人之權利，依法不得延擱或予以拒絕。貸款本息超過解約金時，保險效力停止，一般人壽保險單皆訂有此項條款；嗣後若要保人償還全部借款或一部份借款而回復至可得質借金額之限度以內時，依其反面解釋，契約應自保險人接受償還金時起恢復效力。依據一般常理，質借之金額不致超出可得質借金額之限度，以能保持契約之效力；若本金雖未超出，但以利息累積，致合計超出限額時，似仍宜行催告之手續（保116，民229以下參照），乃可停止契約效力或終止契約。

2. 保險費交付遲延　保險法規定，人壽保險之保險費到期未交付者，除契約另有訂定外，經催告後逾三十日仍不交付時契約效力停止；同時保險人亦得終止契約（保116，保施32）。現今各保險公司之人壽保險單多訂定以三十日或一個月為「寬限期」。逾期契約之效力即行停止，但得於停止後二年內申請復效。如此，則於所定二年期內自尚不得終止契約。於以被保險人終身為期，不附生存條件之死亡保險，或於契約訂定於若干年後給付保險金額或年金之保險（如華僑人壽保險公司之教育安家保險），如保險費已付足二年以上而有不交付時，保險人僅得變更契約內容，以其應得之責任準備金抵充保險費，而減少保險金額或年金，但不得終止契約（保117 Ⅳ）。保險人依法律或因要保人之請求，減少保險金額或年金時，應以訂原約時之條件，訂立同類之保險契約為計算標準；其條件及可減少之數額應載明於契約；其減少後之金額，不得少於原契約終止時已有之責任準備金，減去以原保險金額百分之一計算之營業費用，而以之作為保險費一次交付所能得之金額。保險金之一部份，係因其保險費全數一次交付而訂定者，不因其他部份之分期交付保險費之不交付而受影響（保118）。

3. 自殺、犯罪　被保險人故意自殺或因犯罪處死或拒捕或越獄致死者，保險人不負給付保險金額之責任，但保險費已付足二年以上者，

應將責任準備金返還於應得之人，即受益人或繼承人（保 109），受益人故意致被保險人於死者亦同（保 121）。

4.優先權　保險人破產時，受益人對於保險人得請求之保險金額之債權，以其保險責任準備金按訂約時之保險費率比例計算之（保 123）。要保人、被保險人、受益人，對於保險人爲被保險人所提存之責任準備金，有優先受償之權（保 124）。此爲對其應有之責任準備金部份有優先於其他債權人之債權而受淸償之權利。

第二節　健康保險

一、健康保險的定義

健康保險（health insurance），爲疾病保險（sickness insurance），亦稱醫療保險（medical care insurance），內容兼及疾病與傷害，因傷害也是疾病，所需醫療相同，乃保險人於被保險人疾病、分娩及其所致殘廢死亡時，負給付保險金額責任的一種人身保險（保 125）。可分述說明如下：

㈠健康保險是人身保險的一種　健康保險是一種人身保險，而與前述的人壽保險同類，因此有關人壽保險的規定，多可準用（保 130）。

㈡健康保險是以疾病、分娩及其所致殘廢死亡爲保險事故　健康保險的保險事故是被保險人的疾病、分娩及其所致殘廢死亡，此點與人壽保險，以被保險人的死亡爲保險事故者，有所不同。健康保險有綜合保險的性質。疾病指人身內部原因所致病症，包括肉體方面與精神方面的疾病，均得爲健康保險的保險事故。分娩是指婦女生產，男子則不適用（惟在社會保險，男人有以其配偶分娩，而領取生育給付之機會，見勞工保險條例 32 ②），分娩而致身體不健康，始有其適用。此處所稱殘廢死亡，並非一項獨立的事故，乃疾病、分娩所得的結果，即由疾病所致

之殘廢(如病後耳聾或失明)、由疾病所致死亡、由分娩所致之殘廢及由
分娩所致之死亡四者均屬健康保險之保險事故，因此殘廢死亡若非由於
疾病、分娩所致，則不包括在內。

　　㈢健康保險保險人於上述保險事故發生時，負給付保險金額的責任

　　健康保險的保險人於被保險人疾病分娩及其所致殘廢死亡時，負給付
保險金額之責任。保險金額之多少，應依保險契約之所定（保130準用
保102）。

　　二、健康保險的類別及給付

　　健康保險，以保險事故固可分為疾病保險及生育保險，但健康保險，
按其性質，有屬人身保險者，有屬於損失保險者；按其目的及方法，有
屬於社會保險者，亦有屬於商業保險者，相當複雜。茲就因疾病或健康
失常而有待於保障之利益，分述如下：

　　㈠工資收入保險(income insurance)　私有資本制度的國家，所謂
「勞工」，必須依賴工資收入以維持生活，若因患病不能工作時，往往令
生活陷於絕境，為保障勞工生活，現代文明各國，均舉辦社會保險，於
勞工因疾病不能工作時，期使免費醫療外，並給予所失工資之補助，以
維持生活（勞保33）。此乃屬社會保險之範圍，不在商業保險中研討。

　　㈡住院醫療保險(hospitalization and medical care insurance)
此項保險亦屬社會保險的範圍，於被保險人（有時兼及特定之親屬）患
病時，給予免費的診療或住院醫治，使其恢復健康，但不給付現金。公
務人員保險及勞工保險已分別列入。美國現由藍十字會(The Blue
Cross)或藍盾會(The Blue Shield)舉辦，皆非以營利為目的。

　　前項保險僅限於最低必要之醫療費用之補貼，並有金額及時間的限
制；若住豪華醫院病房，或僱用特別護士，使用昂貴藥品（除特效藥劑
外）或出國醫療療養等，均非所包括，故於富豪者，不生作用（參閱臺
灣人壽保險公司一年期福利壽險保單條款10、11）。

㈢**業務利得保險**(profit insurance)　此項保險專對被保險人因疾病而不能親自從事特定業務，致受有損失者，給予金錢的補貼，爲依附於人身之損失保險。例如戲院主人延聘名伶演劇，若伶人於約定期間死亡或患病停演時，則所做投資及預期的利益均告喪失，因此本於契約所生的利益，得以該伶人爲被保險人而訂立短期的人壽保險或疾病保險(保20)。其他如自由職業者，及賴專門技術，或特別藝能，須親自從事業務者，亦可投保此項健康或疾病保險，於患病不能工作，致喪失現有或期待之利益時，於約定之金額內得有補償。此項保險雖亦可名爲健康保險，但與健康保險之以保全被保險人之健康爲目的者，迥然差異。健康保險之屬於商業保險，似以此項爲最有前途。

㈣**以身體或精神上之苦楚或生命期之縮短爲標的之保險**(insurance against physical or mental suffering or shortening of life expectancy due to ill health)　依通常言，其爲保險標的之危險或損失，必須有經濟上的價值；因疾病所受身體或精神上的痛苦，屬於主觀的成份居多，無法以金錢估計，故難能爲疾病保險之標的。因疾病而致生命期的縮短，更不能於生前估定其損失。一般人的生命期雖可依統計而算定，但特定一人生命之長短，雖醫學專家亦無法斷言，故以預期生命期縮短之損失而爲保險者，應屬人壽保險的範圍，其以健康或疾病保險出之者，事實上仍不多。

㈤**遺囑生活費保險**(benefits to survivors)　此項保險爲人壽保險之受益人的利益，或於未指定受益人時，即屬其遺產。不論名稱如何，其性質屬於人壽保險。關於此項保險，除社會保險應適用特別法以外，原則上適用人壽保險之規定。

㈥**喪葬費保險**(funeral expenses)　此亦爲人壽保險之一種，金額不大，與簡易人壽保險性質相類似。

健康保險，以給付現金爲原則。關於工資損失及醫藥費損失，以實

際損失爲限度，或按實際損失補償百分之若干（一部份由被保險人自己負擔）；關於業務損失，以契約定其給付額或於一定額內補償其可得算定之實際損失。其他住院醫療給付，在社會保險，則通常均非爲現金給付，如爲現金者，亦以補貼住院及醫藥費用爲限。

三、健康保險契約的訂立

㈠**當事人及關係人**　健康保險契約的當事人爲保險人與要保人，此外亦有被保險人與受益人的問題。通常要保人與被保險人爲同一人時居多，要保人與被保險人不爲同一人時，亦無不可。故健康保險契約得由本人訂立，亦得由第三人訂立（保130準用104），又由第三人訂立時，亦不必經被保險人之書面承認，並約定保險金額。因疾病、分娩須經醫生診斷或助產，不容易發生道德危險。又於死亡保險，十四歲以下之未成年人或心神喪失或精神耗弱之人，不得爲被保險人（保107），但在健康保險，則無此限制；不過訂約時，被保險人已在疾病情況中者，保險人對此項疾病不負責任而已。

㈡**健康檢查**　健康保險契約訂立的手續，依本法第一二六條規定：「保險人於訂立保險契約前，對於被保險人得施以健康檢查。」「前項檢查費用，由保險人負擔。」得施以健康檢查者，所以使保險人明瞭被保險人的健康情形，藉以決定是否承保，或確定保險人之責任（訂約時的疾病，不在保險人責任範圍以內）。至於該項檢查費用所以由保險人負擔者，係因屬於業務費用所使。又該項檢查並非保險人的義務，因此並非不可省略。

㈢**記載事項**　健康保險契約的記載事項，依本法第一二九條規定：「被保險人不與要保人爲同一人時，保險契約除載明第五十五條規定事項外，並應載明左列各款事項。」

　　1.被保險人之姓名、性別、年齡、職業及住所　被保險人爲保險的對象，故應將其姓名、性別、年齡、職業及住所等事項記明。

　　2.被保險人與要保人之關係　被保險人與要保人之關係，應予記載明確，以便查知要保人對於被保險人具有何種之保險利益。

　　除上列兩項以外，如另有受益人時，亦應記載之。至若被保險人與要保人爲同一人時，則上列兩項不必記載。

　　又依第一三〇條準用人壽保險之規定：「第一〇二條至第一〇五條、第一一五條、第一一六條、第一二三條及第一二四條，於健康保險準用之。」即保險金額、代位禁止、契約之代訂與保險費之代付及第三人訂立死亡保險契約之限制等準用人壽保險之規定。

四、健康保險不包括的危險及效力條件

　　健康保險，以營業保險方式辦理時，其範圍及條件，可任意以契約訂立，但不得違背法律強制或禁止之規定。任何保險，其事故的發生必在契約生效以後，健康保險自亦不例外。若在保險契約訂立時，被保險人已在疾病或妊娠中時，保險人對此項疾病或分娩，不負給付保險金額之責（保127）。所謂「保險契約訂立時」係指契約發生效力之際而言。

　　契約生效之時，「被保險人已在疾病或妊娠情況中」云云，謂疾病或妊娠已有外表可見之徵象，而在客觀上被保險人不能諉爲不知之情況。「情況」云者，外表可見之形狀。若疾病或妊娠的原因雖發生在契約生效前，但在訂約之際，外表並無跡象可見，而又爲被保險人實所不知，自應依其發見或表面化之日爲其原因成立之日。

　　健康保險契約成立後，若被保險人故意自殺或墮胎者，由此所致之疾病、流產、殘廢或死亡，保險人不負給付保險金額之責任（保128）。任何保險，凡故意造成保險事故或危險者，保險人皆不負責。但自殺非出於故意者，又當別論。

　　一般健康保險，正如一般的傷害保險，有下列之除外條款：

　　㈠戰爭之危險。

　　㈡故意自殺或企圖自殺（保128）。

㈢除經常航空運送旅客之航空器外，上下或搭乘其他種類之航空器所致之危險。

㈣因冬季運動、溜冰、滑雪、登山、打獵、賽車，或其他非步行之競賽所致之危險。

上述各種，在傷害保險多爲直接原因，但在疾病保險則不可能皆爲直接。若有孕婦因聞鎗礮聲震驚而流產或因而殘廢或死亡者，自不得謂係戰爭而致發生保險事故。健康保險單未必皆載有如上述之除外條款，但若載有此項條款者，在解釋時必有所困難。

健康保險，亦如傷害保險，保險人每以職業之分類及性別，估計其承擔的危險。故如被保險人由甲類職業，轉入乙類職業，而爲危險之增加時，應通知保險人(保59、60)。依據經驗，女子從事職業者，其傷害或疾病的危險較男子爲大，常在職業分類表上較男子遞進一級。

英國通常的傷害疾病保險，將職業分爲四級：

第一級爲律師、會計師、教士、醫生、商人(主管者)、教師、秘書、股票經紀人及紡織廠管理員、書記。

第二級爲工廠職員、食品商人、鐵器商人、馬具製造工人、營造師、電機工程師、機械工程師、汽車工程師（後列四種皆以主管人員爲限）。

第三級爲建築工人（非指細木工）、屠宰工人、乳品製造供應工人、農民、汽車保養廠主人、園藝工人、食品製造供應工人、汽車工程人員、獸醫師、倉庫管理人等。

第四級爲工程學徒、蹄鐵工人、家具搬移工人、打穀機管理人、鋸木工人、養馬工人。以上分級表，僅供參考。

第三節　傷害保險
（Personal accident insurance）

一、傷害保險的定義

　　保險人於被保險人遭受意外傷害及其所致殘廢或死亡時，負給付保險金額之責任的一種人身保險(保131參照)。以被保險人遭受意外傷害及其所致殘廢或死亡爲範圍(保131，公保13、18，勞保33)。所謂「意外傷害」是指因不可預料或不可抗力之事故所致人身之傷害(保1、29)；所謂「人身」是指人體天然的部分。現代醫學上就人身所爲之裝置，以彌補殘缺者，雖幾乎不能與人身脫離，然究非其天然部份。故假牙、假眼、假手、假腿等，受有損壞，均非人身之傷害。傷害須爲不可預料或不可抗力之事故之結果。若出於故意或犯罪行爲者，前因後果既可逆料，自爲保險範圍所不及(保133，勞保23、26)。故自己戕害身體或墮胎者，不得主張保險契約上的權利。

　　傷害保險及人壽保險，皆以人身爲其客體，內容上頗多雷同。

　　關於傷害保險，本法於第一三五條規定：「第一百零二條至第一百零五條，第一百十條至第一百十六條，第一百二十三條及第一百二十四條於傷害保險準用之。」茲分別說明如下：

　　㈠原則上，傷害保險爲定值保險，其金額依契約之所定 (保102)。

　　㈡傷害保險不適用關於代位權之規定 (保53、103)。

　　㈢傷害保險契約，得由本人或第三人訂立 (保104)。

　　㈣傷害保險之關於死亡給付部分，得指定受益人。指定受益人時，應通知保險人。受益人以於請求權成立時尚生存者爲限 (保110)。受益人經指定後，除聲明放棄處分權者外，要保人對於保險契約上之利益，仍得以契約或遺囑處分之，但非經通知，不得對抗保險人 (保111)。

㈤傷害保險之死亡給付，有受益人者，由受益人領受，不得作爲被保險人之遺產(保112)。無指定受益人者，屬於被保險人之遺產(保113)。受益人故意傷害被保險人者，無請求保險金額之權；傷害未遂時，被保險人得撤銷其受益權利（保134）。

㈥傷害保險之受益人非經要保人之同意或契約載明允許轉讓者，不得將其利益轉讓他人（保114）。

㈦傷害保險之保險費到期未交付者，除契約另有訂定外，經催告到達後逾三十日，仍不交付時，保險契約之效力停止，或終止契約，但在停止效力期內，得清償保險費及其他費用後，於翌日上午零時起，開始恢復其效力（保116）。

法律關於人壽保險之規定，除上述外，並不一律準用於傷害保險。故傷害保險之內容，除依保險法的總則及保險契約之通則外，其他條款，均得以契約自由訂定之。

人身之價值，不得以金錢估量，故傷害致死者，自無復估計其損失之餘地，保險人應即依契約給付。但若傷害而未致於死者，其應由保險人負責之醫藥費用等，則須按實際之損失，以定保險人責任之限額。

二、傷害保險的種類

我國保險法對於傷害保險的種類及其內容，規定欠詳。一般按實例有普通傷害保險(或稱一般傷害保險)、團體傷害保險、旅行傷害保險及交通傷害保險等。而傷害保險包括傷害、殘廢、死亡三項；除死亡應按約定金額照付外，其他殘廢給付、醫藥給付、生活費給付等，其金額的多寡及給付的方法，若非屬於社會保險，皆得由當事人任意以契約訂定。

商業傷害保險，除綜合性的人壽保險及汽車保險外，還有各保險公司新舉辦的各種「人身平安保險」，相當普遍。公務員、學生、勞工、漁民保險已在臺灣逐漸施行，其中關於傷害，及因傷致死或殘廢等項目，亦屬保險法所定傷害保險之範圍，雖社會保險與商業傷害保險，辦理的

宗旨不同，然而於確定傷害殘廢的意義及範圍，及權利義務的得失，凡適用於營業保險者，於社會保險（除別有規定者外），自可類推適用。

外國現行傷害保險有下列各種方式：

㈠**人壽保險附加傷害殘廢條款**(accident and disability clauses)。

㈡**單純傷害保險**(personal accident insurance)。

㈢**疾病傷害保險**(personal accident and sickness insurance)。

㈣**團體傷害及健康保險**(group accident-and-health insurance)。

㈤**住院診療保險**(hospitalization insurance)。

茲再分別說明如下：

㈠人壽保險附有傷害、殘廢條款者，保險人約定於被保險人因傷害而致死亡時，除原定保險金額外，加給一倍或數倍之金額，名爲雙重給付或多重給付。或又約定於被保險人因傷或因病致殘廢時期，免收保險費，給予殘廢津貼，於其死亡時，仍按所定之金額給付。

㈡單純傷害保險，多爲短期保險，有以一年爲期者，亦有不足一年者，內容並無一定的標準。

㈢疾病傷害保險，實爲健康及傷害二種混合之保險，已於健康保險述及。

㈣團體傷害及健康保險，多屬僱主爲其受僱人的利益而訂立，常與團體人壽保險合併投保。此項契約在僱主言，爲責任保險，而在被保險人言，則爲傷害及健康保險，勞工賠償保險可爲其一型態(workmen's compensation insurance)。

㈤住院醫療保險，英國首先施行，其後歐陸國家及日本等文明各國亦相繼實施，均屬社會保險的性質。美國之醫療保險由非營利的藍十字會及藍盾會舉辦，其範圍除勞工賠償保險所已包括之部份外，及於被保險人本人及其家屬，因病所需住院治療。

上列五種保險，以商業性的人身傷害保險問題最多，訴訟也最多。因該保險內容由當事人任意訂定，範圍可大可小，所用文字也不一，有待解釋的部分也多。

茲依據美國通行人壽保險單「附加傷害條款」一則，說明概念：「在本保險單有效期內，若要保人按期付費者，於被保險人直接因外來劇烈意外事故(除謀殺及清醒狀態或非清醒狀態之自殺外)，身體受有外表可見，且與疾病或其他原因絕無關係的傷害以致死亡者，保險人給付按原定（人壽保險金額）額加倍之金額，以其係自意外事故發生之日起九十天內死亡者為限。」(Vance, Cases on Insurance, 3rd ed., p. 833)。

三、傷害保險契約的訂立

㈠**當事人及關係人** 傷害保險契約的當事人為保險人與要保人，此與一般保險契約相同，至於其關係人則有被保險人與受益人。茲分述之：

1.被保險人 被保險人必定為自然人，法人無身體傷害的問題，不得為被保險人。因為傷害保險縱遭人加害理賠，該幼童亦非不能事後辯白，加害人將無所逃罪，必多考慮。加以幼童受傷的機會較多，若限制其為傷害保險之被保險人，則其保護人不能利用保險以分散其醫藥費用之負擔，以資救濟，如因此而不能及時醫治，勢必加深傷害之痛苦，所以法律上不加限制。

傷害保險契約之被保險人，可能與要保人為同一人，亦可為個別之人。亦即傷害保險契約得由本人或第三人訂立（保135準用104）。其由第三人訂立之傷害保險契約，亦無須被保險人之書面承認並約定保險金額，即可生效。

2.受益人 傷害保險亦得有受益人之問題。

(1)要保人得通知保險人，以保險金額之全部或一部給付其所指定之受益人一人或數人。前項指定之受益人以請求保險金額時生存者為限（保135準用110）。

(2)受益人經指定後，要保人對其保險利益，除聲明放棄處分權者外，仍得以契約或遺囑處分。要保人行使此項處分權，非經通知不得對抗保險人（準用保 111）。

(3)保險金額約定被保險人因傷亡時,給付其所指定之受益人者,其金額不得作爲被保險人之遺產（準用保 112）。

(4)傷害保險契約未經指定受益人者，如被保險人死亡時，其保險金額作爲被保險人之遺產（準用保 113）。

(5)受益人非經要保人之同意或保險契約載明允許轉讓者，不得將其利益轉讓他人（準用保 114）。

㈡**記載事項**　本法第一三二條規定:「傷害保險契約，除記載第五十五條規定事項外，並應載明下列事項:

1.被保險人之姓名、性別、年齡、職業、住所及與要保人之關係。

2.受益人之姓名及與被保險人之關係，或確定受益人之方法。

3.請求保險金額之事故及時期。」

四、傷害保險契約的效力條件

㈠**對保險人的效力**:

1.*保險金額的給付*　傷害保險人於被保險人遭受意外傷害及其所致殘廢或死亡時，負給付保險金額之責（保 131）。亦即傷害保險人有給付保險金的義務。保險金的多寡，應依據契約。有定額給付與不定額給付。定額給付即照約定之保險金額給付，而無所增減；不定額給付即以約定之保險金額爲最高限額，於此限額內，按實際付出之醫藥費及手術費等給付之。

2.*法定的免責事由*　傷害保險人遇有下列事由，則可免其責任:

(1)被保險人故意自殺或因犯罪行爲所致傷害殘廢或死亡　此等行爲、事故或違背善良風俗或違反法律規定，故保險人應免其責任。而傷害保險又因多屬短期，與人壽保險不同，故免責後亦無責任準備金返

還的問題。

(2)受益人故意傷害被保險人　依本法第一三四條第一項規定：「受益人故意傷害被保險人者，無請求保險金額之權。」此一規定爲防止道德危險所設，保險人遇此情形自當免責。同樣傷害保險多屬短期，亦無免責後返還責任準備金給其他應得之人的問題。

其次，受益人故意傷害被保險人未遂時，被保險人得撤銷其受益權利(保 134 II)。受益權利雖經撤銷，但保險人亦不因而免責，惟有由要保人再行指定受益人而已。

3.代位的禁止　傷害保險的保險人不得代位行使要保人或受益人因保險事故所生對於第三人之請求權（保 135 準用 103）。

㈡**對於要保人的效力**　要保人的主要義務爲保險費的交付，如到期未交付，除契約另有訂定外，經催告到達後逾三十日仍不交付時，保險契約之效力停止。該項催告應送達於要保人或負有交付保險費義務之人的最後住所或居所。保險費經催告後，應於保險人營業所交付之。上述停止效力之保險契約，於保險費及其他費用清償後翌日上午零時開始恢復其效力。保險人於上記三十日期限屆滿後，並有終止契約之權(保 135 準用 116)。

傷害保險的保險費，是否得以訴訟請求交付，法無明文規定。解釋上似可不準用人壽保險保險費不得以訴訟請求交付之規定（保 117 I），蓋因傷害保險與人壽保險不同，原則上傷害保險的保險費應得以訴訟請求交付。

五、傷害保險契約上的傷害

保險法所指「傷害」係指意外之傷害。而傷害有內傷及外傷之別；在外者固不難判別，在內者則目不能睹，是傷非傷，殊難認定。事實上，人身疾病多由外來原因，機能受損，蘊藏於內者爲內科，形諸於外者爲外科；刀割瘡傷，肌膚受傷，斷臂折指，肢體受傷，其傷在外，故爲外

科。無論體內體外，其爲傷則同一，無傷即無病。走路失足，跌倒地上，以致頭破血流，傷中要害，其爲因傷致死，相當明確。但同爲跌倒地上，血管破裂，昏厥致死，外表無傷，然其因傷致死，正與頭破血流，無分軒輊；然而前者謂爲因傷致死，後者謂爲因病致死，若經保險，前者予以賠償，而後者不予賠償。

關於傷害保險的訴訟，常常在「外傷」、「內傷」及「意外」、「非意外」的問題上發生爭執。保險業者有鑒於此，乃盡量利用文字上的技巧，以限制其責任。現行傷害保險用語上，有所謂「意外傷害」(accident injury)及「意外原由之傷害」(injury by accidental means)，美國法官任金士(Jenkins J.)曾釋明：

「稱意外死亡者(accident death)，謂死亡爲一項行爲或動作的結果，但其『結果』則非爲行爲或動作時所計畫或預料，若『結果』爲非所計畫或非所預料時，則行爲或動作縱歸咎於死者，仍不失爲意外之死亡。」

「稱意外原由致死亡者(death by accidental means)，爲謂致成傷害之理由,非出於計畫亦非出於故意,然卻因這一理由受傷而致死亡。」(Pledge v. Business Men's Acc. Ass'n of Texas, 1917 197 S. W. 889)茲舉一例說明如下：

有一位保羅雷夢(Raymond L. Burr)的人，保意外傷害險，訂明由外來、劇烈、意外理由致生命、四肢、視力等受有損害，而其結果爲直接或由其近因所致，保險人始負賠償之責。某日因外出公差，驅車旅行，遇大風雪，車行受阻，陷入雪中，進退不得，乃就近借得鐵鏟，欲去剷除積雪，不料碰到鐵鏟或後輪而倒地，其妻子聞悉，出車探視，已見倒地，遂扶入車內，坐定不久，旋即氣絕。該人生前體壯力強，從不言病。

法院諭示：意外理由(accidental means)謂其理由足以產生不自然或不必然的結果，亦即若該人因暴露雪中過久，或使力過甚或滑跌碰

及鐵鏈或汽車，或由於第三人的理由所湊合者，按其情形就可認定爲意外外來理由所致之死亡。但若其死亡係由於心臟病或於事故發生之際，先已有心臟病者，則所謂「外來意外原由」不過爲心臟病之一加重原因，尚不能說此種理由爲唯一的外來意外原因(Burr v. Commercial Travelers Mut. Accident Ass'n 255 N.Y. 294, 67 N.E. 2nd 248 (1946) 166 A.L.R. 462, 1947)。

但在另一案，羅哥法官(Rugg C. J.)卻指稱：「若其人的健康情形雖脆弱，卻無明顯之疾病；或抵抗力雖弱而易受外來原因的侵襲，然若在一健康人正常情況下，縱有此外來意外原因亦不致發生不幸之結果，而於此人竟發生如此不幸的後果，仍應認爲有意外原由的存在，而死傷爲其直接的結果(Leland v. Order of United Commercial Travelers of America, 233 Mass. 124 N.E. 517, 520)。

因此，通常傷害在定義上有「原因說」及「結果說」。依「結果說」，不問原因是否出於意外，若結果爲出於意外者，即爲意外的傷害；又依「原因說」，凡原因爲出於意外者，結果乃爲意外；若結果雖出於意外，而原因非出於意外者，仍非爲意外之傷害(MacGillivray on Ins. Law, 2nd ed., p. 1115)。

六、特種危險

傷害保險契約的內容，範圍廣狹不一。範圍狹者，僅限於若干特種之危險；範圍廣者，亦必將若干特種危險除外；保險契約爲任意契約，法律干涉不多，甚至不加干涉。傷害保險契約，原則上包括任何意外之死傷，惟明白列舉或明白除外之承保危險，則不在此限。外國通例，對於航空、服毒及煤氣等危險大多明文排除在外。

傷害保險，每提出若干特定危險，酌加保險費，於其事故發生時給予兩倍或數倍賠償；如被保險人於失火時，在屋中受傷致死，或於公用舟車上受傷或致死等。此項「增加給付」頗受社會歡迎，而保險人也樂

於承保。

　　美國通行的傷害保險，常常提出若干種危險予以優待，但亦有專就某項特種危險為單獨短期的保險。茲舉其較重要者，說明如下：

　　㈠**搭乘公用舟車航空機的危險**　此屬旅客意外傷害保險，在美國已極普遍，搭乘火車、長途汽車、輪船、飛機等可在車站碼頭或機場以極少代價購買一次旅程或來回旅程的傷害保險單，亦有以自動販賣機出售保險單，其簡易與購買郵票無異。此一保險契約之一般內容及條件為：被保險人須為旅客，且須在車、船或飛機上受傷。法院對於「旅客」及其他條件之文義，多作有利於被保險人之解釋。

　　㈡**電梯危險**　此項保險常訂定被保險人須為乘客，其電梯須為供載客之用，且於受傷時身在電梯中。「電梯」一語，若別無限制，凡載貨載客的電梯均包括在內。所謂「搭乘電梯」亦從廣義：有人自電梯門踏空失足，墜樓死亡，美國法院認為亦係搭乘電梯(Vance, 3rd ed., p.963)。但今日保險單，常訂明須人「在載客電梯之車廂中」，既定有明確之條件，即應依其所定。

　　㈢**失火之危險**　此項保險，約定被保險人於房屋失火時，在屋內受傷或死亡者，保險人負賠償之責。其條件為1.被焚燒者須為房屋。2.被保險人須在起火之際身在屋內。如屋已被焚，入內搶救財物以致死傷者，不包括在內。但入屋搶救人命是否包括，諸多議論，亦可與緊急避難之條件相為對比研議。所謂房屋被焚不必全部焚燬，一部燒毀而致死傷者，亦包括在內。房屋不必為木石建築之屋，即汽車之拖車(trailer)及船隻之作住居用者，亦可視若房屋。

　　㈣**公路之危險**　此一保險，包括在公路站立、行走及駕駛車輛等的危險。公路是指大眾可通行的大路小巷。美國鐵路雖多屬民營，但鐵道線路仍視作公路；住宅通公路的巷道亦為公路，但大門以內的通道或其他不許外人行走的里巷小路，則非公路。契約範圍如僅及於行路者，常

常訂明以在路上行走或站立時受傷或死亡爲限，若在路上坐臥，或自車上墜落，或騎腳踏車、機車等致死傷者，均不在內。惟在公路上俯地拾取物品，仍應視作行走，而上下汽車、電車及火車，若未明文除外，亦視爲行走(Vance, 3rd ed., p. 965)。如契約訂明須被保險人在車內受傷始予賠償，則被保險人在上下車時，半身在車內，半身在車外者，應視爲在車內。

上述四項特定之危險，如於一般性之人壽保險或傷害保險契約內包括，須事先約定於其事故發生時，給予增加給付。

七、職業的變更

傷害及殘廢的危險程度，常常隨著所從事的職業而有所差異，保險人往往據此職業以定保險費的高低。因此，在訂約之初，如被保險人於其所從事的職業，有不實之說明或故意遺漏，自足影響契約之效力，即於契約成立後，更改職業使危險增加者，保險人亦得終止契約，或重訂保險費（保59、64）。

依美國法例，傷害保險，係依職業分類，以定其保險費率。紐約州保險法第一六四節規定其條款如下：

「被保險人更改職業，而自約定之一類轉入危險較大之他類，或同時從事於危險較大之他類職業而受有傷害時，除因處理家庭事務，或在消遣中涉及他類之職業外，保險人僅就其所付保險費依該他類職業所得投保之金額負責，但仍以該他類之職業爲保險人所定職業類別範圍所列入者爲限」。

依此規定被保險人改從危險較大的職業時，保險人得減少其保險金額，而仍維持契約的效力，但如被保險人所改從之職業爲保險人所訂職業門類所不列者，則保險人可不負責。依此條文的當然解釋，凡被保險人自原定危險較重之職業轉入另一危險較輕之職業，或離去原定職業而尚未改從其他職業者，保險人自應依契約負責。若被保險人並未改業，

但於業餘兼事他業(如日間擔任公司職員，晚間當餐廳侍者)，其因兼職受傷時，如兼業爲同屬一類者，保險人仍應依原約負責。非同屬一類者，應依法減額辦理。

八、不包括的危險

傷害保險，亦如同人壽保險，常常訂明若干種危險爲不保的危險。但所謂不保之危險，除自殺及犯罪兩項外 (保133)，仍非當然除外。故任何傷害，若不明白列舉，加以除外，在一般傷害保險，均應包括在內。

自殺及因犯罪所致之死傷，爲當然不包括在內的危險。受益人故意傷害被保險人者，無請求保險金額之權(保134 Ⅰ)。保險契約通常均以明文予以除外。

依一般慣例，傷害保險所不包括之危險，其項目可有下列數種：

㈠服毒 被保險人因服毒或接觸毒品而受傷或死亡者，其情節爲出於意外或出於自殺，常不易辨別，保險契約往往以明文加以除外，以免爭執。若契約僅書「服毒」，則意外中毒，仍不能除外不賠。故如有人誤以石炭酸爲薄荷油而服食中毒，仍屬意外之事故，不得謂爲服毒。因此，如食物中毒、毒蟲咬傷、注射針劑中毒，皆非爲保險上之服毒；但服用顯然過量安眠藥劑，則應認爲服毒。

㈡煤氣 煤氣致死及自殺不易鑑別,故保險契約常列爲除外之危險。如訂定：「無論爲直接或間接」，或「無論意外或非意外」，或「無論出於己意或非出於己意」等字語，在文字上自無作其他推敲之餘地，但如遇有疑義，仍應作有利於被保險人之解釋。

㈢疾病 傷害保險與疾病保險在學理上，有明顯區別。疾病是由內在的原因，而傷害是由外來的原因，投保傷害者不必投保疾病險，但很多疾病是因細菌傳染，實際原因也來自外間。因此，若病菌傳入爲劇烈而且急性時，常亦視爲意外事故之傷害。但若在不知不覺中被疾病病菌侵入，逐漸醞釀成疾者，則依通常解釋，尚不能謂爲意外之傷害。又所

謂「疾病」是指痼疾或宿疾，或自動發生而與傷害絕無關係的疾病而言。凡傷害與疾病混合，以致死亡者，應審究其主要原因，以定其責任。

㈣**不必要的自動冒險行爲**　依據保險原則，凡因過失所致的危險，如非出於惡意，均應包括在內。但傷害保險常訂定：「凡以己意置身於可得避免之危險中而傷害者，保險人不負賠償之責」，亦即被保險人遭遇可以注意避免之危險而不爲避免者，其損害不在保險範圍以內，保險法上通稱爲不保之危險。不保之危險，在此應作狹義解釋，必其人明知或深感危險存在，或危險極爲明顯，凡通常有理智之人所必可知悉或感覺者，始能符合條件；即使如此，仍復以「故意」置身於危險中者爲限，方足解免保險人之責任。法律不許任何人以自己造成之過錯，反獲其利益(No one shall be allowed to benefit from his own wrong)，但如其置身危險，按情形爲必要時，仍非在除外之列；被逼與人毆打而致死者，電工自電桿跌下而致死者，病人因施手術而致死者，雖出意外，然均屬必要。惟見有火車駛來，不顧危險而奔越鐵道者，或自行動中之火車上跳下者，皆爲冒不必要之危險。因協助警察攔捕現行犯致被擊死者，法律上視爲必要之冒險，但如發見非現行犯，不報告警察，而自行逮捕者，則爲冒不必要之危險。

㈤**違法行爲**　有二：

1.違反普通刑法或特別刑法的行爲。

2.違反其他法律的行爲。

保險所謂違法行爲是指犯罪行爲而言。違反刑法的行爲，無論因判罪而處死刑，或因憲警制止犯罪或實施逮捕而致死傷(保133)，均非保險人所承保之危險，縱未經契約訂明除外，亦當然不包括在內。惟違反其他法律之行爲，如違反行車規則，及其他行政法令，原則上應在保險範圍以內，非經契約明文加予除外，保險人仍負其責。但如明知其行爲足以發生危險之結果而爲之者，則爲自己招致之傷害，保險人得以事故

係出於故意或重大過失的理由，拒負責任。

　　違反民事法律，如違背契約行為，違背法定義務行為，或濫用權利行為，均非保險法所稱的「違法行為」。

　　保險契約訂有違法行為，應予除外者，還須問其所採者為結果主義或身分主義。若契約或章則訂明：「被保險人因犯罪行為以致傷害、殘廢、或死亡者，概不給與津貼」者（參照勞保26），為採結果主義。因此，死傷殘廢若為犯罪行為的直接結果時，失其權利；但若行為與其結果無因果關係者，仍非在除外之列。某男與某女通姦後，歸家途中滑跌致死，其死傷與通姦並無因果關係；惟在通姦時被本夫殺死時，則其死傷與犯罪為有因果關係，雖其死傷非為國家制裁犯罪之結果，但犯罪必有如此之結果，非不在其意料中之事。

　　如契約或章則訂明：「被保險人在犯罪時受有死傷者」為採身分主義，如此，凡在實施或著手犯罪之際，因任何事故所致之死傷均非所包括，故在私運違禁物品時，因翻車、沈船或滑跌、中風等意外事故致死傷，保險人皆可不負責任。

　　而所謂「犯罪」或「違法行為」以被保險人直接參與其行為者為限。若他人犯罪，自己不知情而竟置身其中，以致死傷者，自非為因犯罪所致之結果。

　　㈥**酗酒**　一般傷害保險，均將酗酒肇禍所致死傷予以除外，亦有結果及身分兩說主張。主張結果說者稱，死傷必須為酗酒之結果，故只有直接因酗酒所致死傷，方能除外；主張身分說者稱，凡在酗酒狀態中所生任何意外原因之死傷皆予以除外；若依身分說，被保險人在酩酊大醉中被槍擊致死或遇車禍者，亦不包括在內，但所謂「酗酒」是指被酒力壓倒以致神志不清，或不能辨別是非而言。如平常飲酒而未致酩酊大醉程度時，不可遽指為酗酒。外國法禁止酒醉人駕駛汽車，如有人酒醉駕車，以致肇事受傷，既屬違法，又係酗酒，保險人自可不必負責。

九、因傷殘廢

人的殘廢有由於疾病所致，亦有由於傷害者(保125、131)。我國勞保亦有類似規定(勞保53)。一般人壽保險固於與因疾病及與因傷害所致之死亡，但單純的傷害及殘廢則不包括，如欲包括，必另行訂立傷害及殘廢條款，附加在內。

傷害保險，若包括殘廢給付時，必其殘廢爲傷害的結果，若由於疾病所致，則不包括。通常傷害保險契約訂定的殘廢徵象，必須於事故發生後即時或二十日內已顯現者爲限。第一人壽保險公司的人身平安保險單條款七，定爲一百八十天。臺灣人壽保險公司國外旅行平安保險單條款一，定爲九十日。

不論因病或因傷殘廢，非必完全喪失行動能力，亦稱全部殘廢；除契約或章則另有訂定外，又不以臥病或進入醫院爲條件；凡按身體健康情形，其人已不能從事任何適宜工作時，就可說是完全的殘廢。如訂定殘廢須至不能從事生產或獲利的工作程度，則被保險人雖不能從事原有工作，但若尚能從事其他工作時，仍非爲完全殘廢。例如牙醫師折斷右手，以致不能再從事牙醫業務，但非不能從事他項職業之工作，故尚非爲全部殘廢。傷害殘廢保險亦常訂定，如被保險人不能從事原有工作時，即給付津貼。如此一來，則被保險人不能繼續其固有職業時，保險人即有給付保險金額之義務。此項給付，依美國法例，往往以五十二個星期爲限。逾期若仍在殘廢繼續中，則得依常例請求給付殘廢津貼，但必須該被保險人已不能從事任何生產工作爲條件(Vance, 3rd ed., p. 1050)。

傷害保險契約，如訂定凡喪失雙目視覺、雙手、雙足或一目一手一腳，該部份即視爲全部殘廢，不論是否尚能從事其他工作，皆應按全部殘廢，給付保險金額。

契約所定「雙目失明」，非必指雙目完全失明，若雙目視力僅能辨別

日夜，而別無其他實際之效用者，即亦算完全失明（勞保殘廢給付標準表(10)項定為視力減至不能辨別明暗或稍能辨別眼前手動者）。但色盲則不包括在內，不能算失明。雙目與一目之效用，非為二與一之比，故雙目失明固屬全部殘廢，一目失明時，另一目尚存時為二分之一的失明，因一目尚可作雙目之用，但一目失明後，另一目又失明，則已屬全盲，此際再不能說又一次的二分之一的失明，耳聾的情形也相同。雙目全盲或雙耳全聾時，外國保險公司通常不予承保(W. A. Dinsdale, Accident Insurance, 6th ed., p. 125 A)。又所謂「四肢殘廢」並不以截去手足為條件，如手足雖存，而已失其能力效用時，即視同殘廢。但若契約訂明視力之喪失必至治療無效之程度，或四肢的殘廢必至截去肢肘關節以上者，從其約定。

至於永久殘廢，非謂終身不治之殘廢。如於殘廢當時，經醫生斷定為無治療希望時，即屬永久之殘廢。若嗣後治癒者，依一般見解，仍可請求在當時所認永久殘廢之津貼，但如訂定其殘廢必至終身不能治癒之程度，則從其約定。殘廢的原因，應發生於保險效力存續中，故原因潛伏於保險生效以前，而結果見於保險生效以後者，不在此一契約範圍以內。

依美國保險法慣例，人壽保險附殘廢條款者，均定有年齡的限制，通常為六十歲，亦有寬展至六十五歲或七十歲者，應各從其約定。但若殘廢發生在限定年齡以內時，則按期給付津貼，仍得繼續到限定年齡。

因傷殘廢，如其傷害者為不包括之危險，如航空、服兵役或故意之傷害時，則殘廢亦於除外之列。凡屬不保之危險，仍可另議契約，予以包括，以確保被保險人或要保人個人之經濟安全，以增進福祉。

第四節　年金保險(Annuitial Insurance)

年金有一般退休後或傷害而受領的金額之年金(pension)與將一定的金額交付後，始受領的年金(annuity)皆為年金。

一、年金保險人的義務

年金保險人於被保險人生存期間或特定期間內，依照契約負一次或分期給付一定金額之責（保 135 之一）。

保險金額給付方法，一般可分為資金保險契約之給付方法及年金保險契約的給付方法。茲分述說明如下：

㈠**資金保險契約**　保險事故發生時，以一次全部給付保險金額之保險契約。

㈡**年金保險契約**　以保險金額做為年金給付方式給付。又可分為二種：

　1.定期年金保險　以一確定金額，分數年給付保險金額之方式，亦即年金保險人於特定期間內，依照所訂定之保險契約，分期給付一定金額之保險金給被保險人。

　2.終身年金保險　年金保險人，以確定之金額每年給付保險金額給生存中之被保險人。亦即年金保險人，於被保險人生存期間內，有依照保險契約分期給付一定金額之責的保險，稱為終身年金保險。

二、年金保險契約的記載事項

年金保險契約，除記載本法第五五條（基本條款之內容，有八項）規定事項外，並應載明下列事項：

㈠被保險人之姓名、性別、年齡及住所。

㈡年金金額或確定年金金額之方法。

㈢受益人之姓名及與被保險人之關係。

㈣請求年金之期間、日期及給付方法。

㈤依本法第一一八條（減少保險金額或年金之辦法）規定，有減少年金之條件者，其條件（保135之二）。

年金保險人於保險費到期未交付者，除契約另有訂定外，經催告到達逾三十日仍不交時，有終止契約之權，或可依保險契約所載條件減少年金(保117 II)。又以被保險人契約訂定於若干年後始給付年金者，如保險費已付足二年以上而有不交付時，保險人僅得減少年金(保117 IV)。

減少年金，其條件及可減少之數額，應載明於年金保險契約。同時減少年金，應以訂原約時之條件，訂立同類保險契約爲計算標準。其減少後之金額，不得少於原契約終止時已有之責任準備金，減去營業費用，而以之作爲保險費一次交付所能得之金額，營業費用以原保險金額百分之一爲限（保118參照）。

三、年金保險的受益人

年金保險之受益人於被保險人生存期間爲被保險人本人。保險契約載有於被保險人死亡後給付年金者，其受益人準用本法第一一〇條至第一一三條之規定（保135之三）。

要保人得通知年金保險人，以年金金額（保險金額）之全部或一部，給付其所指定之受益人一人或數人。此項指定之受益人，以於請求年金金額時生存者爲限(保110)。受益人經指定後，要保人對其年金利益(保險利益)，除聲明放棄處分權者外，仍得以契約或遺囑處分之，但要保人行使此項處分權，非經通知，不得對抗保險人（保111）。年金約定於被保險人死亡時，給付於其所指定之受益人者，其金額不得作爲被保險人之遺產（保112），惟年金保險契約未指定受益人者，其年金作爲被保險人之遺產（保113）。例如一對年老夫妻，老夫訂立年金保險契約，載有於被保險人（老夫）死亡後給付年金，其受益人竟未指定其老配偶時，被保險人死亡後，其年金即作爲該老夫（被保險人）之遺產處理。若已

指定其老妻（配偶）為受益人者，依本法第一一二條規定，該年金不得作為被保險人（老夫）之遺產，而歸生存配偶老妻，即指定之受益人所有。

四、年金保險的準用規定

年金保險對於保險人代位求償之禁止（保103）。保險契約，即年金保險契約得由本人或第三人訂立（保104），由第三人訂立之年金保險契約，其權利之移轉或出質，非經被保險人以書面承認者，不生效力（保106）。而年金保險之受益人非經要保人之同意，或年金保險契約載明允許轉讓者，不得將其利益轉讓他人（保114）。利害關係人，均得代要保人交付保險費（保115）。此外本保險法第一〇三條、第一〇四條、第一〇六條、第一一四條至第一二四條規定，於年金保險準用之。但於年金給付期間，要保人不得終止契約或以保險契約為質，向保險人借款（保135之四）。

自我評量題

1.試述人壽保險的定義？

2.試述人壽保險的種類及其內容？

3.試說明人壽保險契約上的死亡保險與生存保險？有何異同？

4.試自人壽保險契約的訂立，說明契約成效的條件？

5.試述人壽保險契約的受益人？

6.試述人壽保險的範圍裡不包括的危險？

7.試述人壽保險的責任準備金之性質？及其適用與檢查？

8.試述健康保險的定義？健康保險的類別及其給付又如何？試分別說明之。

9.試述健康保險契約的訂立？

10.試述健康保險契約不包括的危險？及其效力條件？試分別說明之。

11.試述傷害保險的定義？傷害保險的類別又如何？

12.試述傷害保險契約之訂立程序？

13.試述傷害保險契約之效力條件？

14.試述傷害保險之特種危險？

15.試述傷害保險契約上之不包括的危險？

第六章　保險業

摘　要

　　保險業章，在法典上編於第五章自第一三六條至第一七三條，分通則、保險公司、保險合作社、保險業代理人、經紀人、公證人及罰則等五部份。

　　保險業是指依保險法組織登記，以經營保險為業的機構(保6)。保險業的組織，以股份有限公司或合作社為限，非保險業不得兼營保險或類似保險之業務 (保136)。保險業既然是股份有限公司或合作社，均屬於一種法人，所以須設有負責人(自然人)，以便對外代表法人，對內執行業務。因此，保險法所稱的保險業負責人是指依公司法或合作社法應負責之人(保7)。保險業如以股份有限公司組織，則該負責人應依公司法所規定，例如董事長、常務董事、經理人等。而保險業如以合作社組織，則該負責人應依合作社法所規定，例如理事長或理事等。

　　保險業非申請主管機關核准，並依法為營業登記，繳存保證金，領得營業執照後，不得開始營業 (保137)。此處所指主管機關為財政部；但保險合作社，除其經營的業務以財政部為主管機關以外，其社務以合作主管機關為主管機關(保12)。因此無論保險業為公司組織，或為合作社組織，關於業務的開始經營，均須經由財政部核准。

　　保險業的經營，其成敗影響於社會很大，所以法律對於其營業範圍，加予相當的限制。財產保險業以經營財產保險為限；人身保險業以經營

人身保險爲限。同一保險業原則上不得兼營財產保險及人身保險業務，而責任保險及傷害保險，得視保險業發展情況，經主管機關核准獨立經營。保險業也不得兼營法定以外的業務，此項規定不但非屬保險業務(如開設餐廳)不得兼營；即縱屬保險業務，而非本法所定，如簡易人壽保險或社會保險，也不得兼營，以免力量分散，更方便政府主管機關的監督。

責任準備金的提存及運用，也屬保險業上很重要的事項。狹義的責任準備金僅指人壽保險的責任準備金。廣義者尚包括其他各種準備金。在人壽保險爲責任準備金及特別準備金；在其他各種保險爲未滿期保險費準備金及賠款特別準備金等。至於保險業的資金及各種責任準備金，不可凍結而不運用。至於其運用，關係其保險業的成敗甚巨，所以法律上不得不加以限制，依保險法第一四六條有六款規定詳如書本上記述。

本章最後提及保險業代理人、經紀人及公證人，除已於前數章中論述外，論述其執業之開始；須向主管機關登記，須繳存保證金及須領有執業證書等。而執業的限制有不得爲非法保險業經營或介紹業務；並應有固定業務處所及應專設賬簿等。

第六章　保險業

第一節　通則

一、概説

現代國家的政府，對於保險事業，甚爲重視，並加予適當的管制。因爲保險事業與國計民生，關係極爲密切。此項管制無異爲政府對公衆、國民的一項保證，其功效在於鞏固保險業的基礎、增強信用、防止惡性競爭。雖在自由經濟制度下的社會，亦確有此必要。

保險原似買賣，有可計算的成本，故徵收保險費，不可過高或偏低。過高則增加國民公衆的負擔，過低則損害保險業正當營運，血本無歸，則無不對社會有害。爲此，政府遂採適度干涉，以經過行政途徑，實施管制。一方面獎勵自由競爭，使保險價格公平合理。一方面制止惡意競爭，以免同業間自相殘殺，以求合理化。

㈠**保險業的定義**　保險法所稱保險業，指依保險法組織登記，以經營保險爲業之機構(保6Ⅰ)。而廣義的保險業是指保險代理人、保險經紀人及公證人（保8、9、10）。茲可分別說明如下：

1.**保險業是一種機構**　亦即保險業須爲一種團體，本法上個人不得獨立爲保險業，而本法所稱外國保險業，指依外國法律組織登記，並經主管機關許可，在中華民國境內經營保險業之機構（保6Ⅱ）。

2.**依本法以經營保險爲業的機構**　必須實際經營保險業務，對外承保而自爲保險人的機構。業務之經營須依本法規定，在保險契約成立

時，有保險費之請求權，在承保危險事故發生時，依其承保之責任，負擔賠償之義務（保2）。

　　3.依本法組織登記的機構　須依本法組織登記始可。除本法設有規定（保137），即保險業非申請主管機關核准，並依法為營業登記，繳存保證金，領得營業執照後，不得開始營業。保險業之設立標準，由主管機關定之。而外國保險業，非經主管機關許可，並依法為營業登記，繳存保證金，領得營業執照後，不得開始營業。又外國保險業之許可標準及管理辦法，由主管機關定之。並因保險業種類不同，而應分別適用公司法、合作社法有關之規定（保151），即保險公司除本法另有規定外，適用公司法關於股份有限公司之規定。且保險合作社，除依本法規定外，適用合作社法及其有關法令之規定（保156）。保險業之成立、登記、轉讓、合併及解散清理，除依公司法規定外，應將詳細程序明訂於管理辦法內（保176），亦即仍適用保險業管理辦法之規定。

　　㈡**保險業的種類別**　保險業之組織，以股份有限公司或合作社為限。但依其他法律規定或經主管機關核准設立者，不在此限（保136Ⅰ）。由此可見，本法所稱保險業，因其組織不同，可分兩類：

　　1.保險公司　保險公司的組織，須依公司法之規定，成立股份有限公司，其他類公司（如無限公司、兩合公司及有限公司）則不可，並向經濟部登記（保151）。

　　2.保險合作社　採合作社組織的保險業，須依合作社法之規定成立合作社，向內政部或省縣市主管機關辦理登記（合9，合施2、4）。

　　無論保險公司或保險合作社，更須於為設立之登記後，再向財政部申請核准，並依法為營業登記（保137）。財政部屬於目的事業主管機關，與主管機關有所不同。

　　㈢**保險業的負責人**　保險業既為股份有限公司或合作社，均屬於法人之一種，皆須設有負責人，以便對外代表法人，對內執行業務。故本

法所稱保險業負責人, 指依公司法或合作社法應負責之人 (保7)。保險業如係股份有限公司, 其負責人應爲董事長、常務董事、董事或經理人。如係合作社組織者, 則其負責人應依合作社法所定, 如理事長、理事。保險業負責人應具備之資格, 由主管機關定之 (保137之一)。

二、保險業的成立

保險業, 依本法規定, 須申請主管機關核准, 並依法爲營業登記, 繳存保證金, 領得營業執照後, 始得開始營業(保137 Ⅰ)。可見保險業成立須經過下列程序:

㈠**申請核准** 核准機關, 除主管機關外, 尚有目的事業主管機關。一般設立公司時之主管機關爲經濟部。但保險業所謂主管機關, 依本法第十二條規定:「本法所稱主管機關爲財政部, 但保險合作社除其經營之業務, 以財政部爲主管機關外, 其社務以合作主管機關爲主管機關。」因此無論保險業爲公司組織或爲合作社組織, 關於業務之開始經營, 均須由財政部核准方可。否則依本法第一六六條規定:「未依第一百三十七條規定, 經主管機關核准經營保險業務者, 應勒令停業, 並得處負責人各新臺幣一百萬元以上五百萬元以下罰鍰。」

㈡**營業登記** 保險業的開業, 須依法辦理營業登記。在保險公司, 應依本法第一五五條之規定, 其程序準用公司法公司設立登記。在保險合作社, 應依本法第一六〇條之規定:「保險合作社, 除先向主管機關(財政部) 申請爲營業登記外, 其他登記程序, 適用合作社法合作社設立登記之規定」。

㈢**繳納保證金** 保險業爲收取保險費而擔保他人危險的一種營業, 其擔保力之有無及大小, 對於要保人與被保險人的利害關係極巨。基於確保其擔保力, 本法第一四一條規定:「保險業應按資本或基金實收總額百分之十五, 繳存保證金於國庫」。

繳存保證金既以資本或基金之實收總額爲計算基礎, 因此對於資本

額或基金額，不能不加以限制，故本法亦規定，各種保險業資本或基金
之最低額，由主管機關，審酌各地經濟實況，及各種保險業務之需要，
分別呈請行政院核定之。保證金之繳存，原則上應以現金爲之，但經主
管機關之核准，得以公債或庫券代繳之（保142 I）。此項繳存保證金，
非俟宣告停業依法完成清算，不予發還（保142 II），可見保證金之繳存
與保險業同其始終。再者，以有價證券抵繳保證金者，其息票部份，在
宣告停業依法清算時，得准移充清算費用（保142 III）。

　保險業認許資產減除負債之餘額，未達本法第一三九條（最低資本
或基金）所訂各種保險業資本或基金之最低數額時，主管機關應命其於
限期內，以現金增資補足之，保險業認許資產之標準及評價準則，由主
管機關定之（保143 I）。此乃保證金之補充，以便維持其擔保力。

　㈣**領得營業執照**　保險業須領得營業執照後方得開業，所以領得營
業執照亦爲保險業成立時的一種重要程序（保137 I）。

　㈤**外國保險業開始營業之限制**　外國保險業，非經主管機關許可，
並依法爲營業登記及完成其他必要程序，不得開始營業（保137 II）。

　三、保險業的經營

　㈠**保險業營業範圍的限制**　經營保險業，其成敗影響社會安定與繁
榮頗巨，法律遂須加若干範圍的限制：

　　1.**財產保險、人身保險原則上不得兼營**　本法規定：財產保險業
經營財產保險，人身保險業經營人身保險，同一保險業不得兼營財產保
險及人身保險業務。但法律另有規定或經主管機關核准以附加方式經營
者，不在此限（保138 I）。責任保險及傷害保險，得視保險事業發展情
況，經主管機關核准，得獨立經營（保138 II）。有技術方面的理由，恐
怕顧此失彼，兩俱無成及經濟方面的理由，業務難免龐雜，資金勢難應
付自如，且人壽保險有儲蓄性質，如許兼營財產保險與人身保險，則恐
有移儲蓄充賠償等流弊發生，本法遂採「保險專業主義」之立法，以求

健全發展。

至於經主管機關核准，得獨立經營，此獨立似指專營責任保險，或專營傷害保險而言，並非指二者可由一保險業獨立兼營。按責任保險屬於財產保險之一部份，而傷害保險則屬人身保險之一部，故經營財產保險者自包括責任保險在內，經營人身保險者自也包括傷害保險在內。至於再保險之再保險公司，應可兼營二者，再保險業務，亦不像原保險業務之多，及責任保險性質較大也為其可以兼營之理由。再觀英、德、瑞等國，亦已無禁止兼營之規定。

2.保險業不得兼營法定以外的業務　保險業不得兼營本法規定以外之業務（保 138 Ⅲ）。此項規定不但非屬保險業務（如開設餐廳）不得兼營，縱屬保險業，而非本法所規定者，如簡易人壽保險或社會保險，亦不得兼營。以免實力分散，並便於主管機關的監督。

3.非保險業不得兼營保險或類似保險之業務　本法第一三六條第二項規定：「非保險業不得兼營保險或類似保險之業務。」祇有如此，始能保障正當保險業者之利益。即非依法律規定，不得經營保險業。中外無不如此。茲舉美國實例如下：

美國西部某一汽車零件公司出售汽車輪胎，發給保單（Warranty），內載「本公司對於賣出的輪胎，擔保其品質製造均無瑕疵，更擔保此項輪胎，於約定期間內，若發生任何情況，無論由於輪胎破裂、損壞、煞車障礙或其他車禍，以致不能使用時，得免費修理，或照其牌號，按已使用之月份，貼補百分之若干，調換同一牌號的新輪胎」。

美國俄亥俄州法律第六六五節規定：「凡在本州成立或營業之公司、行號、會社，非依本州法律及管理規則而經明示核准者，不得在本州直接或間接經營保險事業，或訂立保險契約，或實質上類似保險之契約，亦不得從事責任或損害擔保的營業……。」

法院判決：此項擔保的約定，雖與買賣連結，但其範圍及於除竊盜、

火災以外的一切意外危險之損失，並包括駕駛人的過失在內，實質上是承諾無條件的賠償責任，應屬於保險的範圍，依法不得經營(State Ex. Rel. Duffy Atty Gen v. Western Auto Supply Co. 134 Ohio St. 163, 16 N.E. 2nd 256, 1938)。

4.保險合作社不得經營非社員之業務　此項為本法第一三八條第四項之規定。為對保險合作社所設規定，保險公司自不受此限制。

上列四款為法律之強制規定，如有違反，依法處罰。

(1)違反第一、二及四款之限制者，依本法第一六八條規定：「保險業經營業務違反第一三八條規定，……得處負責人各新臺幣三十萬元以上一百五十萬元以下罰鍰，或勒令撤換其負責人；其情節重大者，並得撤銷其營業執照。」(2)違反第三款之限制者，依本法第一六七條規定：「非保險業經營保險或類似保險業務者，處一年以上七年以下有期徒刑，得併科新臺幣三百萬元以下罰金。法人犯前項之罪者，處罰其行為負責人。」

㈡營業方法的限制

1.超額承保的禁止　依本法第七二條規定，保險人不得超額承保。如有違反，依本法第一六九條規定：「保險業違反第七十二條規定超額承保者，除違反部份無效外，得處負責人各新臺幣十五萬元以上七十五萬元以下罰鍰，或勒令撤換其負責人；其情節重大者，並得撤銷其營業執照。」以示制裁。

2.分紅保險契約的限制　亦稱「分紅保單」，即要保人或被保險人得參加保險業盈餘分配之保險契約。多屬長期性的人壽保險，至於其他保險即屬短期，均不適用。是否採此「分紅保單」，保險公司有其自由，本法第一四〇條第一、二項規定：「保險公司得簽訂參加保單紅利之保險契約。保險合作社簽訂之保險契約，以參加保單紅利者為限。」即保險合作社，非簽訂此種契約不可。

無論保險公司簽訂的分紅保險契約，或保險合作社簽訂的分紅保險

契約，其紅利的分配，均以有盈餘為要件，故本法第一四○條第三項規定：「前二項保單紅利之計算基礎及方法，應於保險契約中明訂之。」以示關注。

此外本法第一七○條規定：「保險業違反本法強制規定時，得處負責人各新臺幣一百萬元以上五百萬元以下罰鍰。」設此概括性規定，以資適用。

㈢**保險費算式的核定**　保險業收取保費之計算公式，由主管機關核定之；但健康保險及傷害保險費率中所含利潤率，應低於其他各種保險（保144）。保費計算與要保人的利害有關，非有公力干涉，不知是否合理，故保險業收取保費的計算公式，應由主管機關核定，以示公平。而健康保險與傷害保險以社會一般大眾為對象，自應降低其保險費率，以利推廣其業務，維護國民健康，促進社會安定。

此項規定，有關公益，如有違反，則依本法第一七一條規定：「保險業違反第一百四十四條規定者，得處負責人各新臺幣二十萬元以上一百萬元以下罰鍰，並得撤換其核保或精算人員。」

㈣**提存責任準備金**　依本法第一一一條規定：「本法所稱各種責任準備金，包括責任準備金、未滿期保費準備金、特別準備金及賠款準備金。」茲列表說明廣、狹義準備金：

$$
\text{（廣義的）責任準備金} \begin{cases} \text{人壽保險} \begin{cases} \text{責任準備金（狹義的）} \\ \text{特別準備金（例如盈餘分配準備金是）} \end{cases} \\ \text{其他保險} \begin{cases} \text{未滿期保險費準備金} \\ \text{賠款準備金} \end{cases} \end{cases}
$$

上述各種責任準備金，保險業應依保險種類，分別提存，本法第一四五條第一項規定：「保險業於營業年度屆滿時，應分別保險種類，計算其應提存之各種責任準備金，記載於特設之賬簿。」但計算準備金也不能漫無限制，故同條第二項又規定：「前項所稱各種準備金比率，由主管機

關定之。」如果保險業不提存責任準備金時，或不依本條規定計提者，依本法第一七一條規定：「保險業違反……第一百四十五條之規定者，得處負責人各新臺幣二十萬元以上一百萬元以下罰鍰，並得撤換其核保或精算人員。」

　　㈤**資金及準備金的運用**　保險業的資金及各種責任準備金，必須妥善運用，不可凍結不用，故法律不得不加以限制。本法第一四六條規定：「保險業資金之運用，除存款或法律另有規定者外，以下列各款為限。」（保146）本條可分五部份說明：

　　1.購買有價證券（保146 Ⅰ）

　　　⑴對於公債、庫券及儲蓄券的投資，即購買有價證券的部份（保146之一①）。公債指政府發行的公債，庫券指國庫所發行的證券，而銀行發行的儲蓄券亦包括在內，保險業依法可以投資。

　　　⑵金融債券、可轉讓定期存單、銀行承兌匯票、銀行保證商業本票及其他經主管機關核准保險業購買之有價證券，均屬信用可靠，並易於流通證券，故准保險業購買投資，但其總額不得超過該保險業資金百分之三十五，以作限制（保146之一②）。

　　　⑶購買公開發行之公司股票及公司債。此項公司股票及公司債，須經依法核准公開發行，且該發行公司最近三年課稅後之淨利率，平均在百分之六以上者。但每一保險業購入之公司股票及公司債總額不得超過該保險業資金百分之三十五。其購買每一公司之股票及公司債總額，不得超過該保險業資金百分之五及該發行股票或公司債之公司資本額百分之五（保146之一③）。

　　　⑷證券投資信託基金受益憑證的購買投資。須經依法核准公開發行的受益憑證，始為本法所稱有價證券。且其投資總額不得超過該保險業資金百分之五及每一基金已發行之受益憑證總額百分之五（保146之一④）以作適當限制。

2.購買不動產（保146 II）　對不動產的投資，雖較具有安全性，但缺少流動性，故利弊互見。所謂不動產是指土地及其定著物（房屋等）。尚須受土地法及平均地權條例等法規限制。因此本法對於購買不動產規定：保險業對不動產之投資，以所投資之不動產能即時利用並有收益者為限。其投資總額，除自用不動產外，不得超過其資金百分之十九。但購買自用不動產總額不得超過其業主權益之總額。（保146之二）此乃對於投資自用不動產與非自用不動產，加以區別限制。

而本法修正施行前，保險業對不動產之投資超過前項規定比例者，主管機關應命其於二年內限期調整。同時保險業對於不動產之取得及處分，應經合法之不動產鑑價機構評價。

3.放款（保146 III）　放款指一般短期放款，與上述長期投資有所不同。且放款須採借貸方式，而投資則不一定。保險業辦理放款之限制，依本法規定，以下列各款為限：（保146之三）

(1)銀行保證之放款　銀行保證，一般信用倍增，應可放款。

(2)以不動產為抵押之放款　就房屋及土地設定抵押權而貸與金錢，有法律保障，債權較能確保，惟對不動產之公平價格，應經合法之不動產鑑價機構評價較妥。

(3)以有價證券為質之放款　原則上以合於本法第一四六條之一（保險業資金得購買之有價證券）之有價證券為質之放款。以擔保可靠之有價證券為抵押（事實上稱為設質）放款，應屬風險較小，收回債權較為可靠。保險業可放款。

(4)人壽保險單為質之放款　人壽保險業，以各該保險業所簽發之人壽保險單為質之放款。依本法第一二○條之規定：保險費付足二年以上者，要保人得向保險人質借款項，即要保人得以保險契約（即保險單）為質（俗稱抵押），向保險人借款。保險業可對之放款。

前項第一款至第三款放款，每一單位放款金額不得超過資金百分之

五；其放款總額不得超過資金百分之三十五（保146之三②）。

保險業依第一項第一款、第二款及第三款對其負責人或職員，或對與其負責人或辦理授信之職員有利害關係者，所為之擔保放款，準用銀行法第三三條、第三三條之一規定（即其條件不得優於其他同類授信對象等）。

保險業依本法第一四六條之一第三款對每一公司股票及公司債之投資與依本條以該公司發行之股票及公司債為質之放款，合併計算不得超過其資金百分之十及該發行股票及公司債之公司資本額百分之十（保146之三④）。

4.辦理經主管機關核准之專案運用及公共投資　保險業之資金，經主管機關核准，即較可靠，弊端較少，應得辦理專案運用及公共投資（保146之五）。

5.國外投資　保險業資金辦理國外投資，不能漫無限制，以確保國內安全。因此本法遂規定：保險業之資金，得辦理國外投資，其範圍及內容，由主管機關定之。此項投資總額不得超過該保險業資金百分之五(5%)，但主管機關視其經營情況，得逐年予以適度調整。此項調整不得超過該保險業資金百分之二十(20%)（保146之四）。給予主管機關逐年適度調整之權，比率及總金額之調整，是否客觀是否合理，有待研究。

本法所稱保險業資金，原則上包括業主權益及各種責任準備金（保146 II）。

保險業資金之運用，除上述五款外，有存款之規定。依本法規定，存款存放於每一金融機構之金額，不得超過該保險業資金百分之十（保146 III）。

㈥**保險金額的限制**　保險業對於每一危險單位之保險金額扣除再保險金額後，不得超過資本金或基金、公積金、特別準備金及未分配盈餘總和之十分之一（保147），此項規定為對於保險金額的一種限制。因保

險金額扣除再保險金額後，如超過其資本金或基金、公積金、特別準備金及未分配盈餘總和過多時，則其營業並不穩固妥適，故本法乃加予限制。此一規定亦屬強制規定，倘有違反，則依本法第一七〇條處罰，得處負責人各新臺幣一百萬元以上五百萬元以下罰鍰。

四、保險業的解散

保險業爲法人，無論保險公司或保險合作社，均有解散時期，其解散原因及程序，除依據公司法及合作社法規定外，並明訂於保險業管理辦法中。茲將保險法有關保險業解散之規定分述如下：

㈠**因撤銷營業執照而解散**　保險業遇有本法第一六八、一六九條其情節重大者，並得撤銷其營業執照，而被撤銷營業執照時，自須解散。因營業執照一旦被撤銷，則當然要解散。

㈡**因主管機關之命令而解散**　保險業遇有主管機關依本法第一四九條之規定，即經營業務違反法令而受解散處分，自應解散。

上記二點爲本法特定的解散原因。解散後自應經清算程序。

1.清算人的選派　命令解散而解散時，清算人由主管機關選派（保149 Ⅲ）。

2.繳銷營業執照　保險業解散清算時，應將其營業執照繳銷（保150）。撤銷與繳銷不同，前者爲法律行爲，而後者爲事實行爲。

保險業一經解散，必早清算，而不許拖延。本法明定，保險業經撤銷登記，延不清算者，得處負責人各新臺幣六十萬元以上三百萬元以下罰鍰（保172）。

五、保險業的監督

本法規定主管機關必須妥善監督保險業經營之監督事項，可分下列數點釋明。

㈠**檢查業務**　保險業經營之成敗，與社會大衆之公益，有極大關係。因此本法規定：主管機關得隨時派員檢查保險業之營業及資產負債，或

令保險業於限期內報告營業狀況（保 148）。主管機關不單可以隨時派員抽查，亦可令保險業自行報告其營業狀況，以便發現不妥處，隨時糾正監督。

㈡**命令改善**　保險業經營業務，有違背法令之情事者，主管機關應依其情節，分別為下列處分：

　　1.限期改正。

　　2.限制其營業範圍或新契約額。

　　3.命其補足資本或增資。

保險業不遵行前項處分或不依本法第一四三條（保險業認許資產減除負債之餘額，未達第一四一條之規定保證金額三倍時，主管機關應命其於限期內，以現金增資補足之……）增資補足者，主管機關應依情節，分別為下列處分：

　　1.派員監理。

　　2.撤換其負責人或其他有關人員。

　　3.限期改組。

　　4.命其停業或解散。

依前項規定監理，停業或解散者；其監理人或清算人由主管機關選派（保 149）。

此外主管機關，查有保險業違反法令時，命令改正後，仍應依法處罰。此項罰鍰，則主管機關依法所為罰鍰，得依法為強制執行（保 173）。以加強其實效性。

以上為本法就保險業之監督所設原則性之規定，其詳細辦法，依本法第一七五條規定：「本法施行細則及保險業管理辦法，由財政部擬定，呈請行政院核定公布之。」

六、安定基金的設置

為保障被保險人之權益，並維護金融之安定，財產保險業及人身保

險業，應分別提撥資金，設置安定基金，以因應事實上有時的需要。而安定基金，應專設委員會管理；其組織及基金管理辦法，由主管機關定之(保險業認許資產減除負債之餘額，未達第一四一條之規定保證金額三倍時，主管機關應命其於限期內，以現金增資補足之……)。(保143之一)。

　至於安定基金之提撥比例及總額，本法也有所規定，以便遵循。按安定基金由各保險業者提撥，其比例與安定基金總額，則由主管機關審酌經濟、金融發展情形及保險業務的實際需要決定 (保143之二)。

　動用安定基金，事關重要，亦須有所規定。按安定基金之動用，以下列各款爲限：

　㈠對經營困難保險業之貸款。

　㈡保險業因承受經營不善同業之有效契約，或因合併或變更組織，致遭受損失時，得請求基金予以低利抵押貸款。

　㈢保險業失卻清償能力後，其被保險人依有效契約所得爲之請求未能獲得清償之部分，得向安定基金，請求償付。

　㈣其他爲保障被保險人之權益，經主管機關核定之用途。做一概括性規定，但仍須主管機關核准決定 (保143之三)。

　保險業對於安定基金之提撥，如未依限或拒絕繳付者，主管機關得視情節之輕重，處負責人各新臺幣八萬元以上四十萬元以下罰鍰；或勒令撤換其負責人 (保169之二)。

第二節　保險公司

　保險公司，在法條上自本法第一五一條至第一五五條規定其內容，惟於民國八十一年二月二十六日修正時，已將第一五四條有關外國保險公司之特許條文刪除。

保險公司依法應爲股份有限公司的組織 (保151)，其主管機關，在中央爲經濟部，在省爲建設廳，在直轄市爲社會局 (公5)。保險公司設立登記，應向中央主管機關 (即經濟部) 爲之 (公6)。保險公司的股票一律須爲記名式，不得爲無記名式(保152)。不似其他的股份有限公司，得以章程規定，就已發行股份總數二分之一爲發行無記名股票(公166)，其目的在於預防股東作不負責之投機，或收購股票，集中股份，以達其操縱業務之目的。

保險法規定，保險公司經營業務如違反保險法令，以致資產不足清償債務時，其負責決定該項業務之董事長、董事、監察人、總經理及負責決定該項業務之經理，對公司之債權人應負連帶無限清償責任。此項責任，自其卸職登記之日起滿三年解除 (保153)，常常比公司法之規定爲嚴。至於依公司法之規定，應行負責者，則不因保險法另有規定而免除 (公13、14、15、16、19、23)。

關於外國保險公司的管理，保險法之規定，似較公司法爲嚴格 (保155)。外國保險公司，非依公司法之規定 (公370～386 (外國公司章)、387、434、437)，並經過經濟部認許，再經過目的事業主管機關許可(已非特許) (保6Ⅱ)，不得在中華民國境內設立分支機構或委託代理人，經營保險業務 (保163)。

第三節　保險合作社

保險合作社，條文上自第一五六條至第一六二條計有七個條文規定。保險合作社，組織上屬於合作社，其主管機關，在縣市爲縣市政府，在院轄市爲市政府社會局，在省爲合作事業管理處、社會處或建設廳，在中央爲內政部 (合施2)。其保險業務一律須向財政部申請核准，並依法爲營業登記，繳存保證金，領取營業執照後，與一般保險公司相同 (保

12、137)，始得開始營業。

　　保險合作社辦理各種保險，亦依保險業通例，以財產或人身保險一種爲限 (保138)，純以謀求社員的相互扶助爲目的。①財產保險業經營財產保險，人身保險業經營人身保險，同一保險業不得兼營財產保險及人身保險業務。但法律另有規定或經主管機關核准以附加方式經營者，不在此限。②責任保險及傷害保險，得視保險事業發展情況，經主管機關核准，得獨立經營。③保險業不得兼營本法規定以外之業務。④保險合作社不得經營非社員之業務 (保138，合3)，不得承受非社員之要保 (合施5)。保險契約一律以分配紅利者爲限(保140 II)，即保險合作社簽訂之保險契約，以參加保單紅利者爲限。

　　保險合作社的預定社員：則財產保險不得少於三百人；人身保險不得少於五百人 (保162)。社員各依合作社法之規定及章程訂定，繳納股金及基金(保157)，不得以其對合作社之債權互相抵銷(合18，保161)。社員出社時，如現存財產不足抵償債務，出社之社員仍負擔出社前應負擔之責任 (保158)，以防止社員逃避此種責任。保險合作社之理事不得兼任其他合作社之理事、監事或無限責任社員 (保159)，則無論合作社性質相同與否，概不得兼任，以示專心從事，而更須依合作社法負其責任(合34)。如有違反保險法令經營業務情事時，則關於保險公司負責人之規定，亦可比照適用 (保153)。

第四節　保險業代理人、經紀人、公證人

　　關於有關保險業代理人、經紀人、公證人之規定，本法規定於第一六三條至第一六五條，計有三個條文。保險業代理人、經紀人及公證人，均屬保險業務之補助人，本法規定：

一、開始執業

保險業之經紀人、代理人、公證人非向主管機關登記，繳存保證金或投保責任保險，領有執業證書，不得執行業務(保163 I)。因此開始執行業務，須具下列要件：

(一)**須向主管機關登記**　主管機關係指財政部，保險業之代理人、經紀人及公證人，均須向財政部辦理登記。

(二)**須繳存保證金**　依本法第一六四條規定：「保險業代理人、經紀人、公證人應繳存之保證金……由主管機關訂之。」所謂主管機關，仍指財政部。財政部應將保證金之數額，繳存及發還程序等事項訂明，以便保險業代理人、經紀人、公證人有所遵循。而投保責任保險之保險金額之訂定亦同（保164）。

(三)**須領有執業證書**　此一執業證書為資格證書，由財政部發給。現階段係依「保險業代理人、經紀人、公證人登記領證辦法」之規定辦理。將來此一資格證明之執業證書，應由專業主管機關發給，如律師、醫師、建築師等。甚至理髮匠、電工匠等在外國也須經過國家考試始可認定其資格，以示提高領有執業證書者之實際上社會地位，以利推行所從事之業務。

二、執業之限制

保險業代理人、經紀人及公證人具備上記要件後，固得開始執業，但其執行業務，尚須受下列事項之限制：

(一)**不得為非法保險業經營或介紹業務**　保險業代理人、經紀人及公證人或其他個人及法人，不得為未經主管機關核准之保險業經營或介紹保險業務（保163 II）。本條文以與本法第一三七條（保險業與外國保險業開始營業之限制）之規定相為呼應，俾便貫徹，保險業非經核准，不得經營之旨趣。違反者依本法第一六七條之一之規定得處新臺幣三十萬元以上一百五十萬元以下罰鍰。

未經核准之保險業不得經營或介紹保險業務，則若為非保險業而經

營或介紹保險業務（保 136 II）或類似保險之業務者，尤屬不可。不僅保險業經紀人、代理人、公證人，甚至其他個人及法人，不得為未經主管機關核准之保險業經營或介紹保險業務，已將其主體擴及其他個人及法人，以防止漏網之魚，逍遙法外，咸失公平。

　㈡**應有固定處所**　保險業代理人、經紀人、公證人，應有固定業務處所……（保 165 前段）。以便要保人接洽訂約及政府之監督管理。

　㈢**應專設賬簿**　保險業代理人、經紀人、公證人，應專設帳簿記載業務收支（保 165 後段）。此一帳簿屬於商業帳簿之一種，須記載其業務之收支狀況，並應以一般通行文字，明瞭記述。

　上記三點限制，若代理人、經紀人、公證人違不遵行時，自應於管理規則中訂定處罰辦法。至於其管理規則之制定，依本法第一七七條規定：「保險業代理人、經紀人、公證人及保險業務員管理規則，由財政部另訂之。」已自代理人、經紀人、公證人擴及保險業務員管理規則。而保險法已於民國八十六年十月二十九日修訂總統令公布，增訂第一百六十七條之二條文：「違反第一百七十七條所定保險代理人經紀人公證人管理規則者，除本法另有規定者外，應限期改正，或併處新臺幣三十萬元以上一百五十萬元以下罰鍰；情節重大者，並得命令停止執業或撤銷執業證書。」事實上，由中央立法，顯得更具有法律的法源依據，並具其效。

自我評量題

1.試述保險業的定義及種類？

2.試述保險業申請訂立的程序？

3.試述保險業營業範圍的限制？

4.試述保險業營業方法的限制？

5.試述保險業責任準備金的提存與運用之規定？

6.試述保險業的解散?

7.試述保險業的監督?

8.試述保險公司負責人有什麼責任?

9.試說明保險公司的股票? 有何限制?

10.何謂保險合作社? 對於保險合作社的基金, 有何規定? 試分別釋明之。

11.試述保險合作社, 對於成立的社員人數限制? 而其社員的義務又如何? 試分別述明之。

12.保險業代理人、保險業經紀人及公證人之執業開始與對於執業之限制 如何? 試分別說明之。

參考資料

一、中文：

最新綜合六法全書　三民書局

綜合六法　修訂資料　民國 81 年 2 月版　三民書局

林紀東等編六法

錢國成等編六法

鄭玉波著：保險法論　三民書局

張東亮著：海商法新論

桂裕著：保險法　三民書局

張國鍵著：商事法概要　（保險編）

陳俊郎著：商事法精論

坂口光男著：保險法　1991 年 10 月版　文眞堂

施文森著：保險法判決之研究

田邊康平著：現代保險法　1985 年版　文眞堂

陳顧遠著：保險法概論

袁宗蔚著：保險法

水口吉藏著：保險法論

靑山衆司著：保險契約法

野津　務著：保險法

二、英文:

Vance on the Law of Insurance, 3rd Edition, 1951.

Vance: *Cases on Insurance,* 3rd Ed., 1940, 4th Edition, 1952.

Young, William F: *Cases and Materials on the Law of Insurance* 1971.

Taylor, Herbert: *Fire Insurance Law,* 1949.

Wright and Fayle: *A History of Lloyd's,* 1928.

附　　錄　（一）

民國八十六年五月二十八日修訂公布　主要內容如下：（華總㈠
義字第八六○○一二二六六○號）

I、增訂部分：

第五十四條之一　保險契約中有左列情事之一，依訂約時情形顯失
　　　　　　　　公平者，該部分之約定無效：

　　　　　　　　一、免除或減輕保險人依本法應負之義務者。

　　　　　　　　二、使要保人、受益人或被保險人拋棄或限制其依
　　　　　　　　　　本法所享之權利者。

　　　　　　　　三、加重要保人或被保險人之義務者。

　　　　　　　　四、其他於要保人、受益人或被保險人有重大不利
　　　　　　　　　　益者。

第八十二條之一　第七十三條至第八十一條之規定，於海上保險、陸
　　　　　　　　空保險、責任保險、保證保險及其他財產保險準用
　　　　　　　　之。

　　　　　　　　第一百二十三條及第一百二十四條之規定，於超
　　　　　　　　過一年之財產保險準用之。

II、刪除條文部分：

第一百條、第一百零七條及第一百六十九條之一。

III、修正條文部分：

第三十三條　　保險人對於要保人或被保險人，為避免或減輕損害之
　　　　　　　必要行為所生之費用，負償還之責。其償還數額與賠償
　　　　　　　金額，合計雖超過保險金額，仍應償還。

第三十三條第二款

保險人對於前項費用之償還，以保險金額對於保險標的之價值比例定之。

第三十四條　保險人應於要保人或被保險人交齊證明文件後，於約定期限內給付賠償金額。無約定期限者，應於接到通知後十五日內給付之。

保險人因可歸責於自己之事由致未在前項規定期限內為給付者，應給付遲延利息年利一分。

第九十三條　保險人得約定被保險人對於第三人就其責任所為之承認、和解或賠償，未經其參與者，不受拘束。但經要保人或被保險人通知保險人參與而無正當理由拒絕或藉故遲延者，不在此限。

第九十六條　其他財產保險為不屬於火災保險、海上保險、陸空保險、責任保險及保證保險之範圍，而以財物或無形利益為保險標的之各種保險。

第 一 百 條　（刪除）

第一百零七條　（刪除）

第一百十九條　要保人終止保險契約，而保險費已付足一年以上者，保險人應於接到通知後一個月內償付解約金；其金額不得少於要保人應得責任準備金之四分之三。償付解約金之條件及金額，應載明於保險契約。

第一百二十條　保險費付足一年以上者，要保人得以保險契約為質，向保險人借款。

保險人於接到要保人之借款通知後，得於一個月以內之期間，貸給可得質借之金額。

第一百二十二條　被保險人年齡不實，而其眞實年齡已超過保險人
　　　　　　　　所定保險年齡限度者，其契約無效。
　　　　　　　　因被保險人年齡不實，致所付之保險費少於應付
　　　　　　　　數額者，保險金額應按照所付之保險費與被保險
　　　　　　　　人之眞實年齡比例減少之。

第一百二十九條　被保險人不與要保人爲同一人時，保險契約除載
　　　　　　　　明第五十五條規定事項外，並應載明左列各款事
　　　　　　　　項：
　　　　　　　　一、被保險人之姓名、年齡及住所。
　　　　　　　　二、被保險人與要保人之關係。

第一百三十條　第一百零二條至第一百零五條、第一百十五條、第一
　　　　　　　　百十六條、第一百二十三條及第一百二十四條,於健
　　　　　　　　康保險準用之。

第一百三十二條　傷害保險契約,除記載第五十五條規定事項外,並
　　　　　　　　應載明左列事項：
　　　　　　　　一、被保險人之姓名、年齡、住所及與要保人之關
　　　　　　　　　　係。
　　　　　　　　二、受益人之姓名及與被保險人之關係或確定受
　　　　　　　　　　益人之方法。
　　　　　　　　三、請求保險金額之事故及時期。

第一百三十五條　第一百零二條至第一百零五條、第一百十條至第
　　　　　　　　一百十六條、第一百二十三條及第一百二十四條,
　　　　　　　　於傷害保險準用之。

第一百三十五條之四　第一百零三條、第一百零四條、第一百零六
　　　　　　　　條、第一百十四條至第一百二十四條規定,於年金

　　　　　　　　　　保險準用之。但於年金給付期間，要保人不得終止
　　　　　　　　　　契約或以保險契約爲質，向保險人借款。

第一百三十八條　　財產保險業經營財產保險，人身保險業經營人身
　　　　　　　　　　保險，同一保險業不得兼營財產保險及人身保險
　　　　　　　　　　業務。但法律另有規定或經主管機關核准以附加
　　　　　　　　　　方式經營者，不在此限。
　　　　　　　　　　責任保險及傷害保險，得視保險事業發展情況，經
　　　　　　　　　　主管機關核准，得獨立經營。
　　　　　　　　　　保險業不得兼營本法規定以外之業務。
　　　　　　　　　　保險合作社不得經營非社員之業務。

第一百四十三條　　保險業認許資產減除負債之餘額，未達第一百四
　　　　　　　　　　十一條之規定保證金額三倍時，主管機關應命其
　　　　　　　　　　於限期內，以現金增資補足之。
　　　　　　　　　　保險業認許資產之標準及評價準則，由主管機關
　　　　　　　　　　定之。
　　　　　　　　　　保險業非因給付鉅額保險金之週轉需要，不得向
　　　　　　　　　　外借款，非經主管機關核准，不得以其財產提供爲
　　　　　　　　　　債務之擔保；其因週轉需要所生之債務，應於五
　　　　　　　　　　個月內清償。

第一百六十九條之一　　（刪除）

附　錄　（二）

民國八十六年十月二十九日修訂公布，主要內容：華總㈠義字第八六〇〇二二九六七〇號增訂：

第一百六十七條之二條文

違反第一百七十七條所定保險代理人、經紀人、公證人管理規則者，除本法另有規定者外，應限期改正，或併處新臺幣三十萬元以上一百五十萬元以下罰鍰；情節重大者，並得命令停止執業或撤銷執業證書。

三民大專用書書目——經濟・財政

三民大專用書書目——會計・審計・統計

珠算學（上）、（下）	邱英桃	著	臺中商專
珠算學（上）、（下）	楊渠弘	著	
商業簿記（上）、（下）	盛禮約	著	淡水工商管理學院
審計學	殷文俊、金世朋	著	政治大學
商用統計學	顏月珠	著	臺灣大學
商用統計學題解	顏月珠	著	臺灣大學
商用統計學	劉一忠	著	舊金山州立大學
統計學	成灝然	著	臺中商專
統計學	柴松林	著	交通大學
統計學	劉南溟	著	臺灣大學
統計學	張浩鈞	著	臺灣大學
統計學	楊維哲	著	臺灣大學
統計學（上）、（下）	張素梅	著	臺灣大學
統計學	張健邦	著	政治大學
統計學題解	蔡淑女 著　張健邦 校訂		政治大學
現代統計學	顏月珠	著	臺灣大學
現代統計學題解	顏月珠	著	臺灣大學
統計學	顏月珠	著	臺灣大學
統計學題解	顏月珠	著	臺灣大學
推理統計學	張碧波	著	銘傳管理學院
應用數理統計學	顏月珠	著	臺灣大學
統計製圖學	宋汝濬	著	臺中商專
統計概念與方法	戴久永	著	交通大學
統計概念與方法題解	戴久永	著	交通大學
迴歸分析	吳宗正	著	成功大學
變異數分析	呂金河	著	成功大學
多變量分析	張健邦	著	政治大學
抽樣方法	儲全滋	著	成功大學
抽樣方法——理論與實務	鄭光甫	著	中央大學主計處
商情預測	鄭碧娥	著	成功大學

三民大專用書書目——行政・管理

行政學	張潤書	著	政治大學
行政學	左潞生	著	前中興大學
行政學	吳瓊恩	著	政治大學
行政學新論	張金鑑	著	前政治大學
行政學概要	左潞生	著	前中興大學
行政管理學	傅肅良	著	前中興大學
行政生態學	彭文賢	著	中央研究院
人事行政學	張金鑑	著	前政治大學
人事行政學	傅肅良	著	前中興大學
各國人事制度	傅肅良	著	前中興大學
人事行政的守與變	傅肅良	著	前中興大學
各國人事制度概要	張金鑑	著	前政治大學
現行考銓制度	陳鑑波	著	
考銓制度	傅肅良	著	前中興大學
員工考選學	傅肅良	著	前中興大學
員工訓練學	傅肅良	著	前中興大學
員工激勵學	傅肅良	著	前中興大學
交通行政	劉承漢	著	前成功大學
陸空運輸法概要	劉承漢	著	前成功大學
運輸學概要	程振粵	著	前臺灣大學
兵役理論與實務	顧傳型	著	
行為管理論	林安弘	著	德明商專
組織行為學	高尚仁、伍錫康	著	香港大學
組織行為學	藍采風、廖榮利	著	美國印第安那大學 臺灣大學
組織原理	彭文賢	著	中央研究院
組織結構	彭文賢	著	中央研究院
組織行為管理	龔平邦	著	前逢甲大學
行為科學概論	龔平邦	著	前逢甲大學
行為科學概論	徐道鄰	著	
行為科學與管理	徐木蘭	著	臺灣大學
實用企業管理學	解宏賓	著	中興大學
企業管理	蔣靜一	著	逢甲大學
企業管理	陳定國	著	前臺灣大學